LE TEMPS DES IMAGES

Collection dirigée par François Lissarrague et Jean-Claude Schmitt

UN ART DE L'ÉTERNITÉ

LE TEMPS DES IMAGES

Éric Michaud

UN ART DE L'ÉTERNITÉ

L'image et le temps du national-socialisme

à Sophie

REMERCIEMENTS

Je remercie tous ceux qui, par leur aide, une oreille amicale et des remarques précieuses, ont encouragé ce travail. Ma reconnaissance va tout particulièrement à Pierre Ayçoberry, Fritz Breithaupt, Werner Hamacher, François Hartog, Pierre Hauger, Jean-Claude Lebensztejn, Michel Monheit, Jean-Louis Schefer, Zeev Sternhell, Jérôme Thélot et Armand Zaloszyc.

Positions

Cet essai ne prétend pas retracer l'histoire du nazisme. Il n'est pas non plus une histoire de l'art qui fut produit sous le Troisième Reich. Le lecteur n'y trouvera donc pas exposée la succession des événements qui ont marqué la vie culturelle de l'Allemagne national-socialiste, ni un choix équilibré d'images reflétant les œuvres produites dans les diverses branches des beaux-arts par les artistes ayant soutenu ou toléré le régime. Il ne trouvera pas davantage d'exemples de l'opposition ou de la résistance des artistes à Hitler.

J'ai plutôt voulu effectuer une sorte de parcours à l'intérieur du mythe nazi, en suivre les métaphores et mettre au jour une structure. Chemin faisant, la reconnaissance de points de contact par lesquels ce mythe a pu communiquer, tant avec l'histoire passée qu'avec la réalité « non allemande » qui lui était contemporaine, voudrait montrer la nécessité toujours présente de « dégermaniser » le nazisme, lui qui n'a cessé de s'autoprésenter comme un phénomène spécifiquement allemand, capable d'assurer l'identité à soi du peuple allemand. Durant l'hiver de 1945-1946, Karl Jaspers consacra un cours à la situation spirituelle de l'Allemagne après la défaite militaire et l'effondrement du régime nazi. Il y exposait déjà cette certitude : « C'est en Allemagne que se produisit l'explosion de tout ce qui était déjà en train de se développer dans tout le monde occidental sous la forme d'une crise de l'esprit, de la foi. » Cela ne diminuait pas la culpabilité des Allemands, car c'était « ici, en Allemagne, et non ailleurs » que l'explosion s'était produite. « Mais, ajoutait-il, cela nous délivre de l'isolement absolu. C'est un enseignement pour les autres. Cela regarde chacun[1]. » Lionel Richard le rappelait à sa façon : « Le nazisme n'appartient pas aux seuls Allemands[2]. »

C'est pourquoi je n'ai pas cru nécessaire d'insister sur les origines allemandes du nazisme et de son art, et d'allonger ainsi la liste impressionnante des travaux démontrant pourquoi c'était « en Allemagne, et non ailleurs » que le nazisme était apparu. En faisant valoir la « continuité » du phénomène nazi avec le passé allemand, ou bien encore le *Sonderweg* (chemin singulier) qu'aurait pris l'Allemagne dans l'histoire des nations européennes, ces thèses, bien que rarement fautives, confortent malgré tout les assertions de l'idéologie qu'elles prétendent combattre.

Depuis le moment de leur émergence, on n'a cessé de souligner le peu d'originalité des idées du nazisme et de Hitler en particulier ; une part importante des travaux qui leur ont été consacrés a montré combien la multiplicité de leurs sources théoriques s'enracinait au contraire dans un passé européen commun. Mais de façon significative, on a rarement voulu conclure de ce manque d'originalité à un point aveugle de la pensée culturelle et politique de l'Europe entière. De sorte qu'à travers l'intérêt même dont le national-socialisme reste l'objet, un tabou demeure au cœur de notre système « démocratique » qui se plaît à voir dans le nazisme et son chef l'incarnation du mal heureusement vaincu. Il semble qu'une part de ce tabou réside dans les liens par lesquels nous demeurons attachés, que nous le voulions ou non, à ce qui fut au cœur du mythe national-socialiste : l'assimilation du travail à l'activité artistique, rassemblés dans le concept d'un « travail créateur » dont le nazisme attendait les meilleures « performances *(Leistungen*)* » – un langage étrangement familier aujourd'hui.

---

* *Cf.* Glossaire des termes nazis, p. 375.

Pour tenter de comprendre la cohérence et l'homogénéité de son système autoréférentiel, sa puissance attractive aussi, il était nécessaire d'esquisser un récit analytique du mythe en prenant au sérieux sa propre référence constante à deux grands modèles : l'art et le christianisme. Dès lors devenait secondaire la question de savoir si les nazis croyaient ou non en leur propre mythe ; l'important était d'abord qu'ils fussent convaincus de son efficacité et qu'ils agissent en fonction de cette croyance en la performativité du mythe.

« *Idee und Gestalt* » était l'expression générique incluse dans le titre ou le sous-titre d'un nombre incalculable de brochures ou de livres des idéologues nazis. Ce que visait en effet le national-socialisme dans chacun des deux modèles de l'art et du christianisme, c'était le processus capable de conduire de l'*Idée* à la *forme*. Et c'était ce processus, mené sous la direction d'un Führer qui se présentait à la fois comme le Christ allemand et comme l'artiste de l'Allemagne, que désignait l'expression de « travail créateur ».

Dirigé par un artiste, ce travail était animé par le concept classique de l'art : l'Idée devait se réaliser dans la forme et l'intention être conservée dans sa pureté maximale jusqu'à l'étape de la réalisation finale. L'Idée elle-même y était comprise comme rêve ou comme vision de bonheur, et c'est pourquoi le processus de sa réalisation était garant du bonheur à venir. Le travail créateur, comme processus de production ou de réalisation de l'Idée, devait être la marche joyeuse de la « Communauté de travail » vers elle-même.

Dirigée par le Christ allemand, à la tête de la Communauté mystique d'un peuple au travail, la réalisation de l'Idée dans la forme était le processus par lequel l'Esprit du peuple devait former son propre corps et s'y incarner dans toute sa pureté. Le nazisme fusionnait ces deux modèles de l'art et du christianisme pour leur performativité exemplaire.

Mais le mythe nazi lui-même était, on le sait, celui d'une race « aryenne » qui serait naturellement supérieure au reste de l'humanité.

Encore fallait-il donner consistance à ce mythe du peuple élu par la nature ou par la Providence, mais affaibli par le mélange des races. C'est pourquoi Hitler disait qu'« on ne peut pas conclure de la race à la capacité, mais de la capacité à la race[3] ». Ce furent par conséquent le travail créateur et ses *Leistungen* (performances, réalisations) qui donnèrent au mythe sa consistance, dessinant les contours de la race, la détachant de son fond parasite pour qu'elle apparût enfin sans mélange.

Plus les succès semblaient attester la vérité du mythe, et plus se développait la foi en ce mythe et en sa puissance. Mais cette foi ne pouvait s'étayer que par une double opération sur le temps historique : la remémoration des succès passés et l'anticipation des succès à venir. Rassembler les trois dimensions du temps dans une religion du succès et de la performance « aryenne » : tel fut l'enjeu de cet art de l'éternité[4].

I

Artiste et dictateur

La vie ne peut être rendue belle et bonne et heureuse que sur le plan de l'art.

Keyserling, *La vie est un art* (1935)

L'histoire de la métaphore du prince artiste reste à écrire. Cette histoire serait sans doute celle du lent processus qui mène à la réalisation concrète de la métaphore, à son incarnation dans sa seule figure possible, celle du dictateur artiste. Je n'en tenterai ici que l'esquisse pour restituer ce présupposé des discours qui, au XXᵉ siècle, ont fait de cette figure une norme : à la légitimation du pouvoir par le droit divin se serait substituée sa légitimation par le génie artistique.

« L'homme d'État est aussi un artiste. Pour lui, le peuple n'est rien d'autre que ce qu'est la pierre pour le sculpteur. Le Führer et la masse, cela ne pose pas plus de problème que le peintre et la couleur ». Ainsi s'exprimait Michael, le héros du roman de Goebbels, durant les années vingt. Il se présentait comme un « idéaliste » aux yeux duquel « les génies consomment des hommes », non pour eux-mêmes, mais à la seule fin d'accomplir leur tâche[1]. Cette occurrence littéraire de la métaphore s'inscrivait certes dans une longue généalogie de formules toutes à peu près semblables. En 1931, *Combat pour Berlin* la reformulait de façon plus concise : « La masse n'est pour nous qu'un matériau informe. Ce n'est que par la main de l'artiste que de la masse naît un peuple et du peuple une nation[2]. » Mais ce ne fut qu'une fois que ces artistes du peuple eurent conquis le pouvoir politique que cette métaphore devint véritablement active et en rendit ses effets sensibles au peuple compris comme masse.

L'autorité fondée sur l'art

Il semble qu'il ait été réservé au XXe siècle non seulement de *produire* des dictateurs artistes, mais surtout d'en justifier normativement l'existence par une identification de principe de l'activité politique à l'activité artistique. Lehmann-Haupt a fait justement observer[3] que le rôle joué par l'art dans les dictatures de ce siècle aurait été fondamentalement le même sans cette passion qui fut propre à Hitler. Par avance, Valéry semblait lui avoir donné raison : préfaçant en 1934 un ouvrage sur Salazar, il postulait que « toute politique tend à traiter les hommes comme des choses ». Ainsi pouvait-il ajouter sur le mode du constat : « Il y a de l'artiste dans le dictateur, et de l'esthétique dans ses conceptions. Il faut donc qu'il façonne et travaille son matériel humain, et le rende disponible pour ses desseins[4]. »

Il est vrai que Proudhon, en 1848, avait mis en garde contre une « révolution provoquée par des avocats, accomplie par des artistes, conduite par des romanciers et des poètes », en rappelant que « Néron jadis fut artiste, artiste lyrique et dramatique, amant passionné de l'idéal, adorateur de l'antique […]. C'est pour cela qu'il fut Néron[5]. » Mais cette mise en garde de Proudhon se fondait précisément sur le caractère d'exception du personnage et de ses crimes dans l'histoire. À l'inverse, durant la première moitié de ce siècle, l'identité de l'homme d'État et de l'artiste prenait valeur de norme. Malgré son hostilité de principe à tout régime autoritaire, Emil Ludwig, en rapportant ses

Entretiens avec Mussolini, ne prétendait pas seulement fournir un certain savoir sur la personne du dictateur italien ; il voulait aussi apporter « une contribution générale à la connaissance de l'homme d'action et montrer, une fois de plus, les liens de parenté qui existent entre le poète et l'homme d'État[6] ». Quant à Mussolini lui-même, inaugurant en 1922 une exposition du groupe Novecento, il avait affirmé « parler en artiste parmi les artistes, car la politique travaille surtout le plus difficile et le plus dur des matériaux, l'homme[7] ». La rhétorique fasciste l'avait depuis longtemps déjà surnommé le « sculpteur de la nation italienne », lorsqu'il confia à Emil Ludwig l'ambivalence de son sentiment d'artiste à l'égard de son matériau : « Lorsque je sens la masse dans mes mains, [...] ou bien lorsque je me mêle à elle et qu'elle m'écrase presque, je me sens un morceau de cette masse. Et cependant, en même temps, il reste un fond d'aversion, comme en ressent l'artiste contre la matière qu'il travaille. Le sculpteur ne fracasse-t-il point parfois son marbre, de colère, parce qu'il ne prend pas sous ses mains la forme exacte de sa première vision ? Dans le cas qui nous occupe, il arrive même que la matière s'insurge contre le sculpteur. [...] Toute la question consiste à maîtriser la masse comme un artiste[8]. »

En rappelant que dans *La République* (IV/420), le philosophe roi de Platon « "fait" sa cité comme le sculpteur sa statue », Hannah Arendt soulignait que « la violence, sans laquelle ne se ferait aucune fabrication, a toujours joué un rôle important dans les doctrines et systèmes politiques fondés sur une interprétation de l'action en termes de fabrication [...]. Il a fallu l'âge moderne, convaincu que l'homme ne peut connaître que ce qu'il fait, [...] pour mettre en évidence la violence inhérente à toute les interprétations du domaine des affaires humaines comme sphère de fabrication[9]. » Et il est vrai que la violence de la fabrication ne fut jamais comprise de façon univoque, mais tantôt justifiée par son identification à la violence du Dieu créateur, et tantôt condamnée au nom de la violence de la justice divine.

Lorsque, au plus fort de la Terreur, Robespierre en avait appelé à l'idée transcendante, mais qu'il voulait « sociale et républicaine », de l'Être suprême – une idée qui serait un « rappel continuel à la justice » –, c'était dans une ultime tentative pour légitimer mais aussi pour limiter une souveraineté qu'aucun droit divin ne devait pourtant plus fonder. C'est dans ce sens qu'il faut comprendre l'opposition qu'il faisait entre la sphère de l'art, nécessairement dominée par la passion, et la sphère de la « morale publique », qui devait au contraire en être exempte : « Pour chercher à se rendre habile dans les arts, il ne faut que suivre ses passions, tandis que, pour défendre ses droits et respecter ceux d'autrui, il faut les vaincre.[10] » Par là même pourtant, il se voyait contraint de renouer avec le discours du pouvoir monarchique. Ce dernier savait fort bien qu'il ne pouvait fonder sa légitimité sur son humanité, mais sur la nature divine de sa fonction qui, seule, était exempte de passions. Ainsi Louis XIV avait-il rappelé au dauphin la tâche des souverains : « Exerçant ici-bas une fonction toute divine, nous devons paraître incapables des agitations qui pourraient la ravaler. » Si le cœur ne pouvait démentir la faiblesse de sa nature humaine, ajoutait le monarque, qu'au moins la raison cache ces « vulgaires émotions [...] sitôt qu'elles nuisent au bien public, pour qui seul nous sommes nés[11] ».

À l'inverse, Mussolini, bientôt suivi en cela par Hitler, se plaisait à souligner la passion violente que lui inspirait la masse comme « matériau ». C'était à ses propres yeux un trait constitutif de son génie politique ; il se faisait gloire de cette passion qui l'apparentait à l'artiste et qui se confondait maintenant entièrement avec l'exercice du pouvoir. Mais encore fallait-il que cette masse devînt pour lui un objet, qu'il lui fît face et non qu'il en restât lui-même « un morceau », toujours menacé d'écrasement. C'est pourquoi, tel un artiste qui, s'étant identifié à son objet, doit s'en détacher pour le maîtriser et faire œuvre, il lui fallait vaincre son sentiment d'appartenance à la masse pour que la masse pût lui appartenir enfin.

1. Hitler dans la foule devant la Feldherrnhalle, à Munich, lors de la déclaration de guerre, 2 août 1914, photo H. Hoffmann.

Der Anbruch einer neuen Zeit. Eine vieltausendköpfige Menge singt am 2. August 1914 auf dem Odeonsplatz in München „Die Wacht am Rhein". Mitten im Volk steht einer, den keiner kennt, dessen Namen aber zehn Jahre später ganz Deutschland kennen lernte: Adolf Hitler. „So, wie wohl für jeden Deutschen, begann nun auch für mich die unvergeßlichste und größte Zeit meines irdischen Lebens", schreibt der Führer in seinem berühmten Bekenntnisbuch „Mein Kampf". Das Schicksal hämmerte in seinem Herzen. Am nächsten Tage meldete sich Hitler als Freiwilliger zu einem bayerischen Regiment. Dann zog er in den großen Krieg, den er bis zu seinem bitteren Ende als einer unter viereinhalb Millionen durchkämpfte

Dans le cas de Hitler, deux images distantes de dix-neuf ans décrivent assez bien ces deux moments de l'appartenance à la masse d'abord, puis de la maîtrise de cette masse comme d'un matériau. Une photographie célèbre et singulière *[fig.1]*, prise par Heinrich Hoffmann, son futur photographe officiel, montrait par hasard Hitler au milieu de la foule qui déferla le 2 août 1914 sur l'Odeonplatz de Munich, fêtant dans l'enthousiasme la déclaration de guerre. Jamais sous le Troisième Reich cette photographie ne fut publiée sans qu'un cercle blanc n'isolât de la masse compacte celui qui entre-temps était devenu le Führer. Seul un agrandissement permettait de reconnaître le visage euphorique de l'artiste qui vivait alors de sa peinture. Ce n'était donc qu'en le détachant pour ainsi dire du chœur que la photographie le transformait en héros. Plus tard, l'année de l'accession au pouvoir, Garvens, un dessinateur satirique de la revue *Jugend*, le présentait *[fig.2]* en « Sculpteur de l'Allemagne » : écrasant d'un coup de poing violent l'œuvre d'un sculpteur juif qui représentait une masse d'hommes en proie à la discorde, Hitler, une blouse d'artiste passée sur sa tenue de caporal, en repétrissait la terre pour faire surgir la figure splendide d'un unique colosse. Maintenant qu'il en était le maître, il redonnait à la masse l'unanimité et la dignité de peuple qu'elle avait perdues depuis 1918.

Plus encore que la métaphore de Mussolini, ces dessins illustraient exactement le propos que Goebbels avait tout récemment tenu dans une célèbre lettre ouverte à Furtwängler : « Nous, qui donnons forme à la politique allemande moderne, nous nous sentons comme des artistes auxquels a été confiée la haute responsabilité de former, à partir de la masse brute, l'image solide et pleine du peuple[12]. » Mais avant d'être la simple illustration d'un énoncé déjà promu au rang de doctrine officielle, avant aussi d'être la mise en image du principe d'unité dont se réclamait le nouveau régime (« *Ein Reich, ein Volk, ein Führer* »), ces dessins affirmaient d'abord que la violence de l'artiste était devenue la vertu de l'homme d'État. Toutefois, dans ce registre de la fiction, la

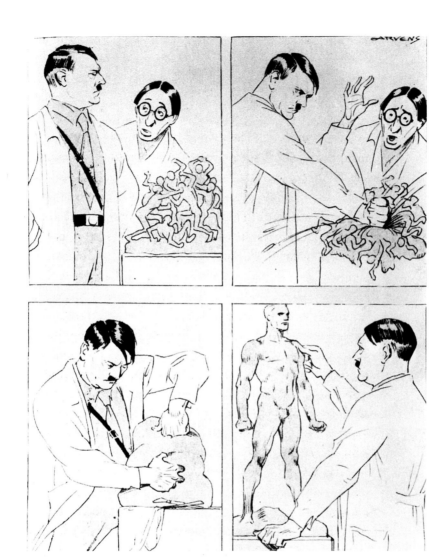

2. Garvens,
«Le Sculpteur
de l'Allemagne»,
Jugend, 1933.

violence du Führer artiste ne s'exerçait pas sur la personne du sculpteur juif, mais sur son œuvre : une foule en lutte avec elle-même, symbole du « chaos » du parlementarisme qui caractérisait aux yeux du nazisme une république de Weimar dominée par les juifs. Le « combat pour l'art » du national-socialisme semblait donc ne toucher ici qu'à la « figure » du peuple ou à sa représentation, et laisser indemne le peuple lui-même. (Cependant, dès le troisième dessin de la série, l'œuvre détruite et son auteur disparaissaient en même temps du champ de l'image. Ainsi était anticipé le sort que le nazisme leur réservait en effet.) Mais l'essentiel de la démonstration était clair : Hitler avait réussi à transposer dans la sphère politique sa conviction d'artiste que « l'art est une mission sublime qui oblige au fanatisme[13] ».

Valéry avait sans doute reconnu la part de l'artiste dans le dictateur : la propension à faire violence à son matériel humain pour le rendre conforme à ses desseins. Mais il lui était plus difficile de reconnaître qu'il y a du dictateur dans l'artiste. Car même s'il se savait vivre en un temps où « l'échange de *rêves contre réel* et l'échange de *réel contre rêves* [était] comme furieusement accéléré[14] », il voulait croire à l'autonomie de la sphère de l'art et que les jeux de l'esprit ne s'adressaient qu'à l'esprit. Pourtant cette violence exercée par l'artiste, tant à l'égard de son matériau qu'à l'égard des règles établies de son art, cette violence, traditionnellement considérée comme l'indice irrécusable de son « génie », transgressait toujours plus les limites de l'art parce que l'« art » tendait à se confondre avec la transgression de toute limite. Depuis le XVIIIᵉ siècle, la pensée européenne avait communément identifié le génie artistique au génie de la liberté[15], de sorte que chaque nouvelle violence exercée par l'artiste apparaissait bientôt comme une nouvelle conquête de la liberté. En France, les romantiques libéraux avaient fait de la liberté de l'art « le complément nécessaire de la liberté individuelle » et déclaraient « la guerre aux règles[16] ». « C'est la loi... Le poète est libre », avait écrit Hugo dans sa préface aux *Orientales* (1829) après qu'Adolphe Thiers eut proclamé que l'art devait être libre, « et libre de la façon la plus illimitée[17] ». Plus tard dans le siècle, l'un des pères du naturalisme affirmait que « loin de tracer une limite », ce mouvement « supprime les barrières » : « Il ne violente pas le tempérament des peintres, il l'affranchit. Il n'enchaîne pas la personnalité du peintre, il lui donne des ailes. Il dit à l'artiste : sois libre[18] ! » Cette injonction paradoxale de liberté illimitée faite à l'artiste constituait à vrai dire comme le modèle secret de l'individualisme libéral depuis la « mort de Dieu ». « Sois libre ! » était la double contrainte implacable qui fondait cet ordre libéral et individualiste. Le nazisme – on le verra – devait trancher à sa manière en instaurant l'unique Führer artiste assumant seul cette liberté difficile, et « délivrant » ainsi la Communauté du peuple artiste de ce que Hitler nommait lui-même « le fardeau de la liberté ». C'était aussi cela que disaient les dessins satiriques de *Jugend*.

Mais ce fut d'abord au sein du mouvement moderne – que le nazisme allait s'employer à réduire au silence – que l'exigence de liberté se conjugua le plus fortement avec le « dictateur » dans l'artiste. Ici comme ailleurs, la Grande Guerre, accélérant un processus en gestation depuis longtemps, constitua le moment décisif qui devait mener à l'incarnation de la métaphore du chef d'État artiste.

À la veille de cette première guerre mondiale, les ardents promoteurs du cubisme que furent Gleizes et Metzinger glorifiaient leur art nouveau parce qu'il substituait enfin « une liberté infinie » aux « libertés partielles » conquises par leurs grands prédécesseurs : Courbet, Manet, Cézanne. Ils opposaient à la foule, toujours attachée aux conventions, le génie du peintre qui tient « toute connaissance objective [...] pour chimérique ». Ils ne reconnaissaient au peintre « d'autres lois que celles qui régissent les formes colorées ». Et parce qu'ils savaient que « la fin ultime de la peinture [était] de toucher la foule », ils concluaient avec brutalité : « Il n'est qu'une vérité, la nôtre, lorsque nous l'imposons à tous[19]. » Sur un ton souvent plus nietzschéen, les futuristes s'enorgueillissaient de mettre en liberté les formes et les couleurs comme leur maître Marinetti avait mis les mots « absolument en liberté ». Mais c'était pour mieux s'imposer à un public auquel ils refusaient toute « liberté de compréhension », et dont ils exigeaient qu'il « oublie complètement sa culture intellectuelle, non pour *s'emparer* de l'œuvre d'art, mais pour *se livrer* à elle éperdument[20] ». L'essentiel ici se joue sur les lieux les plus communs, lesquels sont aussi des lieux de fracture. Le nouveau langage formel qui se répandait en Europe ravivait la vieille opposition romantique de l'artiste au bourgeois. Tout à la fois ennemi à combattre et public à conquérir, ou mieux, à constituer, cette « foule » était d'autant plus haïe par l'artiste qu'il en était issu et continuait d'en dépendre. Public conquis ou foule à combattre : l'issue de l'alternative était fonction de la disposition du public à se « livrer éperdument » à l'œuvre ou à rejeter son incompréhensible langage. « Ce n'est pas dans la langue de la foule que la peinture doit s'adresser à la foule, c'est dans sa propre langue pour émouvoir, dominer, diriger, non pour être comprise. Ainsi les religions[21]. » Ainsi, en effet, se constituaient ce que la critique nommait depuis la fin du siècle précédent des « chapelles », ces petites *ecclesiae* qui avaient chacune à sa tête un artiste et dont le corps mystique se composait de ses admirateurs fidèles. « La cathédrale, avait écrit Hugo, échappe au prêtre et tombe au pouvoir de l'artiste[22]. » Depuis la mort de Dieu, la religion de l'art des romantiques, nouveaux prêtres et voyants, avait confié à la communauté des artistes cet héritage que n'assumait plus l'Église chrétienne : la tâche de rassembler les hommes par le désaveu de la vie d'ici-bas et l'offre, en échange, de l'image d'un monde meilleur à venir, de l'image capable de mener les hommes vers « la perfection physique et morale ». Soit cela même que Valéry nommait l'échange de rêves contre réel et de réel contre rêves.

Par-delà toutes leurs différences, futuristes, cubistes et expressionnistes se rejoignaient sur la condamnation du monde visible identifié à l'ordre établi, ainsi que dans la lutte généralement pensée comme celle de l'esprit contre le « matérialisme » et contre le régime qui lui appartient : la démocratie parlementaire. Kandinsky opposait ainsi la vision perçante de quelques élus, situés au sommet d'un « Triangle spirituel », à l'aveuglement des parties les plus basses de ce triangle. Là stagnaient les masses de ceux qui, athées et socialistes, se persuadaient que « le "ciel" est vidé [et que] "Dieu est mort" » : « Politiquement, ils sont partisans de la représentation du peuple ou républicains[23] ». En Italie, Marinetti se prononçait contre le parlementarisme avec la violence et l'ironie réactionnaire dont il était coutumier : il se disait « heureux de [l'] abandonner aux griffes haineuses des femmes », dont l'accès au droit de vote allait entraîner l'« animalisation totale de la politique[24] ». En France, nombreux étaient ceux qui, même « athées », n'éprouvaient que méfiance à l'égard de la démocratie parlementaire. Fernand Léger n'hésitait pas à condamner le goût des « grosses majorités » dans la revue *Montjoie!* qui prétendait « donner une direction à l'élite ». Et vers la fin de la Grande Guerre, Apollinaire (qui vouait alors avec Gide, Proust ou Rodin une réelle admiration à la très catholique, nationaliste, antisémite et antidémocrate *Action française* du royaliste Charles Maurras[25]) ironisait non sans mépris : « Ô temps de la tyrannie/Démocratique/Beau temps où il faudra s'aimer les uns les autres/Et n'être aimé de personne/Ne rien laisser derrière soi/Et préparer le plaisir de tout le monde/Ni trop sublime ni trop infime[26]. »

L'Europe encore en guerre, physiquement ravagée, moralement désolée, s'engageait déjà dans la voie de la reconstruction. En Allemagne, comme presque partout ailleurs, nombreux étaient les artistes qui avaient ardemment désiré cette guerre dont ils attendaient qu'elle mît fin au vieux monde bourgeois et à ses valeurs mensongères. Ils affirmaient maintenant avec force leur désir de prendre part à cette tâche de reconstruction, avec la conviction que *leur temps était venu*. Les divers courants de l'expressionnisme pouvaient se reconnaître dans la formulation concise que Kasimir Edschmid donnait, dès le printemps de 1918, à cette intime conviction : « Nul ne met en doute que ce qui apparaît comme réalité extérieure ne saurait être l'authen-

tique. Il faut que la réalité extérieure soit créée par nous [...][27]. »
Ainsi le véritable artiste était-il révolutionnaire par nécessité : l'exercice même de sa liberté d'artiste impliquait une forme de négation du monde réel qui se donnait à lire dans ses œuvres. Mais il était non moins nécessairement conservateur par sa fonction traditionnelle de gardien des valeurs et de la puissance de l'esprit, face aux assauts répétés d'un réel perçu comme mensonger. *Sur ce plan strictement fonctionnel*, il importait peu que cet esprit fût d'abord celui de l'artiste lui-même, comme le pensaient la plupart des expressionnistes dans l'affirmation de leur moi, ou bien qu'il fût pensé comme l'Esprit du peuple ou de la nation, ainsi que le formulaient non pas les seuls nationalistes mais l'opinion commune. Car l'histoire de l'art avait depuis longtemps classé les « écoles » artistiques selon leur appartenance nationale, de sorte que le génie propre à chaque artiste devait naturellement prendre place au sein d'une école où dominait un esprit ou génie national. Ainsi l'art avait-il pour fonction, dans tous les cas, d'assurer la continuité d'un « sujet » quel qu'il fût, c'est-à-dire d'en fabriquer et garantir l'identité à lui-même. Aussi le désir de participer au pouvoir politique n'était-il chez de nombreux artistes que celui de l'extension de cette fonction de l'art à l'échelle de l'État, afin de mieux garantir la survie de l'esprit menacé par les valeurs du « matérialisme » et du « mercantilisme bourgeois ». C'était encore Thomas Mann qui, en cette fin de guerre, résumait le mieux ces ambivalences : si l'art patriotique ne pouvait être considéré comme un art supérieur, « l'art suprême » n'en gardait pas moins « un rapport profond, bien que malaisé à définir, avec la vie nationale ». C'est pourquoi, les expériences antérieures de l'évolution spirituelle d'un peuple constituant son « trésor », « l'État, la Communauté supra-individuelle, [était] sans contredit le gardien de ce trésor ». En ce sens, la fonction de conservation qui incombait à l'État répondait exactement à la définition de la fonction de l'art que donnait Thomas Mann : « L'art est une puissance *conservatrice*, la plus forte de toutes ; et il

conserve des virtualités psychiques qui, sans lui, – peut-être – dépériraient[28] ». Quelle que fût plus tard l'opposition, longtemps ambivalente d'ailleurs, de l'écrivain au nazisme, il traçait ainsi assez exactement le cadre de pensée auquel Hitler et ses idéologues ajouteront la détermination du « trésor national » par l'Idée de la race. Ils vouaient l'un et l'autre une même admiration à la pensée de Richard Wagner pour qui l'art, conservateur lorsqu'il existait dans la conscience publique des Grecs, était devenu révolutionnaire depuis qu'il n'existait plus que dans la conscience d'individus séparés, où il se trouvait « en opposition avec la conscience publique ». Mais lorsque chaque homme sera en vérité artiste, poursuivait Wagner, alors l'art sera de nouveau conservateur. Il ne s'agissait donc pas de restaurer l'hellénisme et, avec lui, les limites étroites de l'esprit national : « Si l'œuvre d'art grecque contenait l'esprit d'une belle nation, l'œuvre d'art de l'avenir doit contenir l'esprit de l'humanité libre en dehors de toutes les limites de nationalités. » Telle était du moins la pensée de Wagner en 1849, alors qu'il écrivait *L'Art et la Révolution*[29]. Mais moins de vingt ans plus tard, *Les Maîtres chanteurs de Nuremberg* unissaient la plus violente récusation du monde présent à la résurrection jugée vitale de la tradition allemande. Wagner rendait ainsi contemporains l'un de l'autre les deux moments de révolution et de conservation.

Révolutionnaire et conservateur : ces termes, dans leur union, caractérisaient en Allemagne ce laboratoire idéologique du nazisme que fut sous la république de Weimar le mouvement de la Révolution conservatrice[30]. Mais ces deux termes caractérisaient de fait tous les mouvements fascistes européens qui prétendaient faire triompher par la force une Idée nationale. Dans ce contexte, la dualité de cette détermination pouvait sans trop de difficulté se superposer à la double nature, humaine et divine à la fois, que l'Occident chrétien avait attribuée tant au souverain[31] qu'à l'artiste. Car l'un et l'autre ne devaient-ils pas, s'il le fallait, savoir se montrer « révolutionnaires », faire violence à leurs contemporains pour mieux remplir leur fonction qui était d'assurer la continuité temporelle de l'Idée transcendante dont ils étaient porteurs ?

Ernst Kantorowicz a dit comment la pensée d'une « équivalence » entre le poète et le prince, d'abord énoncée par Dante, s'était ensuite réalisée en 1341, lors du couronnement de Pétrarque sur le Capitole. Symboliquement revêtu à cette occasion de la pourpre royale prêtée par Robert de Naples, Pétrarque estimait que la couronne de lauriers était méritée « tant par la guerre que par l'*ingenium* », tant par le prince que par le poète. Depuis que Frédéric II de Hohenstaufen s'en était investi en prenant modèle sur le droit romain, la souveraineté était reconnue aux rois et aux empereurs en raison de l'inspiration divine qui s'attachait à leur fonction. En faisant accéder la peinture, la sculpture et l'architecture au rang des arts libéraux, la Renaissance reconnut bientôt la même souveraineté à tous les artistes, en raison de la même inspiration divine dont témoignait leur *ingenium*. C'était donc à l'issue d'une lutte longue et difficile que les artistes, s'élevant au rang du poète, étaient devenus à leur tour les égaux du prince – du moins en droit. Et si le prince avait pris jusque-là modèle sur le pape dont il s'appropriait le statut de *vicaire de Dieu*, il pouvait maintenant prendre aussi modèle sur l'artiste, son égal, dont il revendiquait, plutôt que l'*ingenium*, le talent de créateur inspiré par Dieu[32].

D'autre part, la comparaison de l'artiste avec le Dieu créateur devint une formule ordinaire dès le XVIᵉ siècle, avant qu'en retour Dieu lui-même fût institué Grand Architecte. Plus encore que son œuvre, c'était la personne de l'artiste que l'on commençait d'estimer, parfois jusqu'à lui livrer un véritable culte comme celui dont Michel-Ange fut l'objet. Car ce qui faisait l'autorité de l'artiste, c'est qu'il n'imitait pas le produit de la création, mais l'acte de production lui-même : en cela résidait, comme le formulera Shaftesbury, la proximité du « génie » de l'artiste avec le « génie du monde ». Mais pour que l'autorité de l'artiste et non plus de Dieu pût fonder la souveraineté du prince, il fallait au moins deux conditions : que la volonté divine s'identifiât juridiquement à la volonté du peuple, et que la souveraineté qui avait été reconnue au peuple lui fût retirée. La pensée des Lumières remplit la première condition, le retour au christianisme des romantiques la seconde. Privé de sa souveraineté, le peuple devenait une abstraction indéterminée, une subjectivité sans individualité. « Le peuple sans son monarque [...] est une masse informe », écrivait Hegel[33], répondant à Schelling pour qui l'État devait être une œuvre d'art. Chez Novalis cependant, la personne du souverain artiste s'était déjà présentée comme la figure idéale, comme la tête de la Communauté organique du peuple, mais d'un peuple devenu tout entier artiste, et pour lequel *tout* pouvait devenir art.

En d'autres termes, si, durant la première moitié de ce siècle, l'artiste parut digne d'exercer le pouvoir du chef d'État, ce fut en raison de son investissement progressif, commencé de longue date, du rôle de gardien et garant d'une mémoire nationale que le XIXᵉ siècle avait élevée au rang de puissance divine et souveraine. Arrivé au pouvoir, il ajoutait à l'autorité que lui conférait la garde de cette mémoire identifiée à l'Esprit du peuple la liberté illimitée qu'il héritait « de droit artistique ».

Ce qui donnait l'apparence du paradoxe au comportement du dictateur artiste et de Hitler en particulier, c'est que, fondant son autorité sur l'Esprit du peuple, c'était en quelque sorte sur le corps de ce même peuple qu'il exerçait sa liberté illimitée. Car c'était bien là, sur cette « masse brute » dont parlait Goebbels, que Hitler faisait véritablement œuvre d'artiste, tandis que les beaux-arts traditionnels, la peinture, la sculpture et l'architecture devaient au contraire conserver à tout prix leur caractère conservateur – il préférait dire « éternel » –, qui fondait son autorité et légitimait son pouvoir. Le premier caractère de la légitimité politique, avait écrit Guizot, est toujours de « renier la force comme source du pouvoir et de se rattacher à une idée morale[34] ». Hitler n'échappait pas à cette règle en cherchant sa légitimité dans l'art classique et allemand ; mais l'art et la force n'ont jamais été opposés l'un à l'autre.

Peut-être Garvens, le dessinateur de *Jugend*, s'était-il montré plus prudent que critique à l'égard du Führer en associant la force brutale à l'art ? Peut-être s'était-il borné à en épouser les vues ? Il y aurait en somme deux interprétations possibles mais opposées de ses dessins. La première consisterait à les comprendre comme relevant de la propagande : mensongers, ils cacheraient la réalité puisque Hitler, loin d'ériger un peuple fort et sain, l'avait au contraire mutilé, défiguré et déformé au point de le rendre méconnaissable. Ce serait là une interprétation conforme au rôle généralement attribué à la propagande par la plus grande part de l'historiographie du nazisme. L'autre interprétation, sans aucun doute la plus juste, consisterait à penser que le dessinateur de *Jugend* épousait à ce point la pensée de Hitler qu'il en exprimait le rêve réalisé. Entre les mains du Führer artiste, le peuple avait enfin pris la seule forme qui pût légitimer son propre pouvoir : une forme approchant très approximativement le « classicisme grec » dont il pensait que l'Esprit du peuple allemand était le seul héritier. Tel un authentique artiste, Hitler se trouvait justifié par et dans son œuvre. Sa violence même en était rétrospectivement légitimée, puisqu'elle n'avait eu pour but que la restauration et la conservation des valeurs de ce même Esprit – et ce but était atteint dans ce peuple devenu œuvre d'art selon l'Esprit.

En écrivant *Mein Kampf*, Hitler avait distingué trois fondements de l'autorité : la popularité, le pouvoir et la tradition. Si la popularité en constituait la première et nécessaire assise, elle ne pouvait à elle seule en garantir la sécurité. C'est pourquoi le deuxième fondement résidait dans la puissance et la force. L'union un peu durable de la popularité et de la force pouvait engendrer, sur des bases plus solides encore, une autorité nouvelle : l'autorité de la tradition. « Si enfin popularité, force et tradition s'unissent, l'autorité qui en dérive peut être considérée comme inébranlable. » À ses yeux, c'était la révolution de novembre 1918 qui avait brisé cette autorité de la tradition, la déchirant non seulement par la suppression de l'ancienne forme de l'État, mais encore par « l'anéantissement des anciens signes de la souveraineté et des symboles du Reich[35] ». Si l'on se souvient que Hitler avait indissolublement lié dans *Mein Kampf* « l'effondrement politique » à « l'effondrement culturel » qui l'avait précédé et annoncé, qu'il associait non moins intimement les « années de lutte » du national-socialisme à la renaissance d'un art authentiquement allemand, il ne fait alors aucun doute que l'autorité de la tradition résidait pour lui dans les formes de l'art du passé. Ainsi pensait-il réaliser le programme qu'il s'était fixé dans *Mein Kampf* en s'employant à faire renaître ces formes de l'autorité par tous les moyens que lui conféraient à présent le pouvoir et la force. Sur cette voie, Wagner demeurait son meilleur guide depuis que le destin de l'Allemagne ne lui semblait plus dépendre d'elle-même, mais des nations victorieuses de la Grande Guerre :

« Prenez garde ! Des coups durs nous menacent !
Le peuple et l'empire allemands vont se désagréger ;
à force de souverains étrangers,
aucun prince bientôt ne comprendra son peuple ;
ils implanteront en terre germanique
les brumes et futilités des welches.
Ce qui est vrai et allemand, personne ne le saurait plus,
si cela ne vivait dans l'honneur des maîtres allemands.
C'est pourquoi, je vous le dis,
honorez vos maîtres allemands ;
ainsi vous retiendrez des esprits protecteurs !
Si vous soutenez leur action,
Le Saint Empire romain peut tomber en poussière ;
toujours subsistera
l'art noble et sain, l'art allemand*[36] ! »

* Dans *Souffrance et Grandeur de Richard Wagner* (1933), Thomas Mann protestait : « On n'a absolument pas le droit de prêter aux gestes, aux déclarations nationalistes de Wagner leur sens actuel – le sens qu'elles auraient aujourd'hui. Ce serait les

Une peinture de Fritz Erler confirme à la fois cette fonction centrale de l'art dans le nouveau régime et l'identification constante des artistes au désir de Hitler. Le *Portrait du Führer [fig.3]* qu'il peignit vers 1939 le présentait botté, en habit militaire et face au spectateur. Debout au sommet d'un édifice, il se détachait sur le fond d'une gigantesque statue, armée de l'aigle et du glaive qui protégeaient le Reich, et dont le profil sombre dominait la cité. En contrebas se dessinaient deux vastes bâtiments publics : l'un, à droite, était le Maximilianeum de Munich, l'autre, d'un sévère néoclassicisme, était l'œuvre du nouveau régime achevée deux ans plus tôt : la Maison de l'art allemand. « C'est pour accroître notre autorité que s'élèvent nos édifices », avait déclaré Hitler en 1937, dans le droit fil de cette conviction énoncée au début du régime que l'art allemand constituait « la plus orgueilleuse défense du peuple allemand ». Faits pour tailler la pierre, les instruments qui gisaient à ses pieds rappelaient sa fonction de « bâtisseur du Troisième Reich », mais aussi de sculpteur du peuple allemand. La peinture de Fritz Erler montrait comment, en 1939 encore, l'autorité de Hitler prétendait se fonder sur ces symboles du corps du peuple qu'il avait lui-même érigé « avec art », en empruntant aux formes du passé. Assurément, l'image réalisait le rêve du Führer : se voir légitimé comme celui qui, en même temps que les signes de sa souveraineté, restaurait l'autorité du Reich et la rendait « inébranlable » en la fondant sur l'autorité suprême de la tradition artistique.

L'art du passé – le seul qui fût reconnu comme art véritable – avait donc bien pour le national-socialisme une fonction proprement religieuse, si l'on donne au mot de religion le sens qu'il avait, ainsi

fausser, en mésuser, entacher leur pureté romantique. L'idée nationale, en ce temps-là, [...] était poésie et spiritualité, elle était une valeur libre d'avenir [...] » (Th. Mann, *Wagner et notre temps*, Paris, 1982, p. 120). Thomas Mann, qui s'était pensé lui-même comme précepteur de l'Allemagne, refusait de reconnaître le grand mouvement de *réalisation de l'Idée* à l'œuvre en Europe – et dans l'Allemagne nazie en particulier.

3. Fritz Erler,
Portrait du Führer, v. 1939.

que le rappelait Hannah Arendt, dans la Rome de Cicéron : « Ici reli-gion voulait dire littéralement *re-ligare* : être lié en arrière, obligé à l'effort énorme, presque surhumain et par conséquent toujours légen-daire pour poser les fondations, édifier la pierre d'angle, fonder pour l'éternité[37]. »

L'un des principaux sculpteurs du Reich alla enfin jusqu'à fabri-quer ce qu'il faut bien appeler « les deux corps du Führer ». Conçues pour flanquer l'entrée principale de la cour d'honneur de la nouvelle chancellerie du Reich, construite par Albert Speer, les deux monu-mentales sculptures de bronze d'Arno Breker avaient officiellement pour titres *Le Parti [fig.4A]* et *L'Armée [fig.4B]*. Mais le sculpteur leur donnait aussi pour noms *L'Homme de l'esprit* et *Le Défenseur du Reich*[38]. La double nature du pouvoir spirituel et temporel du maître des lieux s'y donnait à lire par les deux symboles qui, seuls, différen-ciaient ces nudités aux mêmes muscles luisants, au même front sou-cieux. La torche de l'un gardait vive la flamme de l'esprit national qui animait le parti, le glaive de l'autre défendait les frontières de l'em-pire. Dès qu'il passait le seuil de la chancellerie, le visiteur savait donc qu'au-delà régnait celui qui rassemblait en sa personne ces deux corps du souverain spirituel et du souverain temporel.

L'usage que faisait Hitler de ces concepts forgés tout au long du Moyen Âge[39] était parfaitement conscient. Durant les premières années du régime, il se plaisait à distinguer le corps périssable du Füh-rer de celui du Führer éternel, qui assurait la continuité de l'Esprit et du corps mystique de la nation allemande. « Aujourd'hui, déclarait-il à Nuremberg en septembre 1935, je puis encore moi-même comme Führer du Reich et de la Nation apporter à celle-ci mon aide et mes conseils, mais les principes doivent trouver la voie vers l'éternel de l'individuel. Des Führer viendront et mourront, mais l'Allemagne doit vivre ! Et seule cette affirmation de continuité conduira l'Allemagne à cette vie[40]. » Ce n'était pas sans raison que Hitler, très tôt, s'était auto-proclamé « Führer pape[41] », imitant ainsi l'exemple illustre de l'empe-

A

B

4. Arno Breker,
Le Parti et *L'Armée*,
cour d'honneur
de la chancellerie
du Reich, Berlin,
1938, bronzes.

reur Frédéric II, dont certains prétendaient qu'il était la réincarnation. Mais il jugeait lui-même que s'il pouvait prétendre à la souveraineté spirituelle, c'était en sa qualité d'artiste inspiré par le *Volksgeist**. Il accomplissait en cela le désir formulé quarante ans plus tôt par Julius Langbehn qui en appelait à la venue d'un Sauveur qui ne fût pas un empereur pape, mais « un César et un artiste à la fois », ce qu'il nommait un « empereur de l'esprit *(Geisteskaiser)*[42] ».

Le *Volksgeist* allemand était en effet pour Hitler l'esprit de l'art même, car c'était l'esprit créateur qui animait l'aryen, le distinguait de toutes les autres races et en faisait le seul créateur de culture *(Kulturbegründer)*. Parmi les obligations qui incombaient au Führer artiste à l'égard de son peuple artiste, la première était de ne jamais forcer les dons de celui-ci : « Ne savez-vous pas, lançait Hitler à Rauschning, comment travaille un artiste ? Eh bien ! l'homme d'État doit laisser mûrir, comme l'artiste, ses propres pensées, et plus encore les forces créatrices de la nation. [...] Il ne peut pas créer la vie par contrainte. [...] Il faut maintenir éveillée et vivante cette inquiétude créatrice qui tient toujours en haleine le véritable artiste. Voilà la seule chose qu'il ne faut pas laisser dépérir[43]. »

---

* Le champ sémantique de *Volksgeist* est difficile à cerner. Chez Herder, le *Volksgeist* était à la fois l'*âme*, l'*esprit*, le *génie* ou le *daïmôn* du *Volk*, c'est-à-dire du *peuple*, mais parfois aussi de la *nation*, définis par la langue, les coutumes, le goût, la « physionomie » et la génétique (voir par exemple J. G. Herder, *Sämtliche Werke*, édit. B. Suphan, Berlin, 1877-1913, vol. XXIV, p. 43-46, ou *Ideen...*, vol. XIV, p. 38 : « *Wunderbare, seltsame Sache überhaupt ists um das, was genetischer Geist und Charakter eines Volkes heisset. Er ist unklärlich und unauslösslich : so alt wie die Nation, so alt wie das Land, das sie bewohnte.* »). Sous le national-socialisme il devint, par contamination avec *völkisch*, l'Esprit du peuple comme « Communauté de sang et de race *(Bluts- und Artsgemeinschaft)* ». De même, le champ sémantique de *Volksgemeinschaft* évolua : Ferdinand Tönnies (*Gemeinschaft und Gesellschaft*, 1887) avait opposé le caractère naturel et organique de la « Communauté » comme *Gemeinschaft* au caractère rationnel et historique de la « société » ou « collectivité » comme *Gesellschaft* ; le national-socialisme usa de ce terme pour opposer à la société de classes l'unité d'une « Communauté de destin ». Voir C. Berning, *Vom « Abstammungsnachweis » zum « Zuchtwart ». Vokabular des Nationalsozialismus*, et H. Kammer/E. Bartsch, *Nationalsozialismus. Begriffe aus der Zeit der Gewaltherrschaft 1933-1945*, Reinbek bei Hamburg, 1992.

Ces liens d'interdépendance entre le Führer et son peuple, il les percevait donc aussi comme analogues à ceux d'un maître à ses disciples. Une photographie, prise par Heinrich Hoffmann et publiée en 1932 dans un recueil à grande diffusion, présentait « l'Architecte » Hitler montrant aux hommes de la S.A. de Thuringe l'ancien monastère de Paulinzella *[fig.5]*. « C'est à Paulinzella, précisait la légende, que se trouve le foyer des S.A. de Thuringe. » Le geste par lequel il désignait un point élevé de l'édifice, point vers lequel convergeaient les regards, signifiait bien évidemment que Hitler était capable de se transformer, avec sa « légendaire simplicité », en un modeste guide touristique faisant bénévolement partager ses connaissances à l'élite de son peuple. Mais par là même, ce geste attestait également qu'il était le véritable « guide », l'éducateur *(Erzieher)* capable de mener ses disciples à la découverte de leurs propres sources spirituelles et artistiques qu'ils méconnaissaient encore ; bref, qu'il était le Führer capable d'éveiller en eux l'« inquiétude créatrice » de la race. Plus tard, les autoroutes du Reich – les « routes Adolf Hitler » – auront la même fonction d'initiation au « paysage allemand », ramenant le peuple à l'essence devenue visible de son être. Ainsi le Führer et son peuple pourraient-ils mieux œuvrer ensemble dans le grand atelier du Reich.

Cependant, la tâche qui les attendait dans cet atelier ne consistait pas seulement en la création du Reich comme une belle œuvre d'art, avec ses routes et ses ponts, ses campagnes radieuses, ses villes purifiées et pacifiées. Il ne s'agissait pas non plus d'accomplir seulement le programme d'un État œuvre d'art. Car la conception *völkisch** de l'État signifiait que sa tâche était bien plutôt de « frayer la route aux forces en puissance », c'est-à-dire à la race. Pour Hitler, l'État n'était qu'un « moyen pour parvenir à un but », et ce but était « de maintenir et de favoriser le développement d'une communauté d'êtres qui, au physique

---

* Cf. Glossaire des termes nazis, p. 375.

et au moral, sont de la même espèce *(Art*)*[44] ». De même disait-il en 1934, devant les travailleurs rassemblés lors du congrès de Nuremberg, que ce qui donnait « son sens le plus profond au programme » du parti, c'était « la formation *(Bildung)* d'une véritable Communauté du peuple et de la foi en celle-ci[45] ». Le véritable objet de l'art de l'homme d'État ne pouvait être que son peuple. Cette conception instrumentale de l'État n'était cependant pas incompatible avec l'idée que l'État fût une œuvre d'art. Car l'œuvre d'art assurément était elle-même pensée depuis longtemps, et par les artistes eux-mêmes, comme un moyen dont la fin était l'homme. Ainsi Hitler prétendait-il se construire son État *völkisch* comme un artiste se crée son propre outil : pour donner à son matériau la forme la plus adéquate à l'Idée qui le possède.

« L'art de la vie »

Tantôt appliquée à l'État proprement dit et tantôt au peuple vivant dans cet État, la notion d'un État œuvre d'art fut, dans son ambivalence même, essentielle durant les années trente à un nombre croissant de penseurs qui n'appartenaient que tangentiellement aux cercles racistes. Parmi eux, le comte Hermann Keyserling, fondateur en 1920 de l'École de la sagesse *(Schule der Weisheit)* à Darmstadt, aspirait à la renaissance spirituelle de l'Europe par la synthèse, disait-il, du rationalisme occidental et de la sagesse orientale. Philosophe de la vie, il était l'auteur d'une quarantaine d'essais néo-idéalistes qui, traduits dans les principales langues européennes, connurent un immense succès. Né en 1880 dans une famille de la noblesse allemande de la Baltique, il en garda toujours la conscience d'une certaine supériorité naturelle. Ayant bénéficié d'une éducation et d'une culture cosmopolites (à Genève, Heidelberg, Vienne), il était capable de s'exprimer avec aisance dans plusieurs langues et en éprouvait un réel orgueil. Il fut dans sa jeunesse, comme il le dit lui-même, « l'ami le plus intime » de Houston Stewart Chamberlain, principal vulgarisateur de

* *Cf.* Glossaire des termes nazis, p. 375.

5. «Hitler, l'Architecte,
montre aux S.A. un vieux
cloître à Paulinzella
en Thuringe»,
photo H. Hoffmann.

Gobineau en Allemagne et auteur des très populaires *Grundlagen des 19. Jahrhunderts*. Il avait à peine vingt-cinq ans lorsque ce dernier lui dédia son livre sur Kant[46]. Cependant, ne partageant pas les conceptions racistes de celui qui fut son « premier maître », Keyserling s'en éloigna progressivement jusqu'à la rupture, après que Chamberlain fut devenu le gendre de Richard Wagner, se faisant alors le véhément propagandiste des théories racistes du compositeur. Voyageur infatigable, il séjourna souvent à Paris où il fréquentait longuement le salon du docteur Gustave Le Bon, dont le racisme n'avait pourtant que peu de chose à envier à celui de Chamberlain. Là passaient Bergson et Valéry, Marie Bonaparte et la princesse Bibesco, mais aussi Raymond Poincaré ou Theodore Roosevelt[47]. Il se lia particulièrement avec Bergson dont la philosophie vitaliste du devenir le séduisait, puis conserva des relations épistolaires avec lui comme avec Bertrand Russell, Benedetto Croce, Rathenau, Max et Alfred Weber, Gustave Le Bon. Ce conservateur, idéologiquement proche de Thomas Mann au lendemain de la Grande Guerre, voulait comme lui « dépolitiser » l'Allemagne, mais au profit d'un véritable *Volksstaat* (État du peuple) où ce serait « la culture [qui] présiderait aux destinées de l'activité économique et politique[48] ». Dix ans plus tard, après s'être exercé à la psychologie des peuples dans l'un de ses essais les plus fameux[49], il publiait plusieurs articles critiques à l'égard du racisme national-socialiste : « En Allemagne, c'est celui qui met l'accent sur le sang plutôt que sur l'Esprit qui est, au plus profond sens du terme, étranger à la race *(Artfremd)*, et non pas celui dans les veines de qui coule un sang non nordique[50]. » Ce même mois d'avril 1932, faisant le compte rendu du *Mythe du XXe siècle* d'Alfred Rosenberg, il qualifiait l'ouvrage d'absolu non-sens qui servait réchauffées les vieilles idées de Chamberlain. « Le livre de Rosenberg, disait-il, m'a finalement rendu clair que le national-socialisme, dans sa forme actuelle, est *fondamentalement un ennemi de l'Esprit.* » Le chef d'orchestre Furtwängler, déplorant cette condamnation du nazisme, tenta de faire observer à

Keyserling que le « nouveau mouvement » méritait plus de sympathie : son idée d'une humanité aux qualités raciales supérieures ne faisait en fin de compte que se substituer à l'ancienne idée de noblesse. À quoi Keyserling répondit qu'aussi acceptable que fût cette explication de l'acte de foi nazi en la race, quiconque croyait en la supériorité de l'esprit devait prendre position contre toute importance excessive donnée au sang[51].

Lorsque le nazisme parvint au pouvoir, Keyserling subit diverses humiliations, depuis les obstacles mis à des déplacements en Espagne où il devait donner des conférences jusqu'au retrait de la citoyenneté allemande à ses deux fils et à lui-même – un retrait rendu légalement possible pour ceux des Allemands qui l'avaient obtenue par naturalisation. Il préféra dès lors comprendre la « révolution allemande » comme une expression spécifique de « l'actuelle révolution mondiale, dont le premier acte [était] une révolte des forces telluriques depuis longtemps refoulées ». Dans la brutalité meurtrière de ses chefs et de leurs troupes, il ne voulait plus voir qu'un moment nécessaire à la véritable renaissance spirituelle de l'Allemagne, et dans leur fureur même, la promesse d'une nouvelle élite de la pensée et de l'action. Après avoir recouvré la nationalité allemande sur intervention du ministre de l'Intérieur de Prusse, il écrivit en français, durant les derniers mois de l'année 1933, *La Révolution mondiale et la Responsabilité de l'Esprit*. Précédé d'une lettre préface de Paul Valéry, l'ouvrage se donnait comme « la première explication de la crise mondiale, et notamment des phénomènes fasciste et hitlérien, et la première vision du chemin qui mène de la révolte des bas-fonds à *la révolution de l'Esprit* ». Il y affirmait que le national-socialisme était « pacifique », qu'il constituait « le premier mouvement non impérialiste de l'histoire moderne[52] ». Bien plus, Keyserling en vint à penser que l'histoire lui avait donné tort : ni la « vérité absolue », ni la littérature n'agissaient comme il l'avait cru sur la vie réelle. « Pour agir sur la vie, il faut s'adresser *ad hominem*. » C'est ce qu'avaient fait Gobineau dans son

Essai sur l'inégalité des races, qui pourtant n'était « certainement pas un chef-d'œuvre littéraire », et Le Bon dans sa *Psychologie des foules*, lue par « tous ceux qui ont fait ou font la révolution mondiale ». Il s'était encore trompé lorsqu'il avait « souri en entendant Chamberlain désigner, dès 1923, Adolf Hitler comme le prophète et le chef de l'Allemagne à venir. C'est que ce n'est pas la vérité des idées qui compte au point de vue historique », pas plus que « la perfection littéraire [qui] situe une pensée sur un plan *autre* que celui de la vie réelle ou vécue ». Ce qui comptait, c'était « la croyance que la race en tant que telle est une valeur ». Peu importait que cette croyance fût vraie ou fausse, il lui semblait certain qu'il fallait « compter désormais avec la croyance en la race, comme avec un des facteurs de l'histoire de demain[53] ». Ce même renoncement à ses propres convictions, au nom de la force du « fait accompli » de la croyance devenue « vérité historique », se donnait à lire en 1935 encore dans « La vie est un art », l'un des textes écrits en français du recueil *Sur l'art de la vie* qu'il publiait l'année suivante.

Conséquent avec lui-même, il y cherchait à réconcilier la « vérité historique » de la vie non pas avec la littérature, qui ne touche pas la « vie réelle », mais avec les arts visuels, qui s'adressent « *ad hominem* ». Aussi la peinture et la sculpture lui fournissaient-elles les métaphores nécessaires pour établir que « la vie ne peut être rendue bonne et belle et heureuse que sur le plan de l'art ». Car là résidait désormais pour lui la vérité de la fiction artistique.

L'impératif de l'*amor fati* des Anciens, expliquait Keyserling, ne pouvait donner à l'homme ce bonheur spirituel auquel il aspirait toujours, puisque « l'obéissance à cet impératif ne contient point de motif de *supération* du Destin ». Mais cette « supération » devenait possible dès que les données immédiates de la vie étaient considérées « comme matière première dans le même sens que le marbre est une matière première pour le sculpteur ». C'était donc seulement par « une attitude créative, c'est-à-dire artiste » que pouvaient se manifester pleinement la liberté et la souveraineté de l'homme. Ainsi cet *art de la vie* était-il la seule voie capable de conférer l'harmonie aux forces contradictoires qui agissent en l'homme en ramenant à l'esprit, centre vital de l'homme, ce qui n'appartient pas à l'esprit. La meilleure illustration de ce fait que « l'art seul peut parfaire la vie humaine », c'était l'État et sa personnification dans le grand homme d'État qui la donnaient. Encore fallait-il distinguer en lui entre l'homme d'État et le « politicien », aussi peu identiques l'un à l'autre « que le peintre au chimiste ou au marchand de couleurs ». Comme se souvenant de la distinction introduite par Hitler dans *Mein Kampf* entre le « théoricien *(Programmatiker)* » et l'« homme politique », deux êtres qui se rassemblent parfois dans l'exceptionnel homme d'État génial[54], Keyserling assignait à celui-ci la tâche d'« user de tous les moyens existants pour arriver à ses fins ».

> « Un grand homme d'État doit donc aussi savoir tuer au bon moment, contraindre, violenter, emprisonner, confisquer, exiler, ruiner, tromper, mentir ; s'il ne tient compte que des postulats et des besoins de la culture et de la liberté, il ne gouvernera jamais pour le bien du peuple [...]. »

Cependant, « l'art de l'homme d'État est le plus *difficile* de tous » : si sa tâche consistait à transformer l'État en œuvre d'art par la subordination d'éléments naturels à l'esprit, la forme de l'État œuvre d'art ne pouvait être jugée *in abstracto*, mais en fonction de la « matière première maîtrisée » et du « style » approprié à cette matière. On ne pouvait exprimer exactement « la même chose en marbre et en bronze, ni incarner les mêmes valeurs aussi bien à la Rembrandt qu'à la Rubens ».

Si l'« État matérialiste » du XIXe siècle avait échoué, expliquait encore Keyserling, c'était parce que la joie et le bonheur réel n'étaient que des « attributs de l'esprit » et toujours subjectifs :

« Seul un État qui est inspiré par l'esprit, qui incarne avant tout un esprit et qui ramène tout à des valeurs spirituelles, peut rendre heureux ses sujets. D'où l'enthousiasme qui règne à un si haut degré en Italie, dans l'Allemagne national-socialiste et même en Russie bolchevique, mais qu'on ne rencontre jamais, à l'endroit de l'État, dans les pays libéraux. »

Fidèle à sa propre philosophie vitaliste – et par allusion à Nietzsche pour qui « l'art est le plus grand stimulant de la vie » –, il ajoutait enfin que « l'œuvre d'art qu'est en soi un État exalte les forces de ses citoyens » ; c'était pourquoi, « dans son for intérieur, tout individu qui a le sens de la communauté préfère même un tyran qui est un artiste à un idéaliste qui ne l'est pas ».

Il était difficile à Keyserling d'apporter plus explicitement son soutien au régime qui régnait en Allemagne depuis deux ans, qui avait commencé d'appliquer la lutte contre les juifs inscrite à son programme et qui, après la « mise au pas » et l'assassinat de Röhm et des dirigeants de la S.A., préparait les lois raciales de Nuremberg. Il est vrai que sa justification du meurtre au nom du grand art de l'État avait un précédent immédiat dans ces mots par lesquels Hindenburg venait d'évoquer la liquidation des chefs de la S.A. le 30 juin 1934 : « Qui veut faire l'histoire doit aussi pouvoir faire couler le sang[55]. » Mais l'intérêt historique du propos de Keyserling réside d'abord dans ce mode de légitimation, qu'il partageait avec les idéologues nazis, de la tyrannie de l'homme d'État artiste : le désir tout spirituel de bonheur que manifeste un peuple ne pouvait trouver satisfaction que sur le plan de l'art, qui est celui du choix nécessaire, de la sélection et du sacrifice des parties nuisibles à l'unité de l'œuvre.

Quand le langage nazi opposait à la masse amorphe le peuple mis en forme, Keyserling opposait le peuple, « jamais représentatif de l'Esprit », à la *nation*, qui peut l'être. En cela, il semblait rester assez proche des conceptions de Disraeli qui, au siècle précédent, rejetait comme non politique la notion de peuple : « C'est une expression d'histoire naturelle. Un peuple est une espèce ; une communauté civilisée forme une nation. À notre époque, une nation est une œuvre d'art et une œuvre du temps[56]. » La condition pour qu'un peuple devînt nation était, ajoutait Keyserling, qu'il fût capable d'atteindre « un style spirituel personnel », c'est-à-dire la « forme achevée » dont dépendait son existence. Or « toute forme implique des limites ; elle implique l'exclusion volontaire de ce qui n'entre pas en elle ou de ce qu'elle ne réussit pas à se subordonner ». Ainsi Keyserling en venait-il à se contredire lui-même. Car ce qu'il avait nommé la part du politicien chez le grand homme d'État, cette part obscure qui ne devait pas « tenir compte des postulats de la culture et de la liberté » – savoir pratiquer la violence et le meurtre, l'emprisonnement et l'exil –, il la reconnaissait maintenant comme la part fondatrice de son art.

Joseph Goebbels l'avait devancé lorsque, identifiant deux ans plus tôt la politique à l'art, il avait précisé leur tâche commune : « La mission de l'art et de l'artiste n'est pas seulement d'unir, elle va bien plus loin. Il est de leur devoir de créer, de donner forme, d'éliminer ce qui est malade et d'ouvrir la voie à ce qui est sain[57]. » Quant à Hitler, c'était dès 1923 qu'il avait transposé son « expérience d'artiste » dans la sphère politique : « Il y a deux choses qui peuvent unir les hommes : des idéaux communs et des crimes communs[58]. »

Rassemblant enfin, comme l'avaient fait avant lui Carlyle ou Baudelaire, les figures du saint, du héros et de l'artiste, Keyserling pouvait achever maintenant son travail d'unification théorique du peuple sous l'égide de l'art, compris comme le « royaume de l'Esprit ». Parce que les États et les nations avaient « leur "lieu" sur le plan de l'art », ils étaient capables de spiritualiser la matière première du peuple. Il fallait donc donner raison à Dostoïevski : la nation était pour chacun le chemin qui le menait à Dieu, et c'était pourquoi tous les dieux étaient d'abord des dieux nationaux. « Si, concluait Keyserling, la Nation et la Culture appartiennent au plan de l'art, s'il en est de même de la vie héroïque et de la vie sainte, alors la Religion, elle aussi, est, techniquement parlant, un art, [...] l'art de coordonner la vie humaine à la Vie divine ».

Ainsi en était-il arrivé à justifier, au nom de l'art et de l'esprit, la totalité de l'entreprise national-socialiste, tout en soutenant, dans un ultime et dérisoire geste de fidélité à lui-même, que « ce n'est pas la race en elle-même qui incarne une valeur, mais la race en tant que véhicule postulé pour un certain esprit[59] ». Mais les nazis disaient-ils vraiment autre chose ?

Sans doute étaient-ils nombreux, ceux qui avaient fini par croire en la fiction de la race au point de la rendre efficiente aux plans juridique, politique, économique, artistique et de tuer en son nom. Mais c'était d'abord au nom de l'« esprit » et de l'« âme », dans une paradoxale fidélité à Schiller (« c'est l'âme qui se construit le corps[60] ») et surtout à Lagarde (« la germanité n'est pas dans la race, mais dans l'âme[61] »), que Rosenberg définissait la race comme l'« image externe d'une âme déterminée », comme le support et le véhicule visibles d'un dieu intérieur[62]. Cette conception que l'on peut dire néoplatonicienne d'un corps déterminé par « l'âme » ou l'« esprit », mais étendue ici à un corps collectif imaginaire – et qui fut centrale, comme on le verra, dans la théorie nazie de l'art –, coexistait cependant avec une autre conception des liens du visible à l'invisible : « Bien entendu, expliquait l'auteur d'un manuel scolaire (*Das ABC der Rasse*), il ne faut pas confondre race et simple apparence. *Race signifie âme.* Et il existe des hommes qui présentent extérieurement de réels signes d'appartenance à la race nordique, *mais qui sont juifs par l'esprit*[63]. » De même, un idéologue de la « biologie politique » mettait en garde la Communauté du peuple : « *Aussi longtemps que nous n'aurons pas anéanti le Juif en nous-mêmes*, que notre survie sera en question, le problème juif ne sera en aucun cas résolu[64]. »

Certes, l'esprit créait et déterminait toujours le corps ; mais tant que cet esprit ne s'était pas intégralement rendu visible, tout corps demeurait soupçonnable de cacher un esprit hostile. *Primus in orbe Deos fecit timor*[65] : le national-socialisme fut aussi l'écho amplifié de cette angoisse primitive devant l'opacité des corps, et il n'est pas déplacé de considérer son activité comme un immense travail propitiatoire. Le nazisme comprenait en effet la politique comme l'art de se rendre favorables les âmes ou les « esprits », de transfigurer les corps pour se les rendre *heimlich*, familiers. En ce sens, l'art et la propagande constituaient l'une des faces de la politique nazie : faire advenir au visible le dieu protecteur qui permettrait au corps de la race de vivre éternellement. L'autre face était celle de l'extermination : il lui fallait réduire, jusqu'au silence et à la mort, les corps où résistait cette part invisible de l'« esprit » qui ne se tient que dans le langage. Quels qu'aient été les critères physiques retenus pour leur élimination, les juifs, les Tziganes, les « dégénérés », les homosexuels furent enfermés et exterminés pour les mêmes raisons que le furent les opposants proprement politiques au nazisme : pour ce que pouvaient dire tous ces « juifs par l'esprit » et qui lui demeurait *unheimlich* (familièrement inquiétant). La vision du monde *(Weltanschauung*)* nazie n'était bien évidemment pas une philosophie contemplative : c'était une « vision » active, qui devait transfigurer continûment la totalité du monde pour se le rendre familier et en éliminer ce qui lui demeurait étranger. Comme l'avait écrit Wagner, l'un des seuls précurseurs que Hitler voulait bien se reconnaître, le peuple

« n'a, par la force de sa nécessité, qu'à rendre *non existant* ce qu'il *ne veut pas*, qu'à détruire ce qui est bon à être détruit, et le *quelque chose* de l'avenir deviné se présentera de soi-même[66]. »

---

* *Cf.* Glossaire des termes nazis, p. 375.

En février 1934, Hitler – dans la bouche duquel toute critique devenait promesse d'anéantissement – reprenait à sa façon l'assertion wagnérienne : « La direction de la création de l'avenir vient de [notre] critique de l'adversaire[67]. » Le nouveau pouvoir ne trouvait donc pas seulement dans l'art l'autorité du passé qui le légitimait, il trouvait aussi dans son processus créateur comment faire apparaître la forme de l'avenir par élimination et soustraction de matière.

II

Le Führer artiste : un sauveur

Un vrai prince est l'artiste des artistes ; c'est-à-dire celui qui dirige des artistes. Chaque homme devrait être artiste. Tout peut devenir bel art.

Novalis, *Foi et Amour*

Deux jours exactement après la prise du pouvoir par Hitler, Dietrich Bonhoeffer, un jeune théologien protestant, dénonçait dans un discours radiodiffusé la rivalité du national-socialisme avec le christianisme :

« À partir du moment où le *Volksgeist* est considéré comme une entité divine métaphysique, le Führer qui incarne ce *Geist* assume une fonction religieuse au sens littéral du terme : il est le messie et avec son apparition commence à s'accomplir l'ultime espoir de chacun, et le royaume qu'il apporte nécessairement avec lui est proche du royaume éternel[1]. »

Cette seule phrase concentrait de la façon la plus remarquable l'essentiel de la structure religieuse du mythe nazi. Contrairement à tous ceux qui ne voudront jamais voir dans le national-socialisme qu'un ersatz de religion, Dietrich Bonhoeffer ne voulait pas mettre en doute le caractère *littéral* de la fonction religieuse qu'assumait Hitler dans ce mythe. S'il stigmatisait l'identification de la *réalisation* du Reich millénaire au moment de l'*apparition* du Führer, incarnation visible de l'Esprit divin du peuple, c'est parce qu'il comprenait que le nazisme ne s'opposait au christianisme que pour prendre sa place institutionnelle, et ramener son universalisme de principe aux dimensions d'une religion nationale. Il était clair que l'essentiel du dogme de l'Incarnation – fondement du christianisme – restait intact dans sa structure ; que la religion national-socialiste reposait elle aussi sur la croyance en un salut par l'incarnation visible de la divinité ; et qu'elle pouvait donc s'offrir le luxe d'affirmer, exactement comme saint Augustin, que le Reich de mille ans n'appartenait plus seulement au rêve mais commençait avec l'apparition du messie.

De plus, Hitler identifiait explicitement ce moment de la renaissance politique et religieuse du peuple allemand avec le moment de sa renaissance artistique : « Un jour futur, on s'étonnera de découvrir qu'au moment même où le national-socialisme et ses chefs menaient une héroïque lutte à mort pour l'existence, l'Art allemand recevait les premières impulsions qui devaient le revivifier et le ressusciter[2]. » Le mythe nazi se fondait d'abord sur cette croyance partagée que si l'Esprit du peuple allemand, qu'une guerre perdue empêchait par un traité félon de se manifester au grand jour, si ce *Volksgeist* pouvait de nouveau s'affirmer librement, alors commencerait le Troisième Reich – le règne annoncé de l'Esprit succédant au royaume du Père et à celui du Fils. Et c'était en effet pour libérer une « âme allemande » étouffée par le diktat de Versailles qu'Alfred Rosenberg rappelait dans *Le Mythe du XXᵉ siècle* ces formules de Lagarde : parce que « les nations sont des pensées de Dieu », « il faut à chaque nation une religion nationale[3] ».

Seul un dieu national pouvait donc guérir un peuple blessé dans son âme et dans son corps par des morts innombrables, par l'humiliation d'une défaite qui le brisait, le privait de sa *Kultur**, l'accablait d'une dette matérielle qu'il serait incapable d'acquitter et lui imputait l'entière responsabilité de la guerre la plus meurtrière de l'histoire**.

C'est pourquoi les liens d'amour qui se tissèrent entre Hitler et son peuple subsistèrent aussi longtemps que le Führer sut redonner aux Allemands des motifs de s'aimer eux-mêmes. Ce fut là le temps propre du Troisième Reich, le temps du « Reich éternel » : un temps purifié de toute dette, sans culpabilité.

Si ce Reich n'est pas demeuré le royaume exclusif de l'Esprit et de l'imaginaire, sans doute faut-il en chercher la raison dans la profondeur même de la blessure narcissique, qui exigeait pour sa guérison que prenne corps le fantasme de la complétude retrouvée. Ce que percevait Hitler, c'était que la tâche qui consistait à redonner au peuple allemand le sentiment de son existence se confondait avec la nécessité d'une production visible et tangible de l'imaginaire de ce peuple qu'il nommait *Volksgeist*, et qu'il identifiait comme la plupart de ses contemporains au « monde de la culture ».

Dans cette saisissante autoanalyse que constitua pour Thomas Mann l'écriture, durant la Grande Guerre, des *Considérations d'un apolitique*, son « pessimisme culturel » lui faisait dire que « si l'Allemagne condescendait à adopter le démocratisme occidental, elle aurait perdu la guerre sur le plan spirituel ». Mais Thomas Mann – proche alors de la résignation de Spengler à ce que toute *Kultur* se dissolve dans la « civilisation » – affirmait en même temps que « jamais l'Allemagne n'aura pour mission et pour tâche de réaliser des idées sous une forme politique[4] ». À l'inverse, et bien qu'appartenant à la même constellation pessimiste, Moeller van den Bruck achevait en 1923 son livre *Das dritte Reich* en appelant à ce qu'enfin ce Troi-

---

* *Cf.* Glossaire des termes nazis, p. 375.

** Rédigeant son « deuxième livre » en 1928, Hitler écrivait : « Le gouvernement de notre peuple, envers et contre toute vérité historique éternelle, et en sachant que c'est une erreur, laisse encore prévaloir la thèse de notre culpabilité dans la guerre, et on accable tout notre peuple (*L'Expansion du IIIe Reich*, p. 108). »

sième Reich spirituel s'incarne politiquement : « Nous songeons à l'Allemagne de toutes les époques, à l'Allemagne au passé deux fois millénaire, à l'Allemagne éternellement présente, qui vit dans le Spirituel, mais qui veut assurer sa sécurité dans la réalité positive et ne peut le faire que politiquement[5]. » C'est très exactement cette compulsion de Hitler et de ses proches à réaliser ce qu'il nommait le « Reich idéal *(ideales Reich)* » dans la cité, c'est-à-dire de façon politiquement tangible, qui rencontrait l'assentiment d'un nombre croissant d'Allemands.

Depuis le XIXe siècle, le temps et l'espace de la *Kultur* et de l'Art allemands avaient été souvent identifiés au temps et à l'espace d'une Allemagne nouvelle à venir, où le peuple entier serait artiste et guidé par un Führer artiste. De ce mouvement, encore sensible dans l'affirmation de Keyserling que « la vie ne peut être rendue bonne et belle et heureuse que sur le plan de l'art », le livre qu'avait publié Julius Langbehn en 1891, *Rembrandt als Erzieher* (Rembrandt éducateur) était le plus puissant symptôme[6]. Faire du beau une « promesse de bonheur », comme l'avait dit Stendhal, ne constituait pas en soi l'indice d'une appartenance politique et idéologique. Mais faire de l'art allemand la promesse d'un bonheur allemand, comme l'avait écrit Wagner dans le livret des *Maîtres Chanteurs*, devint le mot d'ordre auquel se rallièrent tous les nationalistes du Deuxième et du Troisième Reich. Hitler ne pouvait que recueillir leur adhésion en écrivant dans *Mein Kampf* : « Combien se rendent compte que leur fierté bien naturelle d'appartenir à un peuple privilégié se rattache, par un nombre infini de liens, à tout ce qui a fait leur patrie si grande dans tous les domaines de la *Kultur* et de l'art[7] ? » C'est pourquoi Thomas Mann s'emportait contre l'usage nazi de l'idée de Troisième Reich, lorsque, ayant rompu avec l'idéologie de la révolution conservatrice, il s'adressait en 1932 aux ouvriers socialistes de Vienne : « L'Art fut toujours et sera de tout temps le Troisième Reich parfait, dont de grands esprits humanistes ont rêvé et dont le nom s'emploie aujourd'hui tellement à tort[8]. »

Mais c'était aussi précisément la raison pour laquelle Hitler se présentait non seulement comme un homme « issu du peuple » et comme un soldat ayant fait « l'expérience du front *(Fronterlebnis)* », mais aussi et surtout comme un homme dont l'expérience artistique constituait la meilleure garantie de sa capacité à médiatiser le *Volksgeist* pour en faire le « Troisième Reich parfait ».

Le gouvernement des artistes

Si la *Kultur* en général et l'art en particulier occupaient d'emblée cette position centrale dans la stratégie discursive des dirigeants, ce n'était donc nullement pour des raisons tactiques ou de pure propagande. C'était d'abord, bien plus radicalement et bien plus simplement aussi, parce que nombre de ces dirigeants prétendaient eux-mêmes au statut d'artiste. La figure d'un Hitler peintre ou architecte *raté*, légendaire et omniprésente, a peu à peu estompé la nature d'« artiste » des autres figures dont il s'était entouré. Très tôt pourtant, nombreux furent ceux qui soulignèrent l'importance de la bohème au sein du parti national-socialiste d'abord, puis au sein de l'appareil dirigeant qui se constitua autour de Hitler. Aussi n'était-ce pas simple propagande lorsque l'écrivain Hans Friedrich Blunck, président de la Chambre de littérature du Reich, insistait sur le fait que le gouvernement de la nouvelle Allemagne était « composé de membres dont la moitié sont des hommes qui se sont eux-mêmes, à l'origine, consacrés à une activité créatrice quelconque ». Ces hommes, ajoutait-il, ont la « conviction religieuse » de « l'importance des artistes » qui sont les véritables « médiateurs du peuple » :

> « Ce gouvernement, qui plonge ses racines dans l'opposition au rationalisme, est bien conscient de l'indéfinissable aspiration du peuple qu'il gouverne, de ses rêves qui flottent entre ciel et terre et que seul un artiste peut expliquer et exprimer[9]. »

Gottfried Benn, le poète expressionniste qui rallia le nazisme avant d'entrer dans ce qu'il nomma « l'exil intérieur », n'était donc pas seul à reconnaître en ceux qui dirigeaient la nouvelle Allemagne « des natures productives en art ». Le Führer n'avait-il pas été présenté aux électeurs de 1932 comme le « candidat des artistes allemands[10] » ?

Hitler, que Heinrich Mann désignait dès 1933 avec une ironie amère comme « le plus artiste de la bande[11] », ne s'était pas entouré par accident d'hommes tels que Dietrich Eckart, Joseph Goebbels, Baldur von Schirach, Alfred Rosenberg, Walther Funk, Julius Streicher, ou Albert Speer. Ce qui les unissait était d'abord la même foi dans la mission culturelle et artistique du peuple allemand, et la même certitude que cette mission devait nécessairement prendre la forme d'un combat. Et chacun d'eux se prévalait d'une part active au combat pour la restauration d'un « Art allemand » qui serait, disait Hitler en 1933, « la plus orgueilleuse défense du peuple allemand ».

Fils d'un conseiller du roi de Bavière, Dietrich Eckart, qui fut à Munich « le meilleur ami de Hitler et peut être considéré comme son père spirituel[12] », était d'abord poète et dramaturge. Sa traduction de *Peer Gynt*, achevée en 1914, lui avait valu les plus grands succès, critiques et financiers, sur les scènes allemandes. Ce fut la pièce la plus souvent jouée durant les années de la guerre – sans doute parce que le drame d'Ibsen s'était changé sous sa plume en une quête de l'identité allemande. En mars 1920, ce membre de la Société de Thulé, directeur du journal raciste *(völkisch) Auf gut Deutsch*, s'envolait pour Berlin avec Hitler dans l'espoir de prendre part au putsch de Kapp. Le 9 novembre 1923, avec cette fois les putschistes de Munich et sous le regard admiratif de Frau Winifred Wagner, la belle-fille de Richard Wagner, ils chantaient ensemble « *Deutschland erwache !* (Allemagne, réveille-toi !)». Ce chant composé par Eckart envahira l'Allemagne jusqu'en 1945. Le mois suivant le putsch manqué de Munich, il mourait, alcoolique et morphinomane. On l'enterra dans le village de

Berchtesgaden qu'il avait fait découvrir à Hitler. Deux ans plus tard, ce dernier achevait le second tome de *Mein Kampf* en évoquant la mémoire de cet « homme qui a consacré sa vie à réveiller son peuple, notre peuple, par la poésie et par la pensée, et finalement par l'action[13] ». Au cœur de la Seconde Guerre mondiale, il en parlait encore comme de son « étoile polaire[14] ».

Alfred Rosenberg, venu d'Estonie à Munich où Eckart le présenta à Hitler, était architecte, diplômé des universités de Riga et de Moscou. Le deuxième des trois livres qui constituaient son *Mythe du XXe siècle*, publié en 1930, était tout entier consacré à « L'essence de l'Art allemand ». Il fut après Eckart le rédacteur en chef du *Völkischer Beobachter*, puis des *Nationalsozialistische Monatshefte* (Cahiers mensuels national-socialistes), l'organe « politique et culturel » du N.S.D.A.P., avant d'être nommé, en 1941, ministre des Territoires de l'Est où il put « enfin » mettre en œuvre la politique raciale qu'il avait toujours défendue.

Baldur von Schirach partageait avec Hitler la plus absolue des passions pour l'opéra wagnérien. Par son père, intendant du théâtre de la cour de Weimar, il rencontra le Führer à seize ans et adhéra au parti nazi deux ans plus tard, en 1925. Frère d'une cantatrice réputée, il était comme Hitler un assidu de Bayreuth. Ils se retrouvaient à la villa Wahnfried, chez leur amie commune Winifred Wagner qui avait fourni le papier nécessaire à la rédaction de *Mein Kampf* en prison. Poète, Schirach composait des chants qu'entonnèrent plus tard huit millions de Jeunes Hitlériens, costumés et marchant en brandissant drapeaux et étendards dans une Allemagne transformée en une gigantesque scène d'opéra militaire. Il écrivit en 1933 le plus célèbre de ses chants pour le film *Le Jeune Hitlérien Quex (Der Hitlerjunge Quex)* : les rues et les campagnes en retentirent pendant douze ans.

Joseph Goebbels, chef de la propagande et grand rival de Rosenberg en matière d'hégémonie culturelle, obtint en 1921 un doctorat de lettres et de philosophie à l'université de Heidelberg. C'est dans le climat de l'expressionnisme finissant qu'il rédigea son autobiographie romancée : *Michael. Journal d'un destin allemand.* Refusée par divers éditeurs, dont Ullstein et Mosse, elle ne fut publiée qu'en 1929 chez Franz Eher, l'éditeur munichois du parti nazi. Goebbels, alors député au Reichstag, la dédia à son ami Richard Flisges qui lui avait fait découvrir Dostoïevski, mais aussi Marx, Engels et Rathenau. Il avait entre-temps proposé, mais sans succès, sa collaboration littéraire à plusieurs journaux, et composé en vers diverses pièces de théâtre qui ne furent jamais publiées. Vers le milieu des années vingt, un producteur rhénan reçut dans son bureau un petit homme boitillant et au « regard étincelant » qui déclara vouloir « très vivement devenir metteur en scène ou tout au moins travailler à monter une pièce ; je m'appelle Goebbels, dit-il, et je n'ai aucune expérience du théâtre[15] ». Devenu ministre du Reich pour l'Éducation du peuple et la Propagande, Goebbels fut comme on le sait l'un des principaux idéologues de l'activité politique conçue comme « l'Art le plus élevé et le plus vaste qui existe ».

Il y eut aussi Walther Funk, que Hitler choisit comme ministre des Finances et président de la Reichsbank, mais que l'on voyait plus souvent en compagnie d'artistes que d'hommes d'affaires et de banquiers. Il aimait raconter que sa plus brûlante ambition avait été d'embrasser une carrière de musicien, mais que son destin d'artiste avait été « contrarié par sa vocation d'économiste[16] », comme Hitler aimait dire que « sans la guerre, il serait certainement devenu architecte, peut-être – même vraisemblablement – un des plus grands, sinon le premier architecte de l'Allemagne[17] ». Il y eut même Julius Streicher, l'ahurissant pornographe dont la brutalité effrayait jusqu'à ses collaborateurs du *Stürmer*, le journal violemment antisémite qu'il avait fondé à Nuremberg. Il avait en commun avec Hitler, dont il fut d'abord le rival mais auquel il se rallia lors du putsch de 1923, des talents d'aquarelliste dont il se montrait fier. Il y eut encore Rudolf Hess, étudiant à l'université de Munich, lui aussi membre de la

Société de Thulé où il avait rencontré Eckart avant de se dévouer tout entier à Hitler. Il écrivait des poèmes romantiques qu'il parvint à faire éditer après 1933. Il y eut Joachim von Ribbentrop, qui fut ministre des Affaires étrangères du Reich : bien avant d'adhérer au parti en 1932, il écrivit, dans les années vingt, une pièce de théâtre qu'il intitula *Sur le chemin du Führer*. Il y eut l'ancien corps franc Ernst Röhm, le chef des S.A. que Hitler fit assassiner le 30 juin 1934 : comme Eckart et Baldur von Schirach, lui aussi composait des poèmes en hexamètres qu'il envoyait au Führer, dont la gratitude ne fut pas exemplaire.

Il y eut enfin Albert Speer, issu d'une famille d'architectes, lui-même diplômé d'architecture de l'Académie technique de Berlin en 1927, qui adhéra au parti en 1931. Goebbels en fit bientôt le grand metteur en scène des fêtes et rassemblements du national-socialisme avant que Hitler ne le choisît comme principal architecte du Reich. Devenu rapidement l'un des confidents les plus intimes du Führer, il fut promu ministre de l'Armement en 1942 et organisa la planification de l'économie de guerre. C'est avec lui, qui passa dans un même souffle de l'architecture du Reich à la production de l'armement du Reich, que le « combat pour l'art allemand » s'identifia pleinement à la guerre.

C'est de très longue date qu'est apparue l'idée selon laquelle cette « bohème » ne se serait pas armée si elle avait rencontré quelque succès dans son activité artistique. Ainsi, dès 1933, Heinrich Mann écrivait-il de Hitler : « Artiste comme les autres, il ne se contenta pas d'être peintre en bâtiment, il fit des tableaux et les envoya au jury, qui les refusa. Certains membres du jury s'en repentent amèrement, maintenant qu'il a réussi sur un plan différent. *Il n'avait tenu qu'à eux qu'au lieu de passer dictateur il restât simple raté*[18]. » De même l'éditeur Rudolf Ullstein déclara-t-il un jour, « en manière de plaisanterie », qu'il avait eu tort de refuser le manuscrit de *Michael* : « Il eût peut être [ainsi] détourné Goebbels vers d'autres activités que la politique[19]. » De telles plaisanteries, qui courent aujourd'hui encore, se fondent assurément sur l'hypothèse très communément admise depuis Freud de la sublimation et de la *Kulturversagung* : les composantes narcissiques, érotiques et agressives de l'individu trouveraient leur satisfaction et leurs *limites* dans l'œuvre d'art, qui deviendrait ainsi, aux côtés du travail et par-delà toute religion, l'un des plus sûrs garants du développement de la culture.

Mais plaisanter ainsi, c'est oublier qu'à l'hypothèse aristotélicienne de la valeur cathartique de l'œuvre d'art, en laquelle s'épuiseraient les passions de l'artiste et du public, s'oppose par avance, on le sait, l'affirmation platonicienne du danger de cette même œuvre d'art en raison de sa puissance contagieuse. Parallèlement à celle de la catharsis, une autre tradition n'a jamais cessé de parcourir l'histoire de l'Europe : l'art, qu'il ait été pour cela même condamné ou bien au contraire glorifié (Nietzsche), n'y est pas pensé comme le lieu où les passions trouvent leur fin, mais bien comme leur meilleur relais, comme « le grand "stimulant" de la vie[20] ». Au « dessaisissement de soi » de l'artiste dans l'œuvre, cette autre tradition oppose sa « volonté de puissance ». À la catharsis du spectateur, elle oppose la gloire qui lui est conférée « d'exercer aussi et momentanément [sa] propre divinité[21] ». C'est évidemment à cette tradition que se rattachait le national-socialisme. Et c'est pourquoi toute « plaisanterie » sur le visage qu'eût pris le monde si Adolf Hitler avait été admis à l'Académie de Vienne passe sous silence tout à la fois l'enjeu moderne de l'art et celui du national-socialisme.

Considéré à juste titre comme le meilleur biographe de Hitler, Joachim Fest notait pourtant que dans les aquarelles et les peintures *[fig.6-7]* que ce dernier réalisa à Munich, où se développait alors l'expressionnisme, « il demeura [comme à Vienne] le modeste copieur de cartes postales qui avait ses visions, ses cauchemars et ses angoisses, mais était incapable de les transposer sur le plan de l'art[22] ». Si la remarque surprend, c'est parce que Hitler était bien loin d'assigner à

6. A. Hitler, *Le Maximilianeum
et le pont Maximilien à Munich*,
1913-1914, aquarelle.

7. A. Hitler,
La Hofbräuhaus de Munich,
1913-1914, aquarelle.

l'art la fonction d'exprimer « les cauchemars et les angoisses » de l'artiste. Tout au contraire, l'artiste devait selon lui maîtriser ses angoisses, qui appartiennent à la subjectivité et à la contingence, pour ne donner à voir que la *belle forme éternelle*. En cela, il demeurait certainement un classique, secrètement lié à l'Académie qui l'avait rejeté. Il paraît enfin d'autant plus difficile de dénoncer l'incapacité artistique de Hitler à transposer ses angoisses que celui-ci les transposa de fait, mais sur le plan de « l'art de l'État », en purifiant son « matériel humain » avec la plus violente des passions.

Si chacun fut frappé par la place exceptionnelle que le nouveau régime accordait d'emblée à la culture et à l'art, beaucoup crurent pouvoir circonscrire le phénomène par le seul terme de propagande : le nazisme aurait donc asservi l'art à ses fins politiques. C'était ne pas comprendre que le texte même de *Mein Kampf* constituait un étonnant développement de la méthode Coué que Hitler appliquait à son peuple comme à lui-même :

> « Notre peuple allemand, aujourd'hui brisé et gisant, livré sans défense aux coups de pied du reste du monde, a justement besoin de cette force de suggestion qui réside dans la confiance en soi-même[23]. »

En ouvrant le congrès de Nuremberg qui suivit son accession au pouvoir, il ne cessait de répéter cette nécessité première de « la foi en son propre Moi », de « la foi fanatique en la victoire du Mouvement » pour obtenir la « guérison du peuple[24] ». En clôturant ce même congrès, il insistait sur « les effets de ce qui est visible et sensible » pour assurer au peuple « son autoaffirmation durable[25] ». Présenter au *Volk* brisé l'image de son « éternel *Geist* », lui tendre le miroir qui serait capable de lui redonner la force de s'aimer lui-même : telle fut la première tâche que s'assigna Aldof Hitler, celui que l'on nommait aussi le « médecin du peuple allemand ».

C'est pourquoi ce *Geist*, ce Reich intérieur ou spirituel, se phéno-ménalisa aussitôt sur le mode artistique, politique et de la propagande – indissolublement liés dans l'autosuggestion. De même que Nietzsche pensait que «l'art est le grand "stimulant" de la vie», Hitler était convaincu que «l'Art allemand» recélait pour les Allemands malades une puissance salvatrice parce que narcissique. Face aux militants du parti qui s'interrogeaient sur la nécessité de tant «sacrifier à l'art alors qu'autour de nous se trouvent tant de pauvreté, de misères, de détresse et de lamentations», il répondait avec assurance qu'il ne s'agissait de rien de moins que du «renforcement de l'armature morale d'une nation» :

> «Jamais il n'est plus nécessaire de ramener une nation à ce qu'il y a d'éternel en elle que dans un temps où les ennuis politiques et économiques la font douter de sa mission. Quand une pauvre âme humaine, harcelée de soucis, doute de la grandeur et de l'ave-nir de son peuple, c'est alors qu'il est temps de la ranimer en exal-tant les hautes et éternelles vertus intérieures de sa race, en lui présentant les chefs-d'œuvre qu'aucune détresse politique et éco-nomique ne saurait atteindre. Plus les exigences vitales et natu-relles d'une nation sont méconnues, réprimées ou simplement contestées, plus il importe de donner à ces exigences naturelles le caractère d'un droit supérieur par les démonstrations visibles des plus hautes valeurs d'un peuple [...]26.»

Cette conception de la nature autosuggestive de l'art, Hitler la précisait en affirmant sa conviction que l'activité artistique était le processus par lequel un peuple se produisait lui-même comme peuple. Il se disait en effet convaincu que «l'art, précisément parce qu'il est l'émanation la plus directe et la plus fidèle de la vie spirituelle d'un peuple, constitue la force qui modèle inconsciemment de la façon la plus active la masse du peuple27». Ainsi pensait-il assez justement l'autosuggestion comme puissance d'autoformation, dans un processus naturel et organique dont le romantisme avait donné le modèle : « L'art appartient à la nature, avait écrit Novalis – [...] il est pour ainsi dire la nature s'observant elle-même, s'imitant elle-même, se formant elle-même[28]. »

Le 24 avril 1936, le *Völkischer Beobachter* publiait en première page de son édition munichoise un article intitulé « L'art comme fondement de la puissance créatrice politique. Les aquarelles du Führer » :

« Le philosophe Nietzsche dit qu'il n'y a rien de plus fantasque que le hasard. Aujourd'hui, nous savons que ce ne fut pas un hasard si Adolf Hitler ne devint pas alors l'un des nombreux étudiants en peinture de l'Académie de Vienne. Il était désigné pour une plus grande tâche que de devenir seulement un bon peintre, ou peut-être un grand architecte.

Le don pour la peinture n'est cependant pas un aspect de sa personnalité simplement dû au hasard, mais un caractère fondamental qui touche au noyau de son être. Il existe un lien interne et indissoluble entre les travaux artistiques du Führer et son grand œuvre politique.

L'artistique est aussi la racine de son développement comme politicien et homme d'État. Son activité artistique n'est pas simplement chez cet homme une occupation de jeunesse due au hasard, elle n'est pas un détour de son génie politique, mais la condition première de son idée créatrice de la totalité.

Si nous envisageons l'Histoire comme le façonnement créateur des forces spirituelles, alors il nous faut constater que le phénomène d'un homme d'État tel que Hitler ne pouvait prendre naissance que sur des fondements artistiques, dont les éléments essentiels sont la construction et la vision imaginative qui façonne.

Le national-socialisme n'est pas un principe intellectuellement construit, ce n'est pas un programme rationnel comme le marxisme, mais c'est un mouvement spirituel qui est né des puissances originaires de l'âme du peuple, une *Weltanschauung* qui est née d'une conception spirituelle totale. »

Cependant, ajoutait l'auteur, il faut distinguer. Il existe la politique telle que la comprennent le marxisme et l'État où règnent les marxistes : on l'appelle à juste titre la « politique des avocats *(Advokatenpolitik)* ». Mais il existe aussi une autre politique :

> « Le Führer a donné au concept de politique un contenu bâtisseur *(einen aufbauenden Inhalt)*, et il n'a pu le faire que parce que son idée politique s'est développée à partir des connaissances d'une activité artistique autocréatrice *(einer künstlerisch selbstschöpferischen Tätigkeit)*[29]. »

Ce texte rassemblait de façon remarquable les trois motifs fondamentaux de l'image que le national-socialisme présentait de lui-même : à travers la personne de Hitler, il s'affirmait comme étant d'essence populaire, spirituelle et artistique ; il était donc, par essence, opposé à la démocratie parlementaire, à la critique et au débat (à l'*Advokatenpolitik*) ; enfin, il était politiquement déterminé par le caractère d'autoformation ou d'autocréation de cette activité artistique originaire qui constituait son essence. Plus tard, devant les membres de son quartier général, Hitler formula avec plus de concision encore cette théorie de l'autoproduction[30] qu'il s'appliquait d'abord tout naturellement à lui-même :

> « Si nos maîtres d'école ne distinguent pas en règle générale un futur génie mais, au contraire, le jugent sans valeur – il suffit de penser à Bismarck, à Wagner, à Feuerbach qui, rejeté par l'Académie de Vienne fut fêté et couronné par elle dix ans plus tard – c'est que *seul un génie peut se transformer lui-même en génie*[31]. »

Sortie de la trivialité de son contexte, la formule pourrait surprendre quiconque ignorerait la congruence du nazisme et d'une part de la pensée romantique, à laquelle appartenait pleinement la notion de l'autoformation du génie. Mais il manquait au nazisme l'autre moitié de cette pensée : l'*ironie*. Par ce concept que Hegel devait définir comme le « point de vue d'un *moi* qui pose et détruit tout[32] », les romantiques allemands avaient nommé ce qui les retenait de chercher à réaliser leurs rêves autrement que de façon fragmentaire. C'était bien contre ce refus romantique de toute totalisation que Hans Friedrich Blunck, le président de la Chambre de littérature du Reich, en appelait à « une nouvelle volonté créatrice à la place de l'ironie, de l'éternelle négation[33] ». Et Goebbels, bien involontairement il est vrai, avait reconnu cette raideur du national-socialisme en le définissant comme un « romantisme d'acier *(stahlernde Romantik)*[34] ». C'était donc avec le plus grand sérieux et sans aucune retenue que Hitler, « candidat des artistes » à la tête d'un gouvernement d'artistes, s'apprêtait à accomplir ce rêve formulé autrefois par Novalis à l'adresse du jeune roi Frédéric-Guillaume III qui venait, en 1797, d'accéder au trône de Prusse :

« Un vrai prince est l'artiste des artistes ; c'est-à-dire celui qui dirige les artistes. Chaque homme devrait être artiste. Tout peut devenir bel art. La matière du roi, ce sont les artistes ; sa volonté est son ciseau ; il éduque, il place et instruit les artistes, parce que lui seul voit l'œuvre dans son tout et du bon point de vue, parce qu'à lui seulement est parfaitement présente la grande Idée qui doit être exécutée par l'ensemble harmonieux et convergent des forces et des pensées représentatives. Le souverain conduit un spectacle infiniment varié où la scène et la salle, les acteurs et les spectateurs ne font qu'un, et où lui-même est à la fois le poète, le metteur en scène et le héros de la pièce[35]. »

Ce serait sans ironie que, dans l'un de ses discours, Hitler proclamerait « la dictature du génie[36] ».

Suggestion et incorporation

« Le parti, c'est Hitler, mais Hitler est l'Allemagne comme l'Allemagne est Hitler », s'exclamait Rudolf Hess à Nuremberg[37]. Ernst Kantorowicz a magistralement retracé l'histoire de cette formule d'inversion, qui supposait l'incorporation et l'identification réciproques du corps du prince et du corps politique[38]. Elle avait pris sa source dans l'Évangile de Jean (« Je suis dans le Père et le Père est en moi » [Jean, XIV,10]) et son modèle dans la relation du Christ à l'Église, son corps mystique que les monarchies européennes identifièrent au corps politique. Le messianisme national qui caractérisa l'Europe tout au long du XIXe siècle conserva et développa comme on sait l'analogie organique[39]. En s'inscrivant dans la continuité de ce naturalisme politico-historique, le nazisme en déployait la logique organiciste jusqu'à ses conséquences les plus extrêmes : la puissance attendue et recherchée du corps national ne pouvait certes venir que de lui-même, mais à la condition qu'une tête pût donner à ce corps la foi en lui-même et en ses propres forces de croissance.

De même que Hitler, dans *Mein Kampf*, faisait appel à l'autosuggestion pour l'obtention de la « confiance en soi », de même faisait-il appel à ce qu'il nommait la « suggestion de masse » pour en accroître la puissance et augmenter son volume. Ce qui était déterminant dans un meeting de masse, écrivait-il, ce n'était pas le « contenu » du discours, mais son « succès visible », car alors « la volonté, les aspirations, mais aussi la force de milliers d'hommes s'accumulent dans chacun d'eux[40] ». Il exposa mieux encore ce principe en 1926, dans le discours qu'il prononça au Nationalklub de Hambourg :

« Avant tout, il faut se débarrasser de l'idée que les conceptions idéologiques pourraient satisfaire la foule. La connaissance est pour la masse un socle branlant. Ce qui est stable, c'est le sentiment, la haine. [...] Ce que la masse doit éprouver, c'est le triomphe de sa propre vigueur *(Stärke)*. »

Dans ces conditions l'individu isolé, poursuivait-il, pouvait sentir « la vigueur et la droiture du Mouvement » et venir ainsi en accroître le nombre avec sa propre foi :

« Il voit 200 000 personnes qui toutes combattent pour un idéal qu'il ne parvient peut-être pas à analyser du tout, qu'il n'a pas besoin du tout de comprendre. C'est sa foi, et la foi se renforcera jour après jour par l'extériorisation visible de la puissance de cette foi[41]. »

Ainsi la suggestion de masse incorporante et l'autosuggestion convergeaient-elles vers l'accroissement de la puissance par la monstration visible d'elle-même, augmentant la foi ou la confiance en cette visibilité de la puissance à venir. Le régime de l'autoproduction déclenchait ici un automatisme quasi réflexe qui, dans une logique organiciste déployée jusqu'à la parfaite circularité de l'effet et de la cause, s'apparentait à l'autoérotisme.

C'est pourquoi la mise en scène qui présidait à chacune des apparitions publiques d'un Führer qui *était* son peuple relevait à la fois de la suggestion et de l'autosuggestion. On a souvent remarqué « l'atmosphère orgiaque » qui régnait lors des grands rassemblements du national-socialisme, et souvent « décrit l'état d'épuisement de Hitler à l'issue des grandes séances publiques en termes sexuels non équivoques[42] ». Lui-même disait perdre du poids à chacune de ces séances, durant lesquelles sa peau s'imprégnait du bleu de sa chemise de corps. Mais les films, les photographies des masses et tous les témoignages attestent que l'état des participants pourrait être décrit dans les mêmes termes. À coup sûr, les *grands stimulants de la vie* qu'étaient ces spectacles, menés par l'orateur dans un style extatique souvent voisin de l'expressionnisme, constituaient l'expérience narcissique attendue autant par le Führer que par son peuple : expérience de l'*authentique*, du *hic et nunc*, de l'unité retrouvée du *Volksgeist* avec son *Volkskörper*. C'était l'expérience constitutive du peuple comme sujet, excluant dans son déploiement toute altérité et activant l'autoérotisme de ces rapports jusqu'à les instaurer comme ceux du même au même :

> « [L'orateur], écrivait Hitler dans *Mein Kampf*, se laissera toujours porter par la grande masse, de sorte qu'instinctivement il trouvera toujours les paroles nécessaires pour arriver droit au cœur de ses auditeurs actuels. S'il commet l'erreur la plus légère, il en trouvera la correction vivante devant lui. Comme je l'ai déjà dit, il peut lire sur les visages de ses auditeurs [...]. S'il lui paraît qu'ils ne sont pas encore convaincus du bien-fondé de ses assertions, il les répétera encore et toujours, avec de nouveaux exemples à l'appui, il exposera lui-même les objections inexprimées qu'il pressent chez eux, et il les réfutera et les pourfendra jusqu'à ce que les derniers groupes d'opposants finissent par avouer, par leur attitude et l'expression de leurs visages, qu'ils ont capitulé devant son argumentation.[43] »

C'était donc au cours de la transe amoureuse, tandis que l'érection de la figure de Hitler venait à bout du peuple « féminin* », que le corps du peuple se réconciliait avec son Esprit, incarnant avec son partenaire ce Reich idéal qui avait pour nom la *Volksgemeinschaft*.

---

* Topos devenu classique surtout depuis Le Bon et dont on peut lire cette variation dans *Mein Kampf* : « Dans sa grande majorité, le peuple se trouve dans une disposition et un état d'esprit à tel point féminins que ses opinions et ses actes sont déterminés beaucoup plus par l'impression produite sur ses sens que par la pure réflexion » (F 184, D 201).

C'est pourquoi ces grandes cérémonies n'étaient jamais de simples moyens vers une fin qui leur aurait été extérieure ; elles trouvaient au contraire leur fin dans l'*Erlebnis*, dans « l'expérience vécue » d'une communauté se refermant sur elle-même. Alors chacun pouvait penser que Hitler formait l'Allemagne et que l'Allemagne formait Hitler – dans une réciprocité dont il était lui-même conscient : « Je sais que vous m'êtes redevables de tout ce que vous êtes et de mon côté, c'est à vous seuls que je dois d'être ce que je suis[44]. » La formation réciproque des masses et de leur chef, que Hitler invoquait si souvent, se présentait de fait comme l'autoformation d'un seul corps politico-religieux.

Mais ces grandes régressions narcissiques avaient pour condition que disparût de leur sphère tout ce qui était susceptible de faire obstacle à la formation d'une monade. Le rapport amoureux s'établissait, par un jeu de questions et de réponses, dans un échange qui soudait toujours plus l'ensemble des partenaires. Les « oui » et les « non » de la foule[45] constituaient l'index de ce qu'il fallait inclure ou exclure pour que se poursuive l'« expérience authentique », de sorte que l'apparition de Hitler avait toujours pour corollaire la disparition progressive des « ennemis » hors de la *Volksgemeinschaft*. Tandis que l'intérieur se constituait en moi idéal, tous ceux que Hitler nommait les *Kritikaster*, ces « critiqueurs » qui n'avouaient pas leur foi en la Communauté d'amour devenue maintenant visible et tangible, étaient récusés et comme expulsés de ce champ de vision commun qu'était la *Weltanschauung* nazie partagée.

Ainsi s'élaborait une situation de pure immanence, où le plaisir de voir et d'être vu n'impliquait plus aucune extériorité, où le peuple rassemblé accouchait de son âme devenue visible tandis que le Führer voyait se former devant lui le peuple auquel il donnait le jour selon sa vision. La formule de Rudolf Hess affirmant l'identité de l'Allemagne et du Führer était l'expression parfaite de cette pure immanence devenue visible, où « tous, y compris Hitler lui-même, croient fermement en l'image qu'ils ont créée[46] ». Et si Alfred Rosenberg pouvait s'exclamer lors du même congrès que : « *Le monde de l'œil*, dont Goethe parla un jour comme de la source originelle de sa vie, règne à nouveau en Allemagne[47] », c'était parce que autosuggestion et suggestion de masse se confondaient avec ce que Goebbels nommait la « propagande créatrice ». De sorte que l'union et la santé recouvrée du peuple se donnaient maintenant à *voir* à l'Allemagne entière, au prix de la mutilation des parties jugées « malades » de ce corps. Ainsi se réalisait dans le monde de l'œil d'abord ce « désir des Allemands » que Rosenberg, dans *Le Mythe du XXe siècle*, avait cru lire dans la formule de Maître Eckhart : « Être un avec soi-même[48]. » Le détournement de sens était ici redoutable : ce qui était auparavant l'union mystique de l'individu singulier avec un Dieu invisible devenait l'union mystique de la Communauté avec son Führer visible.

Propagande et anticipation

Toutes les analyses du national-socialisme ont buté, dès l'accession d'Adolf Hitler au pouvoir, sur la détermination du moment où « le mythe et la réalité ne font plus qu'un[49] ». Récemment encore, Ian Kershaw affirmait que « là où le nazisme manifesta de grandes – et même de très grandes – ambitions, ce fut dans la transformation des perceptions subjectives de la réalité, et non de la réalité elle-même[50] ». Martin Broszat avait déjà formulé quelque chose de semblable : « Le national-socialisme fut une tentative extrême de changer le monde au moyen d'une transformation de la conscience subjective (et non pas d'un bouleversement des rapports objectifs)[51]. » La naïveté de ces propos tenus par d'éminents historiens du nazisme surprend et inquiète : une « transformation de la conscience subjective » serait-elle donc possible sans déterminer aussitôt un « bouleversement des rapports objectifs » ? Le nazisme aurait-il par hasard laissé intacte la « réalité objective » ? Ou bien l'émancipation de certaines catégories de la population, la terreur qui l'accompagnait, l'accroissement des rythmes de production, l'extermination enfin n'auraient donc existé que dans la « conscience subjective » ? S'il ne s'agissait que d'affirmer le maintien des rapports de production préexistants, de telles formulations sont pour le moins inadéquates. De façon plus sournoise ressurgit par ailleurs aujourd'hui l'idée d'une « double vie » imposée aux Allemands sous le Troisième Reich. Tout en affirmant que « les contradictions entre propagande et réalité n'étaient pas très profondes », von Krockow, dans un ouvrage cependant remarquable, décrit la « personnalité divisée » de l'Allemand d'alors, sommeillant en brave citoyen dans sa normalité apolitique *et* marchant au pas cadencé, enivré de volonté de puissance. Ce « dédoublement de l'existence en deux domaines distincts », toléré et favorisé, se retrouvait encore, selon lui, dans la production de ces films qui ignoraient tout du régime : ses insignes, ses uniformes, ses saluts et ses pompes[52]. Mais comme d'autres divertissements apparemment neutres, ces films faisaient en vérité partie intégrante du mythe. Pour soutenir l'effort que Robert Ley demandait quotidiennement à ses « soldats du travail », il fallait ménager des zones de repos, capables de maintenir et reproduire les forces productives de la *Volksgemeinschaft*. La méprise vient de ce que la tolérance était non seulement possible mais nécessaire à l'égard de tout ce qui pouvait accroître le sentiment de bonheur du « peuple » sans jamais enrayer la fabrication du mythe, la « réalisation de l'Idée ». Enfin, le régime avait besoin de ces divertissements pour les mêmes raisons qu'il avait besoin d'un « christianisme positif » (24e point du Programme du parti). Comme le disait, contre les excès jugés inutiles de Rosenberg, un partisan de la mesure, « le Troisième Reich avait besoin du christianisme et des Églises, parce qu'il n'avait rien à mettre à la place de la religion et de la morale chrétiennes[53] ». Cette ligne de conduite ayant été presque toujours dominante, rien de ce qui ne nuisait pas au mythe n'était supprimé, de sorte que le mythe ne fut pas séparé de la réalité. Il l'imprégnait exactement comme Goebbels disait que l'Idée se répandait dans les masses : «comme un gaz qui pénètre les objets les plus solides[54]».

Dans le cours qu'il consacra durant l'hiver de 1945-1946 à la question de la culpabilité allemande, Karl Jaspers était plus pénétrant quant à ce «dédoublement» : «*La vie sous le masque* – inévitable pour quiconque voulait survivre – entraînait une culpabilité morale. [...] Le déguisement constituait l'une des caractéristiques fondamentales de notre vie. Elle pèse sur notre conscience morale[55].» On reviendra plus loin sur la fonction déculpabilisante que ce «déguisement» devait assurer. Il faut rappeler d'abord que, fondée sur la suggestion, la propagande nazie distinguait entre disposition intérieure *(Stimmung)* et comportement visible *(Haltung)*. C'était en imposant le port d'un «masque», en imposant une *Haltung* déterminée, qu'elle cherchait à obtenir une *Stimmung* favorable chez ceux qui demeuraient intérieurement insoumis. Elle escomptait sans doute que, sous le masque, la vie finirait bien par se conformer au masque. Mais l'orthodoxie lui importait finalement moins que l'*orthopraxie*, selon l'heureuse expression par laquelle Jacques Ellul caractérisait toute propagande moderne[56]. Aussi le clivage qui pouvait exister entre le jeu du comédien et la nature de sa conviction intime demeurait secondaire. Ce qui était déterminant était la qualité du jeu, l'efficacité dont faisait preuve le comédien dans l'accomplissement de sa tâche – sa performance *(Leistung)*. Ce qui comptait était ce «talent» mesurable chez chacun, en fonction de la place et du rôle qui lui avaient été assignés dans le spectacle. Ce fut le vrai critère de Goebbels jusqu'à la fin, comme en témoigne l'encouragement qu'il adressa, dans les derniers jours du régime, à ses collaborateurs : «Messieurs, dans cent ans, on tournera un beau film en couleurs sur les terribles journées que nous vivons. Ne désirez-vous pas jouer un rôle dans ce film ? Tenez bon, maintenant, pour que les spectateurs [...] ne hurlent pas et ne sifflent pas quand vous apparaîtrez sur l'écran[57].» De même Hitler, durant les semaines qui précédèrent l'effondrement, exprima plusieurs fois sa crainte d'être « exhibé au zoo de Moscou » ou bien d'être « forcé de paraître dans un spectacle mis en scène par des Juifs[58] ». Car s'il était le premier à penser, comme le disait Keyserling, que la vie ne pouvait être « belle et bonne et heureuse que sur le plan de l'art », il ne pouvait concevoir de ne pas être lui-même « à la fois le poète, le metteur en scène et le héros de la pièce » (Novalis).

On a longtemps cru que les photographies de l'orateur Hitler, exposant ses gesticulations postexpressionnistes, appartenaient aux archives secrètes du Führer ou de son ami le photographe Heinrich Hoffmann ; qu'elles n'auraient été que de simples épreuves de travail qui permettaient à l'orateur de contrôler les effets de sa gestuelle en studio. On sait aujourd'hui qu'il n'en est rien, puisqu'elles furent publiées à différentes reprises, dès le début de l'année 1928, par l'*Illustrierter Beobachter*, puis vendues pour six d'entre elles sous forme d'une série de cartes postales à grand tirage *[fig.8]*. Qu'elles aient été largement diffusées jusqu'à la fin des années trente encore (Chaplin les utilisa pour travailler le rôle du *Dictateur*) montre assez que, loin d'être des outils de travail réservés à l'usage privé, elles visaient au contraire de façon calculée le plus vaste public. Rudolf Herz, à qui l'on doit cette redécouverte[59], note que l'on ne retrouve cependant pas ces gestes dans les documents filmés des discours tenus par Hitler en public. Il s'agissait manifestement de « pures poses de cartes postales, d'authentiques documents de l'auto-mise en scène exaltée de Hitler », qu'un journaliste des années trente avait déjà comparés à des photogrammes dont chacun avait son éclairage propre.

L'immense succès de ces cartes postales permet de mieux comprendre que les masses attendaient de Hitler, dans les meetings, l'exploit du comédien qui saurait les arracher à elles-mêmes, les transporter, pour le temps du spectacle au moins, dans un monde où l'ombre et la lumière étaient plus tranchées, où les choix paraissaient plus simples. Si, de son côté, Hitler avait décidé de publier ces photographies et de les diffuser sous forme de cartes postales légendées, c'était

ADOLF HITLER
Erfüllst du die höchsten Pflichten gegenüber deinem Volk?
Wenn ja, dann bist du unser Bruder!
Wenn nicht, dann bist du unser Todfeind

ADOLF HITLER
Der gesunde Mensch mit festem Charakter ist für die Volksgemeinschaft wertvoller als ein geistreicher Schwächling.

ADOLF HITLER
Falsche Begriffe und schlechtes Wissen können durch Belehrung
beseitigt werden. Widerstände des Gefühls niemals. Die Voraus-
setzung zur Tat ist der Wille und der Mut zu Wahrhaftigkeit

ADOLF HITLER
Mögen Jahrtausende vergehen, so wird man nie von Heldentum
reden dürfen, ohne des deutschen Heeres des Weltkrieges zu
gedenken.

ADOLF HITLER
Wenn 60 Millionen Menschen nur den einen Willen hätten
fanatisch national zu sein — aus der Faust würden die Waffen
herausquellen. An dem Tage, an dem in Deutschland der Marxis-
mus gebrochen wird, brechen in Wahrheit für ewig seine Fesseln.

ADOLF HITLER
Wenn an der Front die Besten fielen, dann könnte man
zu Hause wenigstens das Ungeziefer vertilgen, die ver-
räterischen Burschen aus dem Versteck holen und an den
höchsten Galgen hängen.

8. Adolf Hitler,
avant août 1927.
Série de six cartes postales,
photos H. Hoffmann

très certainement pour susciter cette attente dont il escomptait percevoir les bénéfices lors des meetings. Le code gestuel paraissait délibérément désuet ; il était finalement plus proche des images que l'on pouvait trouver dans les manuels de l'orateur du XIXᵉ siècle que du jeu expressionniste tardif. « Si la propagande, écrivait Hitler, renonce à une certaine naïveté d'expression, elle ne trouve pas le chemin de la sensibilité des larges masses[60]. » Avec ses accents populaires et solennels à la fois, cette gestuelle pouvait intriguer ceux qui n'avaient pas encore assisté à l'un de ses spectacles et fournir aux autres un sentiment inhabituel fait de proximité et de distance.

Dans cette attente réciproque du Führer et des masses, une image commune se formait, à laquelle la rencontre devait donner corps. Le succès ne dépendait évidemment pas de la sincérité des partenaires, mais de leur croyance en cette image commune, à la fois condition et objet du spectacle.

En 1934, analysant les caractères religieux et magiques qui s'attachent à la monnaie dans les « cultures primitives », Marcel Mauss soulignait « l'importance de la notion d'attente, d'escompte de l'avenir, qui est précisément l'une des formes de la pensée collective ». « Nous sommes entre nous, continuait-il, en société, pour nous attendre entre nous à tel et tel résultat ; c'est cela la forme essentielle de la Communauté. » Remarquablement sensible aux troubles de son époque, Mauss signalait alors dans ces termes l'un des tournants de sa recherche :

> « Les expressions : contrainte, force, autorité, nous avons pu les utiliser autrefois, et elles ont leur valeur, mais cette notion de l'attente collective est à mon avis l'une des notions fondamentales sur lesquelles nous devons travailler. Je ne connais pas d'autre notion génératrice de droit et d'économie : "Je m'attends", c'est la définition même de tout acte de nature collective. Il est à l'origine de la théologie : Dieu entendra – je ne dis pas exaucera, mais entendra – ma prière[61]. »

Mais au moment où Marcel Mauss formulait ces propos, le fascisme et le nazisme savaient déjà faire en sorte que la prière entendue parût être exaucée. Le discours que Goebbels tenait le 9 janvier 1928 sur le thème « Connaissance et propagande » était à cet égard exemplaire :

> « Les idées, dit-on, sont dans l'air. Et lorsque quelqu'un arrive et exprime par des mots ce que tous portent dans leur cœur, alors chacun ressent : oui, c'est ce que j'ai toujours voulu et espéré. Ainsi en va-t-il lorsqu'on écoute un grand discours de Hitler. J'ai rencontré des hommes qui s'étaient rendus pour la première fois de leur vie à un meeting de Hitler ; à la fin du discours, ils disaient : "Tout ce que je cherchais depuis des années, cet homme l'a exprimé par des mots. Maintenant, pour la première fois, quelqu'un est venu qui a mis en forme ce que je voulais[62]." »

Dans cette « mise en forme » résidait la satisfaction de l'attente où l'orateur accroissait son prestige. On sait que le « marketing » ne fait rien d'autre aujourd'hui : ses techniques d'investigation des attentes collectives ne créent rien ; elles ont pour objet de faire surgir l'image d'un désir momentanément partagé et de lui donner corps. Il est vrai de dire que Hitler n'aurait pu rencontrer le succès « sans la dépression » qui régnait en Allemagne, « sans les conditions extérieures qui exposaient le "marché" électoral à l'alternative politique nazie[63] », mais une telle description ne permet pas de comprendre l'immanence du processus. Car si la personne de Hitler incarnait la résolution prochaine de la crise, l'essentiel était bien que cette anticipation était aussitôt comprise, dans l'*Erlebnis** du rassemblement de masse, comme la résolution même de la crise.

---

* *Cf.* Glossaire des termes nazis, p. 375.

À leur façon, les cartes postales constituaient, en même temps qu'un appel, une préparation aux meetings en anticipant elles aussi la résolution de la crise. La légende de la première d'entre elles était particulièrement claire : « Remplis-tu ton devoir supérieur à l'égard de ton peuple ? Si oui, tu es notre frère ! Si non, tu es notre ennemi mortel. » Ce mode de résolution binaire, qui se répétait ensuite dans les « oui » et les « non » des meetings, rejetait dans l'ombre les ennemis mortels pour faire mieux paraître dans sa pleine lumière l'image salvatrice de la *Volksgemeinschaft* à venir, de la Communauté des frères bienheureux. La promesse de salut que faisait Hitler à son peuple tenait dans ce spectacle d'*un partage se faisant* entre les damnés et les élus. Nombreux furent les membres de l'« élite » à succomber ici, anticipant un triomphe et une jubilation totale. Quelque chose se répétait, qu'Hannah Arendt a désigné comme « le fait plus qu'embarrassant que des hommes d'une envergure indiscutable – parmi lesquels Tertullien et même saint Thomas d'Aquin – ont pu être convaincus que l'une des joies du ciel serait le privilège de contempler le spectacle des souffrances indicibles de l'enfer[64] ». Ainsi le juriste Carl Schmitt[65], qui voulut être à Hitler ce que Eusèbe avait été à l'empereur Constantin en fondant juridiquement la concentration des pouvoirs temporel et spirituel en une seule personne, faisait-il de « la distinction ami/ennemi » le « critère du politique ». Ce terme de politique ne désignait cependant pas selon lui « un domaine d'activité propre, mais seulement le degré d'intensité d'une association ou d'une dissociation d'êtres humains dont les motifs peuvent être d'ordre religieux, national (au sens ethnique ou au sens culturel), économique ou autre[66] ». « Faire apparaître » cette polarité ou cette dissociation, réelle ou virtuelle, et fournir ainsi « un principe d'identification » : c'était en cela que consistait l'*Entscheidung*, la « décision » souveraine du dictateur, auquel il revenait de trancher dans une « situation d'exception », c'est-à-dire dans le chaos, là où les normes du droit ordinaire ne pouvaient s'appliquer[67]. Hitler énonçait avec un peu moins d'élégance ce principe de l'*Entscheidung*, en empruntant au vocabulaire de l'artiste qui lui était plus familier : « Ma pédagogie est dure. Ce qui est débile et vermoulu *(das Schwache)* doit être détaché au marteau[68]. » Mais l'essentiel demeurait de ce geste souverain, séparant la lumière des ténèbres.

Les artistes qui se risquèrent à en donner une image tangible furent peu nombreux. Hermann Hoyer exposa en 1937 une peinture qui avait pour titre *Au commencement était le verbe [fig.9]*. Hitler, dans une pose somme toute assez identifiable à celle de l'une des cartes postales, haranguait du haut d'une estrade le public de l'« époque du combat *(Kampfzeit)* ». Le visage et la main du Führer dispensaient bien un peu de leur lumière à ces combattants de la première heure qui demeuraient attentifs, certes, mais paraissaient ennuyés. Avec un peu de bonne volonté cependant, il était presque possible de lire la préférence que marquait Hitler pour les meetings du soir où, disait-il, comme dans « la pénombre artificielle et pourtant mystérieuse des églises catholiques », « l'affaiblissement du libre arbitre de l'homme » devenait plus facile. Mais rien ne transparaissait de l'atmosphère de ces premières réunions décrites par Hitler comme « une lutte entre deux forces opposées[69] » : aucun ennemi n'était ici visible qu'il eût pu, par la seule puissance de sa parole, rejeter dans l'ombre dont il venait.

Plus tard, espérant conférer au verbe de Hitler l'autorité d'une tradition philosophique allemande, Arthur Kampf – au nom prédestiné – réalisa une grande fresque dans l'aula de l'université de Berlin *[fig.10]*. Au milieu d'un public clairsemé et distrait, mais supposé rassembler toute la diversité du peuple allemand, le philosophe Fichte prononçait, dans l'une des postures favorites de Hitler, l'un de ses *Discours à la nation allemande*. La fresque ne permettait évidemment pas de comprendre que le philosophe s'était adressé au *peuple* par excellence, ni qu'il avait enseigné aux « *all-mann* (tout-homme) » que c'était d'abord leur langue qui les différenciait de tous les autres

9. Hermann
Hoyer, *Au
commencement
était le Verbe*,
v. 1937,
huile sur toile.

10. Arthur Kampf,
*Discours de Fichte
à la nation allemande*,
aula de l'Université
de Berlin,
v. 1942 (fresque).

11. À la Maison brune
de Munich : «Comme leurs
yeux brillent, lorsque le
Führer est près d'eux!»,
v. 1932, photo
H. Hoffmann.

peuples qui, guidés par Napoléon, envahissaient alors le pays. Dans cette clairière dégarnie, la gesticulation de Fichte, juché sur un curieux socle qui le statufiait par avance, devenait incompréhensible.

Beaucoup plus remarquable était la maîtrise avec laquelle le photographe Heinrich Hoffmann avait rassemblé une quarantaine de jeunes S.A. «venus de toute l'Allemagne» à la Maison brune de Munich *[fig.11]*. Serrés, leurs visages heureux s'étageaient en une masse compacte jusqu'au haut d'une alcôve protectrice. «Comme leurs yeux brillent, lorsque le Führer est près d'eux!» disait la légende. Tous ces regards, aux yeux parfois exorbités d'amour, convergeaient vers le «regard magnétique» du Führer. Loin de toute gesticulation, celui-ci demeurait au contraire calme, le sourire confiant, les mains jointes posées sur le rectangle stable d'une modeste toile cirée. Des tasses traînaient encore sur la table, témoins d'une légère collation qu'il venait de consommer en privé. Attirée là par la présence du Führer, cette jeunesse formait dans l'espace une masse compacte qui paraissait le dominer. Mais toute la force de cette photographie tenait justement en ce qu'elle faisait de ces regards descendant vers Hitler la preuve de l'ascendant que Hitler exerçait sur les masses. Il n'y avait aucune ombre tranchée ; plutôt la lumière d'une chapelle éclairant doucement et uniformément cette masse fraternelle à laquelle Hitler appartenait en effet, mais dont il demeurait la tête. C'était un authentique *corpus mysticum*, où le peuple et son Sauveur étaient unis par un doux lien d'amour. Regarder cette photographie, c'était peut-être succomber déjà à l'appel de cet œil divin que dessinait, au centre de l'image, la croix gammée d'un brassard.

Nul ennemi n'apparaissait dans ces images. Car jamais ou presque l'imagerie nazie ne présentait ensemble le «corps racialement sain du peuple» et celui de l'ennemi. Il était en effet essentiel à l'apparition de l'Idée *völkisch* dans toute sa pureté qu'aucune partie «débile et vermoulue» du peuple ne vînt en souiller l'image. En excluant toute figure ennemie, ces propagandistes de la foi nouvelle montraient surtout que la *décision* du Führer avait pris la place de leur propre décision d'artiste : chacun avait anticipé, avant même la fabrication de l'image, la *Weltanschauung* du Führer et son geste séparant le bon grain de l'ivraie.

En 1935, le ministre de l'Éducation, Rust, publiait un décret stipulant que tout enseignant devait « répondre au désir du Führer » en persuadant tous les écoliers « de l'importance et de la nécessité d'un sang pur* ».

Quelque temps plus tôt, un dignitaire nazi avait déjà affirmé que chacun, dans le Troisième Reich, avait « le devoir de chercher à travailler dans le sens du Führer[70] ». Éducateurs du peuple allemand au nom duquel et pour lequel ils travaillaient, les artistes du peuple avaient plus encore que beaucoup d'autres le devoir de « travailler dans le sens du Führer » et de répondre à son désir. Cela signifiait le renoncement à ce choix, à cet arbitraire qui conférait à l'artiste son statut depuis qu'à la Renaissance Alberti avait comparé le peintre « à un autre dieu ». La transgression des normes du métier et de la morale commune était en outre devenue, avec le romantisme, inséparable de cette « liberté illimitée » dont jouissaient les artistes dans leur domaine propre. En anticipant la *décision* du Führer, ces ouvriers du Reich éternel n'excédaient au contraire jamais les limites ni du métier ni de la morale qui donnaient à la *Volksgemeinschaft* son contour. Reconnaissant en Hitler le premier artiste de l'empire, ils s'en faisaient les simples exécutants et donnaient eux-mêmes corps au rêve de Novalis. Ils se faisaient eux aussi la matière du Führer, dont le ciseau était sa

---

* Décret R. Min. Amtsbl., 1935 S.43 RU II C 52 09. Cité par E. Mann, *Dix Millions d'enfants nazis*, p. 126. Le « désir du Führer » auquel il était enjoint aux enseignants de répondre était celui que Hitler avait exprimé ainsi dans *Mein Kampf* : « L'État *völkisch* aura atteint son but suprême d'instructeur et d'éducateur quand il aura gravé dans le cœur et le cerveau de la jeunesse à lui confiée l'esprit et le sentiment de la race. Il ne faut pas qu'un seul garçon ou une seule fille vienne à quitter l'école sans avoir été amené à la parfaite connaissance de ce que sont la pureté du sang et sa nécessité. On aura ainsi établi les conditions de la conservation des fondements raciaux de notre peuple et assuré par là le développement ultérieur de la culture » (*Mein Kampf*, D 475-476, F 426-427).

décision. Hitler éduquait, plaçait et instruisait ces artistes ; lui seul voyait l'œuvre dans son tout et du bon point de vue, parce qu'à lui seulement était parfaitement présente la grande Idée qui devait maintenant être exécutée par l'ensemble harmonieux et convergent des forces et des pensées représentatives. Dès 1934, un article anonyme du *Völkischer Beobachter* affirmait au nom des « artistes allemands » :

> « Ils le savent tous : parmi les millions d'Allemands, c'est de la société des vrais artistes que ne cesse de se réclamer le Führer. L'artiste allemand rend grâce au Führer de son grand et chaleureux intérêt. L'autorité du Führer et les artistes ne font à jamais plus qu'un dans le présent et l'avenir. Dans le Reich d'Adolf Hitler, il n'y a pas un seul artiste allemand qui ne réponde affirmativement, de sa plus profonde conviction, au dessein et à l'esprit du Führer en politique et en art[71]. »

Par une sorte de contrat tacite, ils transféraient donc leur liberté et leur force en la personne du Führer artiste et recevaient sa protection en échange : achat d'œuvres, exposition, octroi d'un atelier, décoration, dispense du front durant la guerre. Sous le Troisième Reich, les ouvriers de l'art-propagande participaient comme les autres membres de la Communauté, et parfois davantage, à la construction du Léviathan en accroissant la force du Führer. S'ils devaient fournir une image de l'ennemi, ils se faisaient encore les agents de sa volonté en ne le présentant jamais que dans un espace séparé de celui du corps lumineux de la *Volksgemeinschaft.* Sur les affiches, dont le papier n'était pas voué à la même éternité que la toile, la pierre ou le bronze où s'incarnait le corps du peuple racialement sain, l'ennemi tantôt était défiguré par la caricature, et tantôt avait le visage de l'art « dégénéré » qu'il produisait lui-même. Empruntant à cet art « dégénéré » ou au style de la caricature, l'image de l'ennemi ne donnait pas seulement à voir par avance le sort réservé à la part « débile et vermoulue » de la Communauté ; elle le provoquait et le justifiait à la fois en produisant les signes d'une différence autrement invisible.

La mobilisation de tous ces fabricants donnait ainsi le sentiment d'une intense et permanente activité anonyme : « *"Es war immer was los* (Il se passait toujours quelque chose)"*, voilà ce qu'on entend dire aujourd'hui en Allemagne par les gens qui tentent de faire comprendre l'atmosphère du IIIᵉ Reich à ceux qui ne l'ont pas connu[72]. » Ce qui se passait était la transformation « héroïque » d'un peuple divisé en une Communauté d'artistes soldats travailleurs, œuvrant à la réalisation de l'Idée national-socialiste pour l'amener au visible. C'était une « activité créatrice » qui faisait paraître cette *Idee* comme *Gestalt*, c'est-à-dire en détachait le fond parasite pour mieux affirmer, dans la pureté de sa forme, la « loi du contour » – celle que le poète Gottfried Benn nommait la « loi pour les seuls héros[73] ». Car c'était aussi cela que disait le mot *los*, qui le faisait appartenir au lexique de l'*Entscheidung* : quelque chose se détachait et se déliait, quelque chose se déchaînait et se libérait en même temps. L'ambivalence du mot faisait écho à l'ambivalence active de cette création continue d'une autonomie collective, à la fois culturelle et raciale, économique et politique, religieuse et militaire, qui ne pouvait s'effectuer que dans un mouvement de repli narcissique inséparable de l'agressivité envers l'hétéronome. Le plébiscite du 12 novembre 1933, qui approuvait le retrait de l'Allemagne de la Société des Nations, et celui du 19 août 1934, qui donnait à Hitler les pleins pouvoirs, furent la répétition, à l'échelle du pays entier, de cet acquiescement à la *décision* qui devait faire advenir plus vite encore le moment rédempteur.

Prolonger dans l'espace et dans le temps le plaisir partagé dans le rassemblement de masse, maintenir la tension amoureuse qui faisait exister la *Volksgemeinchaft* comme telle : en cela consistait toute la vie politique sous le Troisième Reich qui se fondait sur la délimitation des zones où s'exerçaient la haine et la violence. A l'érection de la figure de Hitler devant la foule répondaient non seulement les corps rigides et nus de ces colosses de pierre symbolisant le peuple et sculptés par Breker, Thorak, Albiker ou Meller, mais aussi les constructions monumentales qui devaient incarner la Communauté du peuple et dont Hitler disait qu'elles s'élevaient « pour accroître notre autorité ». C'étaient les bornes qui, jalonnant l'espace public, devaient maintenir ouvert l'espace salvateur de la «Communauté de sentiment». De même, donnant soudain réalité aux promesses du Führer, le visible «salut allemand» *Heil Hitler!* ouvrait au regard un champ de rédemption. La levée des bras signifiait certes le salut de l'Allemand *à* Hitler, mais aussi son salut *par* Hitler, le médecin du peuple allemand, le Sauveur dont la vision ou l'Idée du Reich éternel prenait corps à cet instant même.

C'était donc par l'art et dans l'art – entendu dans son sens le plus large : englobant la totalité de l'environnement sensible et jusqu'au comportement *(Haltung)* de chacun – que pouvaient et devaient se maintenir les liens de la Communauté. Goebbels le déclarait sans ambages : «L'art allemand des prochains lustres […] sera à la fois créateur d'obligations et de liens, ou il ne sera pas[74]. » En 1934, Hitler voyait ses Allemands aussi solidement assemblés que devaient l'être les pierres des vastes bâtiments qu'il dessinait sans relâche : « Le mode de vie allemand est fixé avec précision pour le millénaire à venir[75] », annonça-t-il à Nuremberg.

Répétitions wagnériennes

«Celui qui veut comprendre l'Allemagne national-socialiste doit nécessairement connaître Wagner », aimait répéter Hitler. Il affirmait avoir pénétré lui-même toute la pensée de celui qu'il rangeait parmi les «grands réformateurs », à côté de Luther et de Frédéric le Grand. «Aux diverses étapes de ma vie, je reviens toujours à lui », confiait-il encore à Rauschning[76]. August Kubizek, le compagnon de ses années

12. Adolf Hitler,
*Esquisse pour Tristan
et Isolde* de Wagner
(acte II), v. 1925-1926.
Carnet d'esquisses donné
par Hitler à Albert Speer.

viennoises, a raconté les heures et les nuits passées à esquisser de vastes décors pour les opéras qu'il pensait monter un jour. Bien plus tard, à Robert Ley, qui tentait de lui faire changer la musique inaugurant chacun des congrès du parti, Hitler expliqua que son choix de l'ouverture de *Rienzi* se fondait autant sur le livret que sur la musique : « Ce fils de petit cabaretier a obtenu, à vingt-quatre ans, en évoquant le prestigieux passé de l'Empire romain, que le peuple de Rome chasse son Sénat corrompu. Et moi, tout jeune homme, écoutant cette musique géniale au théâtre de Linz, j'eus la vision d'un Reich allemand dont je réussirais la grandeur et l'unité[77]. » Une fois conquise la chancellerie du Reich, il lui arrivait encore souvent de dessiner des décors d'opéras wagnériens *[fig.12]*, que ce fût pour *Tristan et Isolde* ou pour le cycle entier des *Niebelungen*, sur les maquettes duquel il affirma un jour avoir travaillé de nuit, trois semaines durant.

« La grandeur et l'unité du Reich » exigeaient à ses yeux la plus grande précision dans la mise en scène de la nouvelle Allemagne. De même qu'il ne laissait jamais rien au hasard dans la planification temporelle des cérémonies ou des campagnes, calculant l'heure propice à la spectaculaire arrivée en avion du Sauveur qu'il était, le juste moment de ses prises de parole et le tempo de ses discours, il veillait aussi au moindre détail visuel de toutes les manifestations dont il était l'auteur, le spectateur ou le héros, et souvent les trois à la fois. Il précisait lui-même, écrit Joachim Fest, « chaque entrée en scène, la marche de chaque groupe comme les détails des décorations composées de fleurs et de drapeaux et même le lieu précis où devaient s'asseoir les invités d'honneur ». Maintenant qu'il était au pouvoir, il pouvait satisfaire librement les ambitions de sa jeunesse. En 1934, après que la mise en scène de *Parsifal* à Bayreuth eut scandalisé la presse nazie, Hitler prit aussitôt une ordonnance d'État par laquelle tous les décors et costumes du Festival de Bayreuth seraient désormais soumis à son agrément[78]. Mais son énergie créatrice se montrait plus inépuisable encore dès lors que c'était le peuple entier qu'il fallait mettre en scène. La passion qu'il mettait à dessiner ou redessiner les différents costumes de ses Jeunesses hitlériennes, les tenues de soirée des officiers de la S.S., les canons des tanks ou les « constructions du Führer » fut assez bien résumée par Himmler dans l'un de ses discours secrets : « Le Führer a toujours raison, qu'il s'agisse d'un habit de soirée, d'un bunker ou d'une autoroute du Reich[79]. »

Ce fut donc tout naturellement à travers le filtre wagnérien qu'il réalisa le programme de Novalis : en montant le spectacle du prince comme une Passion du Christ. « C'est sur Parsifal que je bâtis ma religion. Le service de Dieu *(Gottesdienst)* sous une forme solennelle... sans affectation de modestie... On ne peut servir Dieu que dans les vêtements du héros[80]. » S'il reconnaissait en Wagner son seul vrai précurseur, c'était parce qu'il pensait avec lui que la puissance unificatrice et formatrice de l'art devait prendre tout à la fois la relève du christianisme et celle de la politique :

> « Plus et mieux *qu'une religion vieillie, niée par l'esprit public,* plus effectivement et d'une manière plus saisissante *qu'une sagesse d'État qui depuis longtemps doute d'elle-même,* l'Art, éternellement jeune, pouvant trouver constamment en lui-même et dans ce que l'esprit de l'époque a de plus noble une fraîcheur nouvelle, l'Art peut donner au courant des passions sociales qui dérive facilement sur des récifs sauvages ou sur des bas-fonds, un but beau et élevé, le but d'une noble humanité[81]. »

C'était seulement dans la création de la grande œuvre d'art collective, celle que Wagner avait nommée « l'œuvre d'art commune de l'avenir », que pouvait advenir la rédemption du peuple entier. L'anti-christianisme de Hitler s'identifiait exactement à celui de son maître à penser : pour Wagner, le christianisme était « une véritable utopie », « un idéal vraiment inaccessible » qui menait à un « contraste brutal entre l'idée et la réalisation » parce qu'il « péchait contre la vraie, la saine nature de l'homme ». Contre l'impossible de cette utopie, Wagner en appelait « à la nature, qui seule a une existence visible et saisissable[82] ». Ainsi l'Idée, qui se fondait sur l'existence visible de la nature concrète, ne pouvait trouver sa « réalisation » adéquate que dans l'ordre visible de la grande œuvre d'art :

> « Sans communication à l'œil, tout art demeure insatisfaisant, il est par conséquent insatisfait et n'est pas libre : il reste [...], tant qu'il ne se communique pas pleinement à la vue, un art qui ne fait que *vouloir*, mais n'a pas encore l'entier *pouvoir*; mais l'art doit pouvoir, car c'est très justement du *pouvoir (Können)* que l'*art (Kunst)*, dans notre langue, tire son nom[83]. »

Il ne faut pas douter que Hitler trouva dans ces formulations l'un des fondements essentiels de son idéologie. Ce n'était certes pas à partir de la tradition des juristes qu'il pouvait affirmer que « le succès justifie le droit de l'individu », que toute grande époque politique « démontre le bien-fondé de son existence [...] par ses réalisations culturelles », ou plus et mieux encore, que ces réalisations témoignent « du droit moral à l'existence » des peuples qui les ont créées[84]. Si le national-socialisme fut à la fois une religion de l'art, de la nature et du travail, ce fut dans la mesure où il fut d'abord une religion du succès par la réalisation d'une « culture » qui devait prolonger la « nature » comprise comme une force effective. Que la « volonté créatrice » fût pensée comme celle d'un dieu ou d'une force naturelle était d'une importance secondaire ; seul comptait le « succès visible » de la création, justifiant le « droit à l'existence » de son agent – individu, moment révolutionnaire, peuple ou race – et témoignant de la supériorité de l'Idée dont s'inspirait l'agent, et de l'agent lui-même.

Il est vrai que Martin Bormann, celui que Joseph Wulf a nommé « l'ombre de Hitler », affirmait « l'incompatibilité » des conceptions national-socialiste et chrétienne, la première étant fondée sur la science, la seconde sur des dogmes « fixés il y a deux mille ans », qui ne tenaient « aucun compte des réalités ». Mais le terme ne doit pas faire illusion. Cette incompatibilité s'avérait être simple rivalité dès lors qu'il s'agissait du pouvoir du parti, que Bormann opposait à celui de l'Église. Dans le même texte où il affirmait cette incompatibilité, il donnait sans le vouloir les limites de l'antichristianisme qu'il partageait avec Rosenberg :

> « Notre *Weltanschauung* national-socialiste domine de très haut les conceptions du christianisme qui, quant à l'essentiel, ont été empruntées au judaïsme. C'est pour cette raison également que nous n'avons nullement besoin du christianisme. *Celui qu'on appelle le Bon Dieu ne donne nullement de lui-même le sentiment de son existence à la jeunesse.* Si donc notre jeunesse n'apprend un jour plus rien de ce christianisme, dont les préceptes sont bien au-dessous des nôtres, le christianisme disparaîtra de lui-même[85]. »

Comme Wagner avait condamné la *religion vieillie* à s'effacer devant l'éternelle jeunesse de l'œuvre d'art de l'avenir, Martin Bormann en annonçait la disparition prochaine au profit de la *Weltanschauung* nazie réalisée. La supériorité de celle-ci sur le christianisme tenait à sa nature absolument non utopique mais au contraire parfaitement réalisable ; ses réalisations culturelles visibles et tangibles la justifiaient dans son droit ; elle supplanterait donc bientôt une religion nécessairement vouée à la disparition puisque fondée sur un dieu invisible. On comprend donc que s'il y avait incompatibilité du nazisme avec le christianisme, c'était d'abord en raison de cet héritage juif du Dieu invisible – et dont l'invisibilité paraissait indissociable de l'universalité. Quant au reste, c'est-à-dire l'*Ecclesia* d'une part (l'« organisation » du parti et la Communauté), la structure de l'Incarnation avec ses pouvoirs salvateurs d'autre part, le nazisme se montrait bien plutôt le rival du christianisme puisqu'il en était l'imitation rigoureuse : le dieu *Volksgeist*, s'incarnant dans la personne d'un Führer à la tête d'un gouvernement et bientôt d'un peuple d'artistes, apportait le salut par l'art et la culture. Et ce salut était autrement tangible que celui d'un Bon Dieu dont la religion disparaissait d'elle-même puisque, malgré le Christ qu'il avait envoyé à cette fin, il ne donnait « nullement de lui-même le sentiment de son existence ».

Ainsi le *Gottesdienst* (ce mot désigne le culte protestant) que Wagner avait porté sur la scène de Bayreuth avec *Parsifal* devint-il un *Führerdienst* sur la scène de l'Allemagne. Dans son sens le plus large, le *service du Führer* pouvait qualifier toutes les tâches qui allaient « dans le sens du Führer », mais il était spécialement employé pour désigner le « mariage biologique » qui devait purifier la race par l'accouplement de ses meilleurs spécimens[86]. De sorte que la *Volksgemeinschaft* entière devait finalement se rassembler dans un *service du Führer* qui se confondait avec le service du sang. L'Allemagne national-socialiste donnait ainsi la représentation continue d'un *Parsifal* dont Hitler devait être le héros. Le *Parsifal* de Wagner pouvait peut-être passer, comme le disait Stravinski, pour une « singerie inconsciente du rite sacré » ; la cérémonie du Graal où était recueilli le sang du Christ, où se faisait aussi le partage du pain et du vin, était en effet une réplique de la messe et du sacrifice eucharistique. Mais le national-socialisme se présentait sans équivoque comme religion révélée par le sang. Comme le disait le juriste Carl Schmitt[87], c'était la « présence réelle » du Führer Christ et son essentielle *Artgleichheit* (similitude d'espèce ou de race) avec son peuple, qui conféraient à la Communauté ses liens tant spirituels que physiques et pouvaient lui montrer le chemin du salut.

C'est très tôt que l'idéologie nazie et ses cérémonies ont été comprises pour ce qu'elles étaient de fait et analysées en conséquence : une réplique du christianisme et de ses rites. « Le maître de sang remplace Jésus, l'État guerrier tient lieu de Communauté des fidèles », écrivait Ernst Bloch[88] dès 1930. Après Dietrich Bonhoeffer cité plus haut, le cardinal Faulhaber condamnait à son tour la rivalité : « *Ce n'est pas du sang allemand qui nous a rachetés*, mais le précieux sang de Notre Seigneur sur la croix » ; il pensait cependant qu'« il n'y a rien à objecter contre une étude honnête de la race ni contre une politique de sauvegarde de la race[89] ». (En novembre 1936, après une entrevue de trois heures avec Hitler, Faulhaber notait dans un rapport confidentiel avoir été vivement impressionné et convaincu de la profonde religiosité de sa personne : « Le chancelier du Reich vit sans aucun doute dans la foi en Dieu. Il reconnaît dans le christianisme le fondement de la culture occidentale[90]. ») En 1933 encore, Erich Voegelin soulignait la continuité avec le christianisme : la même conception de l'Église comme corps mystique du Christ, qui s'était perpétuée dans la conception dynastique des monarchies européennes, reparaissait dans l'Idée national-socialiste s'incarnant dans le Führer Christ et son corps mystique, la *Volksgemeinschaft*[91]. En 1938, l'année même où Edmond Vermeil en France stigmatisait avec passion la « simplification théologique[92] » à laquelle procédait le nazisme, Erich Voegelin développait son propos pour en montrer au contraire, « avec le regard du savant », toute la complexité et sa différence d'avec le fascisme italien. Il citait l'explication suivante d'un « théoricien allemand » qui avait le mérite de la clarté : « Le *Führer* est pénétré par l'Idée ; elle agit à travers lui. Mais c'est également lui qui peut donner la forme vivante à cette Idée. C'est en lui que se réalise l'Esprit du peuple et se forme la volonté du peuple ; c'est en lui que le peuple […] acquiert sa forme visible. Il est le représentant du peuple. » Ainsi, commentait Voegelin, « le Führer est l'endroit où le *Volksgeist* pénètre dans la réalité historique ; le Dieu intramondain parle au Führer comme le Dieu supramondain parlait à Abraham, et le Führer transforme les mots divins en ordre à ses partisans et au peuple. » Rappelant la parenté de cette conception avec celle du *Léviathan* de Hobbes, où la personne du souverain était déjà nommée le « représentant » du *Common-*

wealth, il soulignait ce qui différenciait ces deux avatars du *Léviathan* qu'étaient le fascisme et le nazisme : « Le *Volksgeist* italien est compris de manière plus spirituelle, tandis que dans la symbolique allemande, l'Esprit est lié au sang et que le Führer devient le porte-parole du *Volksgeist* et le représentant du peuple grâce à son unité de race avec le peuple[93]. » Et il est vrai que la marque distinctive de la doctrine nazie résidait dans le sérieux avec lequel elle développait la métaphore chrétienne du *Corpus mysticum* : jusqu'à son extrême matérialisation dans le corps physique de chacun des membres de son Église, la *Volksgemeinschaft*. Pour le nazisme, il ne devait exister aucune solution de continuité entre « Communauté d'esprit » et « Communauté de corps », entre *Volksgeist* et *Volkskörper*, pas plus du moins qu'entre l'Idée et sa réalisation. Mais ce n'était finalement là qu'une répétition de l'interprétation organiciste qu'avait donnée Hobbes de l'Écriture : le mot *esprit*, disait-il, y « signifie soit (au sens propre) une *substance* réelle, soit (métaphoriquement) quelque *aptitude* ou *affection* mentales ou corporelles exceptionnelles[94] ». C'était bien dans ce sens qu'il fallait comprendre Rosenberg, quelle que fût son hostilité au christianisme, lorsqu'il écrivait que « la race est l'image extérieure d'une âme déterminée[95] ».

La première année du régime surtout, l'ensemble de la mythologie wagnérienne fut ressuscitée pour mettre en scène la « présence réelle » du *Volksgeist* dans le *Volkskörper* et son représentant. C'est ainsi qu'une image populaire *[fig.13]* n'hésitait pas à transfigurer Hitler en un Siegfried vêtu d'une peau de bête, forgeant de ses propres mains, sur l'enclume de Mime, l'épée qui devait tuer le dragon Fafner (*Siegfried*, I, 3). Hitler n'avait-il pas achevé le premier livre de *Mein Kampf* par cette évocation de la première grande réunion du N.S.D.A.P. : « Un brasier était allumé, de la flamme ardente duquel sortirait un jour l'épée qui rendra au Siegfried germanique la liberté et à la nation allemande la vie[96]. » Ainsi Hitler, nouveau Siegfried, s'apprêtait-il à venger l'Allemagne trahie : trois générations d'Allemands avaient été

13. L. Röppold,
affiche populaire, 1933.

habituées par le *Ring* wagnérien à penser qu'aucun héros allemand ne pouvait être vaincu autrement que par un coup de poignard dans le dos, comme celui que le sombre Hagen avait porté à Siegfried[97].

Mais ce fut bientôt sur la place publique que Wagner fut convoqué. Le 15 octobre 1933 fut consacré premier « Jour de l'art allemand », et le point d'orgue en fut certainement la pose par Hitler de la première pierre de la Maison de l'art allemand à Munich. Hans Schemm, le ministre de la Culture de Bavière, publia à cette occasion un article qui fit la une du *Völkischer Beobachter* et dont le titre était sans équivoque : « Salut à l'artiste allemand ! » « Le Führer en art et en politique, écrivait-il, n'est rien d'autre que la pensée du peuple devenue chair et sang. » Le génie créateur allemand, ancré dans « la pensée du rassemblement organique », s'opposait à son éternel adversaire : « ce qui défait, ce qui désagrège, ce qui divise et qui anéantit ». Et c'étaient ici les drames wagnériens qui permettaient de nommer ces deux esprits dans leur lutte éternelle :

> « *En Siegfried, Parsifal, Stolzing, Lohengrin, nous reconnaissons ce principe de vie éternellement allemand.* Ce principe s'expose dans le jeune Allemand qui, avec la droite assurance de somnambule de l'homme naïf originaire, rayonnant et heureux, combattant et vainqueur, toujours en quête, éveille une nouvelle fois le monde enchaîné et impuissant et le pousse en avant. Contre lui s'avance la puissance obscure et négative de l'homme égoïste, séparé de la Communauté : Alberich, Beckmesser, Hagen. Elle sème la discorde, désagrège, jette le monde dans l'impuissance et le déclin[98]. »

Les *Nationalsozialistische Monatshefte* que dirigeait Rosenberg avaient consacré leur numéro de juillet à Richard Wagner : le génie de Bayreuth y était célébré pour avoir su anticiper la réconciliation de l'art avec la politique, pour sa « découverte de "l'homme artiste", qui porterait ses fruits dans le processus de guérison du peuple allemand[99] ». De fait, Wagner avait très tôt pensé que « toute conduite sociale future » devait être de « nature purement artistique » ; que l'art et ses institutions, tels qu'ils les esquissait dans *L'Art et la Révolution*, pouvaient « devenir les précurseurs et les modèles de toutes les institutions communales futures ». Aussi voulait-il « élever l'autel de l'avenir, tant dans la vie que dans l'art vivant, aux deux plus sublimes initiateurs de l'humanité : Jésus, qui souffrit pour l'humanité, et Apollon qui l'éleva à sa dignité pleine de joie[100] ! ». Il n'est pas excessif de dire que Hitler, dans le rêve wagnérien qu'il tentait d'incarner, joua tout à la fois les rôles de Jésus et d'Apollon. Il fut le Christ souffrant pour la rédemption de son peuple, et presque simultanément Apollon vainqueur, celui que Wagner désignait comme « le dieu souverain, le dieu national des races helléniques ». Sans doute Hitler avait-il une préférence secrète pour Apollon, le « bel homme fort et libre », le « meurtrier de Python, le dragon du chaos ». Si Wagner en avait fait l'expression la plus adéquate de « l'esprit grec – tel qu'il se manifesta à son apogée dans l'État et dans l'Art », c'est qu'Apollon était « l'exécuteur de la volonté de Zeus sur la terre grecque, il était le peuple grec[101] » – comme Hitler était l'Allemagne.

Mais Hitler à vrai dire endossait tous les rôles, tour à tour et à la fois Hans Sachs et Lohengrin, Parsifal et Siegfried, Jésus et Apollon. Son dragon n'était cependant ni Python, ni Fafner, c'était le juif déicide et obscur, « l'esprit qui désagrège ». Pour vaincre cet esprit, il lui fallait occuper toutes les scènes, celles du théâtre autant que de l'Église et l'espace privé autant que l'espace public. Une photographie de Hoffmann *[fig.14]* le montrait, sortant de l'église de Wilhelmshaven, la tête surmontée d'une croix pour mieux faire taire les accusations d'« hérétique *(Ketzer)* » et donner la preuve tangible de sa « mission sacrée ». Son image trônait sur l'autel privé d'une famille allemande *[fig.15]*, entre la génération des grands-parents et celle des petits-enfants. Au-dessus du portrait du Führer figurait l'inscription « *Und Ihr habt doch gesiegt* (Vous avez tout de même vaincu) », tan-

14. «Un hasard devient symbole. Adolf Hitler, prétendument "hérétique", sortant de l'église de Wilhelmshaven», v. 1932, photo H. Hoffmann.

15. Un «autel privé», v. 1937.

16. La « cérémonie du nom » *(Namensgebung)* remplace le baptême.

17. Autel S.S.

18. Le culte d'un «héros»
nazi, v. 1934-1935,
photographie: «La croix
de Schlageter sur la lande
de Golzheim».

19. Service religieux
dans l'église luthérienne
de la garnison de Berlin,
en l'honneur du
Standartenführer Peter Voss.

20. Le «coin des drapeaux»
avec le buste de Hitler
dans une petite entreprise.

dis qu'à ses pieds l'ouvrage intitulé *Gebt mir vier Jahre Zeit* rappelait que les promesses faites dès le 11 février 1933 au palais des Sports de Berlin avaient été tenues. Le grand-père se réjouissait « d'avoir encore pu vivre ça », tandis qu'à côté de son frère qui faisait le salut hitlérien la petite-fille s'impatientait : « Quand verrai-je le Führer ? » De façon remarquable, Hitler occupait la position de la génération qui manquait à l'image : il était Fils et Père à la fois, il était l'Image même (au sens de l'image, *Ebenbild*, de Dieu) qui rassemblait les temps.

La rivalité avec le christianisme était plus forte encore quand la S.S. organisait la « cérémonie du nom » qui remplaçait le baptême *[fig.16]* : l'image du Führer prenait alors place sur l'autel *[fig.17]* de même que, lors des mariages civils, était remis aux jeunes époux un exemplaire de *Mein Kampf*, la nouvelle Bible allemande. Le national-socialisme n'hésitait pas à se fabriquer des « héros » afin que leur fût rendu un culte proprement religieux *[fig.18]*. Parfois, l'espace du christianisme se trouvait totalement investi par les symboles nazis. Ainsi lorsqu'en l'honneur du Standartenführer Peter Voss, un service fut organisé dans l'église de la garnison luthérienne de Berlin *[fig.19]* : de part et d'autre de l'autel, des étendards à croix gammée achevaient d'identifier le *Gottesdienst* au *Führerdienst*. Les grandes entreprises édifièrent aussi « des chapelles dont la travée centrale aboutissait à un buste de Hitler placé sous l'emblème du Front du travail, flanqué de personnages prolétariens de dimension héroïque : c'étaient de véritables petits temples au dieu national-socialiste du Travail[102] ». Dans les entreprises plus petites, un espace *[fig.20]* appelé le « coin des drapeaux *(der Fahnenecke)* » était réservé au buste du Führer, flanqué cette fois des drapeaux nazi et du Front du travail.

Chacune de ces photographies illustrait le processus d'identification de Hitler au Christ qui était engagé depuis longtemps déjà par les mots. Goebbels, qui avait raconté dans son roman *Michael* sa « conversion » au Führer, en parlait dès 1926 comme d'un être capable d'« accomplir un miracle de lumière et de foi dans un monde

Le Führer **101**
artiste :
un sauveur

sceptique et désespéré ». Au sein du parti, Gregor Strasser en faisait le « héros des nouveaux combattants de la liberté », et Rudolf Hess le voyait comme « un grand fondateur de religion, qui doit communiquer à ses auditeurs une foi apodictique[103] ». Bien que l'épouse française du comte Reventlow eût l'habitude de présenter Hitler comme « le futur Messie » au cours des réunions qu'elle organisait au début des années vingt, il ne se considérait encore lui-même que comme « un tout petit saint Jean ». Joachim Fest a comparé l'esprit des premiers membres du parti à celui qui animait à l'origine les communautés chrétiennes : « Les masses parurent comprendre avant lui qu'il était l'homme miracle qu'elles attendaient et, ainsi que le disait un commentaire du temps, elles étaient venues à lui comme "vers un Sauveur" [104]. » Mais dès le 5 septembre 1923, Hitler s'était exclamé à Nuremberg, lors du deuxième congrès du N.S.D.A.P. : « C'est de notre Mouvement que viendra la rédemption – voilà ce que sentent aujourd'hui des millions d'hommes. C'est presque devenu une nouvelle foi religieuse[105] ! » Dix ans plus tard, un enseignant de Munich dictait le texte suivant dans une école communale :

> « De même que Jésus libéra les hommes du péché et de l'enfer, de même Hitler a sauvé le peuple allemand de la perdition. Jésus et Hitler furent persécutés, mais tandis que Jésus a été crucifié, Hitler a été promu Chancelier. Tandis que les disciples de Jésus ont renié leur maître et l'ont abandonné, les 16 camarades* sont tombés pour leur Führer. Ce sont les apôtres qui ont achevé l'œuvre de leur Seigneur. Nous espérons que Hitler pourra mener lui-même son œuvre à terme. Jésus construisait pour le Ciel, Hitler [construit] pour la Terre Allemande*[106]. »

* Les « seize camarades » dont fait état la dictée sont les membres du N.S.D.A.P. tombés à Munich aux côtés de Hitler lors du putsch manqué du 9 novembre 1923. Ils occupent une position centrale dans le mythe nazi du sang; Hitler leur fit élever deux « temples des Héros » sur une place de Munich par l'architecte Troost (voir p. 107, « l'*Erlebnis* en peinture »).

Souvent cité pour son caractère exemplaire, ce parallèle esquissait les motifs de l'évidente supériorité du Führer sur le Christ en s'achevant sur l'essentiel : la construction ici et maintenant de la cité de Dieu sur la *civitas terrena* allemande. De plus, cette « dictée » provenait partiellement de Hitler lui-même qui avait déclaré quelques années plus tôt, lors d'une fête de Noël d'une section munichoise du parti, que le national-socialisme « devait réaliser les idéaux du Christ. L'œuvre que le Christ avait entreprise mais n'avait pu achever, lui Hitler, il la mènerait à son terme[107]. »

Mais la figure de la comparaison était finalement moins fréquente que l'identification pure et simple. Tel membre d'un consistoire de Thuringe affirmait : « Le Christ est venu à nous à travers la personne d'Adolf Hitler[108] », tandis que l'évêque du Mecklembourg Rendtorf se déclarait publiquement en faveur du « Führer Adolf Hitler que Dieu nous a envoyé[109] ». Ces formules traduisaient parfaitement ce qui était en train de s'opérer dans la nouvelle Allemagne : un culte idolâtre qui était simultanément un mouvement d'auto-idolâtrie radicale. Ce fut au point qu'en juin 1936 la Direction provisoire des Églises du Reich envoya directement à Hitler une lettre « pour lui faire part de l'inquiétude des pasteurs devant la fréquente habitude prise par certains fidèles de faire au Führer des "dévotions dans une forme due à Dieu seul[110]" ».

L'exemple resté le plus fameux de la fusion du nouveau drame national-socialiste avec la liturgie religieuse fut la *Passion allemande 1933* de Richard Euringer, qui rassemblait des chœurs de plus d'un millier d'hommes, de femmes et de jeunes filles. Hildegard Brenner a justement fait observer que ce spectacle racontant la mort, les souffrances et la résurrection du peuple allemand répondait parfaitement à l'attente des idéologues du nouveau théâtre national-socialiste. Ceux-ci prônaient en effet « l'incarnation de l'esprit chrétien dans le corps germanique-allemand » et présentaient « le sacrifice du Sauveur » comme « le premier et le dernier modèle du sacrifice du

Héros[111] ». Nouveau *Parsifal*, Hitler Christ y était désigné comme « le Soldat inconnu » qui ressuscitait d'entre les morts de la Grande Guerre et, après un long combat (la Passion proprement dite) contre les forces obscures de l'esprit mauvais qui dominait l'Allemagne, apportait avec lui le « nouveau Reich ». Comme le notera Klaus Vondung, disciple de Voegelin, le héros avait triomphé de la mort comme le Christ, et l'immortalité du Führer s'affirmait comme celle d'un éternel survivant[112].

Représenté souvent en plein air, mettant en œuvre de puissants moyens scéniques avec des mouvements de foule imposants, de violentes ruptures de rythmes, des effets d'écho par haut-parleurs, des lumières colorées, des marées de drapeaux et d'emblèmes portés par des masses en uniforme, ce spectacle fut l'un des premiers du théâtre *Thing*. Ce mot qui désignait l'amphithéâtre circulaire, l'« anneau » en plein air des anciens Germains, évoquait aussi le culte wagnérien : « Les ancêtres de notre peuple avaient, au temps des anciens Germains, le "Ring" ou le "Thing" sur lequel ils se rassemblaient autour de leur Führer[113]. »

En 1935, vingt de ces théâtres Thing étaient déjà construits et près de quatre cents étaient en projet à travers toute l'Allemagne *[fig.21]*. Situés en des lieux « consacrés par l'histoire », souvent conçus pour accueillir plus de dix mille spectateurs, ces amphithéâtres, disait un idéologue, permettaient au peuple d'intérioriser à travers la parabole dramatique la Communauté récemment retrouvée. Un autre se félicitait que spectateurs et acteurs fussent ensemble « subjugués par l'idée de la fraternité de sang, créatrice de la Communauté du peuple ». Un autre encore admirait comment l'expérience vécue *(Erlebnis)* d'une action artistique pouvait en finir avec l'individualisme et souder des milliers de compatriotes en une volonté unique. La fonction affirmée de la forme chorale de ce théâtre était d'« éduquer l'homme allemand en vue des rassemblements de masse », de « préparer la voie à ce qui sera la seule forme possible d'un théâtre populaire

21. Le théâtre Thing
Dietrich Eckart,
Berlin-Grünewald.

[…] : les bataillons de la *discipline*, de l'*ordre*, de l'*obéissance*, où seront recrutés dorénavant aussi bien les poètes que les acteurs et les spectateurs[114] ».

Le déclin du théâtre Thing à partir de 1935 coïncida, remarque Hildegard Brenner, avec le moment où il devint presque impossible de le distinguer des cérémonies et manifestations de masse organisées par le régime dans les rues et les stades. Mais il est difficile aujourd'hui de déterminer quelles furent les représentations qui servirent de modèles aux autres : celles du Thing avaient, tout comme les cérémonies du parti, la mission d'« arriver au lien absolu et sans distinction du peuple spectateur et du peuple acteur[115] ». Car toutes avaient pour une part en elles-mêmes leur propre fin – l'*Erlebnis* (l'expérience vécue) de la Communauté, effaçant tous les conflits de classes et de générations qui autrefois la divisaient :

« *August.* – Tu ne veux pas le croire, Papa, mais c'est comme ça. Les jeunes ne font plus très attention à ces vieux slogans… Ils disparaissent… La lutte des classes est en train de disparaître.
Schneider. – Ah bon… Et tu vis quoi, alors ?
August. – La *Volksgemeinschaft* !
Schneider. – Et ce n'est pas un slogan ?
August. – Non, c'est un *Erlebnis*[116] ! »

Cette expérience était celle du mythe vécu parce que réalisé. Richard Euringer, l'auteur de *Passion allemande 1933*, avait formulé ses propres thèses sur le théâtre Thing : les éléments du spectacle devaient être « le feu, l'eau, l'air et la terre, la pierre, le ciel étoilé et l'orbite du soleil ». Il fallait non pas « faire vivre la légende », mais « faire de la vie quotidienne une légende » ; il ne fallait pas « prendre la mythologie pour thème », mais « que la vie quotidienne devienne mythe ». L'anonymat des acteurs devait être la règle, puisqu'il s'agissait du peuple, et de son sacrifice. « L'objet du Thing, c'est le culte des morts.

Les morts pour la patrie se lèvent, et des pierres l'Esprit élève son cri. C'est le culte, non pas l'"art", qui est l'objet du Thing[117]. »

9 novembre : l'*Erlebnis* en peinture

En 1935, Hitler organisait lui-même la relève de ce culte spectaculaire des morts par la première mise en scène, à Munich, du nouveau cérémonial commémorant les morts du 9 novembre 1923. L'été précédent, après avoir assisté au Festival de Bayreuth, Hitler s'était rendu à Neuschwanstein pour une cérémonie en l'honneur de Richard Wagner : c'était maintenant à lui, affirmait-il, que revenait la tâche d'exécuter les projets de Louis II de Bavière[118]. Mais davantage qu'en mécène, il se voyait plutôt comme ce prince dont parlait Novalis, en artiste des artistes, en souverain conduisant un spectacle « où lui-même est à la fois le poète, le metteur en scène et le héros de la pièce ».

Si le sang du Führer n'avait pas coulé pour l'Allemagne, celui des seize membres du N.S.D.A.P. tombés le 9 novembre 1923, lors du grotesque putsch manqué de Munich, devint le symbole du sacrifice pour la rédemption de la *Volksgemeinschaft*. Et ce sang-là confisqua progressivement celui des morts de la Grande Guerre. À travers ses « seize martyrs sanglants *(Blutzeugen)* », le national-socialisme victorieux donnait, de façon rétrospective, son propre sens aux victimes de la guerre. Hitler s'appropriait ainsi ces millions de morts auxquels il semblait dire : « *Und Ihr habt doch gesiegt!* (Vous avez quand même vaincu!) »

De toutes les fêtes national-socialistes qui rythmaient le temps de la nouvelle Allemagne, le 9 novembre était celle dont la sacralité était le plus affirmée. En honorant les morts sur le lieu même de leur « sacrifice » (la Feldherrnhalle de Munich, où Hitler fit ériger en 1933 une grande plaque de bronze portant les noms des morts), ce n'était rien de moins que la fondation de la *Volksgemeinschaft* que l'on commémorait. C'était à ces « martyrs du Mouvement » que Hitler avait dédié le premier volume de *Mein Kampf*, dont les premières éditions reproduisaient les portraits. De l'événement de ce « sacrifice » datait sa résolution de s'emparer du pouvoir par la voie légale. La commémoration de l'accès au pouvoir le 30 janvier 1933 ne pouvait donc être que celle de la résurrection de l'Allemagne, comme le clamaient d'ailleurs tous les discours et tous les chants. L'entre-deux-Reich, ce *Zwischenreich* par lequel les nazis désignaient la période de Weimar, était donc le temps de la Passion, le temps du combat *(Kampfzeit)* contre l'esprit du mal. Mais la cérémonie du 9 novembre commémorait à la fois la mort et la résurrection. Hans Jochen Gamm l'a assez justement comparée à un jeu de la Passion[119], où la procession du rituel chrétien était remplacée par la marche solennelle des « vieux combattants » du Mouvement, depuis le Bürgerbräukeller jusqu'à la Feldherrnhalle. Plus tard, Klaus Vondung devait montrer toute la complexité du rituel et comment à la Passion venait s'adjoindre la Résurrection[120].

Dédiant *Mein Kampf* à ces morts, Hitler avait écrit qu'ils étaient tombés « dans la fidèle croyance en la résurrection de leur peuple[121] ». C'était cette résurrection que la cérémonie du 9 novembre devait signifier, pour attester que la « fidèle croyance » n'avait pas été vaine, que le rêve était devenu réalité. Le rituel que Hitler inaugura en 1935 et qui demeura immuable jusqu'à la guerre avait été rendu possible du fait de l'achèvement de deux temples des Héros *(Ehrentempel)* sur la Königsplatz, bâtiments qu'il avait lui-même conçus avec l'architecte Ludwig Troost. Ces deux « temples », édifiés en l'honneur des « seize martyrs », étaient en effet destinés à recevoir chacun huit de leurs sarcophages de bronze *[fig.22]*. Ainsi restructurée, la Königsplatz pouvait se transformer en une gigantesque scène pour les milliers de figurants qui symbolisaient le peuple ressuscité et rédimé. À la Bürgerbräukeller, comme lors de chaque discours tenu à cette occasion devant les « anciens », Hitler rappela l'histoire héroïque du parti : cette histoire était maintenant devenue « légende », mais c'était une légende qu'ils avaient ensemble « vécue ». Les seize martyrs devaient à présent entrer « dans l'immortalité allemande » : puisqu'ils avaient seulement pressenti le

22. Paul Ludwig Troost,
Temples des Héros
(Ehrentempel),
Munich, 1935.

Reich mais n'avaient pu le *voir*, il fallait qu'aujourd'hui ce fût le Reich qui les *vît*. Hitler, qui s'était indigné dans *Mein Kampf* que le gouvernement national eût refusé une sépulture commune à ces « héros », fit exhumer et exposer leurs corps à la Feldherrnhalle le 8 novembre. Tard dans la nuit, il s'y rendit en voiture décapotable, passant lentement, par la porte de la Victoire, à travers les torches, les drapeaux et la foule rassemblée. Hitler gravit, seul, les marches tapissées de rouge qui séparaient cette foule de l'enceinte sacrée. Il se recueillit longuement devant chacun des cercueils alignés sur un fond tendu de tissu brun. Les vasques enflammées au sommet de seize hauts catafalques, ainsi que les flambeaux des unités S.A. et S.S. et la fumée qui s'en échappait, ajoutaient encore à l'évidente solennité du moment et du lieu. Deux des auteurs parmi les plus productifs que Goebbels avait à son service étaient chargés de donner son sens à la liturgie. L'un et l'autre identifiaient les marches de la Feldherrnhalle à un autel sacré qui, par le sang des morts, ouvrait la voie à l'éternité. La gloire qui en rayonnait dispensait sa lumière au peuple rassemblé. Herbert Böhme avait écrit une *Cantate du 9 novembre* :

> « La terre par votre mort en était à sa fin,
> Avec votre gloire commence notre vie.
> [...]
> Führer, fais un pas maintenant hors du hall de la gloire,
> que se séparent de toi les ombres de la nuit,
> où tu tenais le flambeau aux marches de la mort :
> Porte au-devant de nous la foi en pleine lumière,
> afin que les pierres tremblent de la puissance de ton pas*. »

* « *Die Erde war mit eurem Tod zu Ende, /mit eurem Ruhm fängt unser Leben an/[...] Führer, schreite nun aus der Helle des Ruhms,/lösten sich von dir die Schatten der Nacht, /da du die Fackel hielst an den Stufen des Todes ; /Trage den Glauben uns zum Lichte voran, /dass die Steine erzittern von der Gewalt deines Schrittes* (*Gesänge unter der Fahne. Vier Kantaten*, Munich, 1935, p. 44 et 48, cité par K. Vondung, *Magie und Manipulation*, p. 156 et 161). »

Hitler, qui avait dès 1923 comparé l'Allemagne vaincue au Christ mourant sur la croix, reparaissait alors transfiguré. Il restaurait la gloire des martyrs et, providentiel survivant réchappé du royaume des morts, il apportait avec lui le salut du Reich éternel. « Il se dresse devant nous, telle une statue, déjà au-delà des mesures du terrestre », commentait le lendemain le *Völkischer Beobachter*.

> « Il est venu un homme nouveau des profondeurs du peuple, il a fixé une nouvelle doctrine, érigé de nouvelles Tables, il a créé un nouveau peuple qu'il a élevé de ces mêmes profondeurs, de là d'où montent les grands Poèmes : des Mères, du Sang et du Sol[122]. »

Soixante mille membres du parti défilèrent à sa suite devant les morts. Comme Moïse était descendu du Sinaï pour donner à son peuple les Commandements de Dieu, mais aussi comme le Christ était ressuscité pour donner foi en sa promesse, Hitler rapportait du royaume des morts les commandements du sang pour que son peuple leur obéît, gagnant dans cette obéissance sa forme et son éternité. Mais la grande novation de 1935 était que cette première résurrection fut suivie d'une seconde, où la pierre cette fois devait garder l'éternité du Reich.

Le lendemain 9 novembre, la « procession traditionnelle » des « vieux combattants », revêtus de leurs costumes de 1923 (un bureau spécial était chargé de leur fabrication à l'identique), se rendit du « lieu historique » de la brasserie jusqu'à la Feldherrnhalle, parcourant ainsi le chemin suivi en 1923 jusqu'au lieu où étaient tombées les victimes. Là, seize coups de canon retentirent ; après un premier « appel des noms », Hitler déposa une couronne au pied de la grande plaque commémorative. Avec les cercueils, le cortège se mit en marche vers les temples des Héros. Hitler marchait en tête avec un petit groupe de fidèles *[fig.23]*, précédé par le « drapeau du sang *(Blut-*

23. La « procession
traditionnelle » sur la
Marienplatz de Munich,
9 novembre 1936,
photo H. Hoffmann.

24. Paul Ludwig
Troost, *« Dans les
temples des
Héros nordiques
de la Garde éternelle »*,
Munich, 1935.

25. Paul Ludwig
Troost,
*La « Garde
éternelle »
(Die « Ewige
Wache »)*,
Munich, 1935.

fahne) » ramassé lors de ce jour sanglant de 1923. (Depuis le deuxième congrès du parti, en 1926, cette relique avait, disait-il, la vertu de transmettre des forces nouvelles par simple contact. Mais elle n'était montrée publiquement chaque année qu'en ces deux occasions.) Puis venait l'ordre du Sang qui rassemblait les survivants du putsch manqué, suivis enfin par la masse des membres du parti. Le parcours était jalonné de deux cent quarante hauts pylônes drapés de rouge, surmontés de vasques où brûlait la flamme du souvenir. Les noms des morts et des blessés du Mouvement étaient récités au fur et à mesure de la lente progression, tandis que les haut-parleurs diffusaient les chants du parti et le chant national. Arrivé à la Königsplatz, le cortège déposa les cercueils devant les deux temples. Goebbels procéda à un « dernier appel » qu'il avait emprunté au rituel des fascistes italiens : les noms de chacun des « seize martyrs » furent appelés l'un après l'autre, suivis chacun d'un : « Présent ! » lancé par le chœur des Jeunesses hitlériennes. Puis les cercueils furent descendus au cœur des temples, exposés à ciel ouvert comme le voulait Hitler *[fig.24]*. « Pour nous, dit-il, ils ne sont pas morts. Ces temples ne sont pas des caveaux, mais une Garde éternelle *(eine Ewige Wache)*. Ils sont là pour l'Allemagne et veillent *(wachen)* sur notre peuple. Ils reposent ici comme les vrais martyrs de notre mouvement. » S'il avait décidé de faire à jamais de ce jour une « fête de la nation allemande », c'était parce qu'il revenait à ces hommes morts dans la vraie foi de « redresser à nouveau le peuple allemand[123] ». Ainsi les temples gardaient-ils les « martyrs » du Mouvement, mais ces martyrs *n'étaient pas morts*.

Les deux temples des Héros appartenaient à un vaste ensemble appelé « Constructions du Führer », ces édifices commandés par Hitler qui en surveillait lui-même les travaux. Un livre officiel les définissait comme « l'autoreprésentation des puissances de *Kultur* les plus archi-originelles d'un peuple réveillé et conscient de sa race, l'Incarnation d'une Foi devenue pierre[124] ». Le système de pensée national-socialiste procédait par identifications et relèves successives : les morts de la

Grande Guerre se perpétuaient dans les « martyrs » du Mouvement ; ces martyrs se perpétuaient en Hitler ; tous se perpétuaient dans ces temples de pierre et, par eux, se perpétuaient à jamais dans le peuple allemand. Le même sang coulait dans les veines des hommes et dans celles de la pierre extraite du sol allemand. La même « âme » fortifiait les mêmes corps dans leur lutte éternelle pour se survivre à eux-mêmes [*fig.25*]. Georges Bataille avait pressenti cela, lui qui écrivait en 1929 :

« Les hommes ne représentent apparemment dans le processus morphologique, qu'une étape intermédiaire entre les singes et les grands édifices. Les formes sont devenues de plus en plus statiques, de plus en plus dominantes. Aussi bien, l'ordre humain est-il dès l'origine solidaire de l'ordre architectural, qui n'en est que le développement[125]. »

C'était cependant le développement inverse que décrivait le discours officiel, partant de l'ordre architectural pour déterminer l'ordre humain :

« Dans ces bâtiments le Führer forme les plus nobles caractères de la Communauté allemande. En eux l'art de bâtir devient l'éducateur d'un peuple nouveau. Le génie artistique du créateur de la *Weltanschauung* allemande leur a donné le style de l'héroïsme, qui mène à la victoire le combat de la décision contre la désagrégation et l'effondrement. La grandeur spirituelle éternisée dans la pierre répandra à nouveau, dans le plus lointain avenir, l'esprit héroïque de son créateur sur le peuple entier[126]. »

En 1938, Werner Rittich soulignait de nouveau la fonction d'exemplarité, propre à dessiner l'avenir de la Communauté ; mais le corps du martyr, identifié à celui de la pierre, appelait presque explicitement le peuple à s'incarner à son tour dans la pierre :

« Les seize martyrs qui ont trouvé ici un tombeau commun et qui maintenant, *au milieu de la vie*, montent la "Garde éternelle" », sont par leur disponibilité et leur sacrifice un exemple permanent pour un peuple tout entier, une exhortation permanente à l'accomplissement de son propre devoir, à son propre engagement et à son propre sacrifice[127]. »

Ainsi s'affirmait la circularité parfaite de ce mouvement de formation, pensé en effet comme l'autoformation *(die Selbstgestaltung)* du peuple allemand par sa perpétuelle résurrection dans la pierre, grâce au sacrifice de chacun pour le salut de tous. La vie de la Communauté présente provenait de la pierre ; elle y retournerait pour que vive la Communauté à venir. La figure du Führer tenait dans ce cercle un rôle symétrique à celui de l'architecture : éternel survivant, il émergeait comme le Sauveur des « ombres de la nuit » pour éduquer son peuple à se sauver lui-même. Il était à la fois le médiateur et la fin, comme le disait sans détour le dernier vers d'un chant de la Jeunesse hitlérienne : « Mon Führer, toi seul es le chemin et le but[128] ! » *Parsifal* n'était jamais loin, que Wagner avait achevé par ces mots du chœur : *« Höchsten Heiles Wunder !/Erlösung dem Erlöser !* (Miracle du salut suprême !/Rédemption au Rédempteur !) »

Afin que nul ne pût échapper à l'*Erlebnis* du moment sacré, la cérémonie du 9 novembre était retransmise en direct par l'ensemble des postes de radio publics de l'Allemagne. Mais il fallait ensuite prolonger l'*Erlebnis* – assurément l'un des maîtres mots du régime – dans le temps et dans l'espace, étendre son empire à tous : les actualités cinématographiques et les photographies de presse remplissaient ici leur rôle, tandis que les chants et les poèmes de la cérémonie étaient diffusés par d'innombrables brochures avant de figurer dans les livres d'écoles.

Cependant, une fois passé le temps de la diffusion des images filmées, seules demeuraient les photographies dont la valeur d'actualité,

26. Paul Herrmann,
*Et vous avez tout de même
vaincu (Und Ihr habt
doch gesiegt),*
1942, huile sur toile.

27. Paul Herrmann,
Le Drapeau,
1942, huile sur toile.

28. Le 9 novembre 1937,
Munich, photo
H. Hoffmann.

si essentielle à l'*Erlebnis*, s'effaçait vite. « Toute photographie est un certificat de présence », écrivait Roland Barthes, mais « elle est *sans avenir* » et finalement « produit la Mort en voulant conserver la vie[129] ». Dans l'appareil nazi de production d'images, c'était davantage à la peinture que revenait ce rôle de conserver la vie. Tandis que la valeur de l'image photographique demeurait liée à l'actualité de l'*Erlebnis*, ne lui ajoutant qu'une faible extension temporelle, la peinture au contraire avait la charge de réactualiser constamment l'*Erlebnis*, et de lui conférer la valeur d'éternité qu'elle portait en elle.

En 1942, Paul Herrmann peignait deux œuvres qui devaient figurer à la Grande Exposition d'art allemand de Munich. Intitulées *Und Ihr habt doch gesiegt [fig.26]* et *Die Fahne [fig.27]*, chacune reproduisait une célèbre photographie de la cérémonie prise par Heinrich Hoffmann, le photographe et ami de Hitler. C'était avec Hoffmann que Hitler avait sélectionné les œuvres figurant à la première Grande Exposition de 1937 ; c'est Hoffmann seul qui fit ensuite la sélection. S'il avait la confiance la plus absolue du Führer, c'est parce qu'il en était simultanément l'œil et le miroir, qu'il en avait totalement épousé la *Weltanschauung*. La photographie dont s'inspirait *Die Fahne* demeurait d'autant mieux inscrite dans les mémoires qu'elle avait fait la couverture de l'*Illustrierter Beobachter* du 11 novembre 1937 *[fig.28]*. La peinture n'avait modifié que peu d'éléments de son modèle : dans le champ supérieur, une bannière et les fils aériens du tramway étaient éliminés. Les rails étaient non pas supprimés mais redressés, dessinant ainsi une perspective axiale plus imposante et présentant de front le « groupe du Führer ». La raison d'être de cette peinture résidait évidemment dans le changement de statut qu'elle offrait à l'image : de mécanique elle devenait artistique, soit nécessairement chargée de la *Weltanschauung* et des « valeurs créatrices » de la Communauté. À coup sûr, ce n'était pas le génie individuel de l'artiste Paul Herrmann qui conférait à l'œuvre sa valeur. Celle-ci ne pouvait provenir, comme celle des temples des Héros construits par

Troost, que du « génie artistique du créateur de la *Weltanschauung* allemande », c'est-à-dire du Führer. C'était exactement la raison pour laquelle ces deux œuvres de Paul Herrmann consacrées au 9 novembre furent accrochées à la Grande Exposition de Munich de part et d'autre d'un portrait du Führer en tenue de campagne, peint par Hans Schachinger. Le triptyque ainsi formé accueillait le visiteur à son entrée, comme une injonction solennelle[130]. Le commentaire que fit le théoricien de l'art Robert Scholz était d'ailleurs, dans la banalité même de ses accents vaguement kantiens, sans équivoque. Il rappelait aussi cette exigence des peintres futuristes que le public « oublie complètement sa culture intellectuelle, non pour *s'emparer* de l'œuvre d'art, mais pour *se livrer* à elle éperdument[131] » :

« La juste voie d'accès à l'art est l'accueil immédiat de ce que l'artiste exprime sans que s'interpose l'intellect. L'œuvre d'art authentique s'adresse aux forces du cœur *(Gemüt)* et non de l'intellect. Ce n'est pas ce que l'intellect a saisi devant une œuvre, mais seulement ce que le cœur en a ressenti qui, surmontant l'impression fugitive, devient l'*Erlebnis* qui façonne le spectateur. C'est sur cette relation se concentrant sur l'*Erlebnis* que se construit le rapport authentique de l'art et du peuple [...].

Le sens de la pratique national-socialiste des arts et le but des Grandes Expositions d'art allemand de Munich est de conduire le peuple de façon immédiate à l'*Erlebnis* de cette œuvre issue de la création de l'époque, œuvre dans laquelle l'*Erlebnis* de l'époque, mis en forme avec art, est renvoyé et réfléchi sur le spectateur *(Betrachter)* pour le faire ainsi prendre part à cette volonté supérieure de la Communauté qui a pris une forme visible dans les œuvres de l'art [...]. En donnant une détermination imagée à la volonté indéterminée [du peuple], l'artiste crée les valeurs d'*Erlebnis* et les contenus de représentation qui façonnent le peuple en une Communauté de visions *(Gemeinschaft der Anschauun-*

gen), puisqu'elles sont créées à partir des forces et des souhaits du peuple[132]. »

Cette « Communauté de visions » qu'engendrait l'*Erlebnis* partagé était d'autant plus urgente à refonder par la dignité de l'art que la guerre, en cette année 1942, exigeait plus que jamais le sacrifice de chacun pour l'amour du Führer et la survie de la Communauté. D'autre part, la guerre perturbant inévitablement l'organisation des fêtes et des cérémonies, le « travail culturel » des artistes n'en devenait que plus important pour soutenir et renforcer la « Communauté de visions ».

Mais en quoi la peinture pouvait-elle, mieux que la photographie, assurer l'« immédiateté » de l'*Erlebnis* qui devait mener le spectateur à « prendre part à la volonté supérieure de la Communauté », c'est-à-dire à se sacrifier ? Au noir et blanc de l'image mécanique reproduite dans la presse et les brochures, la peinture – outre la touche, indice de la présence visible d'une « âme » d'artiste – ajoutait la couleur. Tant dans la conscience commune que dans la tradition de l'esthétique européenne, depuis les écrits des Pères de l'Église jusqu'à ceux de Diderot, Hegel ou Matisse, la couleur fut toujours perçue et théorisée comme l'affirmation de la sensualité, comme le médium privilégié de la sensation du vivant. C'est dire que si la photographie visait le souvenir et la mémoire, par la couleur la peinture visait le présent. Regarder la peinture, c'était non seulement voir l'histoire au présent, c'était la ressentir et déjà la répéter en soi-même ; c'était conformer son propre comportement, sa propre *Haltung*, aux exigences du destin de la Communauté :

« Dans une grande partie des œuvres [de cette exposition], écrivait Werner Rittich, se montre l'incarnation d'un comportement *(Haltung)* qui s'affranchit de l'action et du destin individuels, qui les prolonge et les englobe par son importance. [...] La représentation de la marche du 9 novembre grandit ici en une image où résonnent ensemble, jusqu'à faire unité, la fête et l'honneur rendu, la responsabilité consciente de son destin et la volonté de vivre énergique, le passé et le présent, le haut fait et la participation *(Teilnahme)*[133]. »

Si la pierre des temples abritant les héros devait propager la foi, le régime demandait aux images de s'intégrer à la liturgie de la vie quotidienne « devenue légende » pour susciter, par l'*Erlebnis*, cette participation si nécessaire à la production finale d'« une foi devenue pierre ».

III

L'exposition du génie

> *L'aryen est le Prométhée de l'humanité ; l'étin-
> celle divine du génie a de tout temps jailli de son
> front lumineux ; il [...] éclairait la nuit recouvrant
> les mystères obstinément muets et montrait ainsi à
> l'homme le chemin qu'il devait gravir pour devenir
> le maître des autres êtres vivants sur cette terre.*
>
> A. Hitler[1]

La foi du national-socialisme en lui-même résidait dans la croyance
au génie créateur de sa race. Ces « facultés créatrices » pouvaient bien
n'être que latentes à certaines périodes de l'histoire, mais, disait Hitler, il leur suffisait d'« être mises en éveil par des circonstances extérieures pour se manifester[2] ». Rendre visible à la race son propre
génie, c'était lui redonner foi en elle-même en la rendant consciente de
sa mission historique. Mais inversement, la foi retrouvée permettait
de recouvrer la vue : « C'est la foi en notre peuple qui [...] nous a
rendu la vue et nous a tous réunis[3]. » Toute la rhétorique de *Mein
Kampf*, des discours ultérieurs de Hitler et d'une part considérable du
discours nazi en général était réglée par l'opposition du visible à l'in-

visible, du voyant à l'aveugle, de l'apparition à la disparition. C'était un système d'oppositions qui empruntait notamment à la tradition chrétienne, mais aussi à une longue tradition de la littérature artistique. Deux sources fondamentales de l'autorité se trouvaient ainsi emboîtées l'une dans l'autre de façon conventionnelle : celle de Dieu à laquelle se soumet l'homme en tant que créature, et celle de l'homme créateur, qui trouve sa loi en lui-même, dans sa *nature* propre. Mais ces deux sources, conjointement, venaient légitimer l'antisémitisme comme le combat nécessaire à la survie de toute culture.

La visibilité du génie aryen : un national-christianisme

Élaborant son propre mythe, Hitler rendait d'abord synchrones la rupture biographique et la rupture historique : le peintre qu'il était se faisait homme politique à l'instant précis de la défaite allemande. Il apparaissait tel qu'en lui-même lorsque disparaissait l'Allemagne. La conversion eut la brutalité d'un aveuglement suivi d'une illumination : atteint aux yeux par les gaz en octobre 1918, ce fut lorsqu'il apprit la capitulation que « brusquement, la nuit envahit [s]es yeux » et qu'il craignit d'« être aveugle pour toujours ». La révélation lui vint de la « voix de la conscience », et cette conscience fut celle de la patrie : « Je vis comme disparaît toute souffrance personnelle face au malheur de la patrie. » Articulant la vision d'une souffrance collective à la disparition de la sienne propre, cette phrase de 1924 se faisait d'abord l'écho du grand principe énoncé dès 1920 dans le programme du parti : « L'intérêt général prime l'intérêt particulier *(Gemeinnutz geht vor Eigennutz)*. » Aussitôt se révélait à lui la cause de toute souffrance : « Dans ces nuits naquit en moi la haine, la haine contre les auteurs de cet acte [de capitulation]. [...] Avec le Juif il n'y a pas à pactiser, mais seulement à décider : c'est eux ou nous. Quant à moi, je décidai de faire de la politique[4]. »

La détresse de la patrie avait transformé son regard. Ce n'était plus celui d'un artiste égoïste, au champ visuel borné : il contenait maintenant la destinée du monde et se transmuait ainsi en une véritable « vision du monde ». Cette *Weltanschauung* lui donnait soudain une acuité nouvelle. Il ne s'arrêtait plus à la surface des choses mais, au cœur même de la nuit, percevait une réalité qui était demeurée cachée au peintre : derrière la guerre des nations se dissimulait la guerre du juif contre la *Kultur* non seulement de l'Allemagne mais de l'Europe entière.

Ce mythe biographique structurait l'ensemble de *Mein Kampf* et lui servait de matrice : la lumière contre les ténèbres, la santé contre la maladie, le visible contre l'invisible, la forme contre l'informe, la culture contre la décadence, l'aryen contre le juif.

La valeur des différentes races se mesurait à leur aptitude à sortir ou non de l'obscurité de l'histoire, à leur capacité de produire ou non une *Kultur*, c'est-à-dire du visible : « Si l'on partageait l'humanité en trois espèces : les fondateurs de culture *(Kulturbegründer)*, les porteurs de culture *(Kulturträger)* et les destructeurs de culture *(Kulturzerstörer)*, seul l'aryen représenterait la première espèce. » Subjectivement le même pour chaque race, l'instinct de conservation différait chaque fois par « la forme de sa réalisation pratique[5] ». C'était donc à sa *Kultur* comme forme réalisée de sa conservation que se mesurait la valeur d'une race. Plusieurs moments du texte hitlérien constituent l'opposition centrale de l'aryen et du juif comme, respectivement, producteur et destructeur du visible ; les autres races n'étaient que des *Kulturträger* : ces « peuples inférieurs furent le premier instrument technique au service d'une *Kultur* [aryenne] naissante[6] ».

Une première opposition était celle de l'« idéalisme » à l'« égoïsme ». Chez l'aryen, l'instinct de conservation prenait la forme du sacrifice au nom de la communauté : « Ce n'est pas dans ses dons intellectuels que réside la capacité de l'aryen à former et à bâtir une *Kultur* », mais dans la « volonté de sacrifice » de son travail, et s'il le faut de sa vie, au profit du maintien de la communauté. « La disposition fondamentale d'où provient ce mode d'activité, nous la nommons *Idéalisme* pour la différencier de l'égoïsme, de l'intérêt particulier. »

L'idéalisme savait tirer « de l'idée pure la force créatrice qui, en associant par une union unique en son genre la force brutale du poing à l'intelligence du génie, a créé les monuments de la *Kultur* humaine ». L'idéalisme, qui n'était que « la subordination des intérêts et de la vie de l'individu à ceux de la communauté », répondait ainsi « aux fins voulues par la nature » : il faisait de l'homme « un des éléments infinitésimaux de l'ordre qui donne à l'univers entier sa forme et son aspect ».

C'était à cela que s'opposait radicalement le juif : son instinct de conservation était plus puissant que celui des autres races, mais « sa volonté de sacrifice » ne dépassait pas « le simple instinct de conservation de soi-même[7] ». Si le juif formait donc « le plus fort contraste avec l'Aryen », c'était parce que lui manquait ce qui fait le *Kulturvolk*, le peuple de culture : « une *Gesinnung*, une manière de penser idéaliste ». Tout chez ce peuple égoïste n'était qu'apparence. Il n'avait qu'un sens *apparent* du sacrifice : mais ce n'était qu'un « très primaire instinct grégaire » qui disparaissait aussitôt le danger passé. Ses facultés intellectuelles n'étaient qu'*apparentes*, et il n'avait qu'une *apparence* de culture *(Scheinkultur)*. Le juif n'avait rien en propre. Quant à son État, il était *invisible* parce que « territorialement *sans frontières* ». Ce caractère illimité *(unbegrenzt)* de son État rendrait de fait le juif invisible s'il n'était pas masqué. Hitler le confiera à Hermann Rauschning : « Israël se cache derrière l'Angleterre, derrière la France et derrière les États-Unis. Même lorsque nous aurons chassé le Juif d'Allemagne, il restera toujours notre ennemi mondial[8]. »

Le deuxième moment du discours hitlérien opposait de façon plus déterminée la visibilité aryano-chrétienne à l'invisible juif. Ainsi, « l'une des *manifestations les plus visibles* du déclin de l'ancien Reich était la chute lente du haut niveau général de la *Kultur* », à laquelle s'opposait la civilisation, « ennemie de la véritable hauteur de l'esprit et de la vie ». Vers la fin du siècle dernier « commençait à s'introduire dans notre art un élément [...] étranger », et dans cette dégénérescence de l'art se montrait déjà « l'effondrement politique qui fut *mieux visible* plus tard[9] ». C'était la même maladie qui affectait l'art du peuple allemand, son corps physique et son corps politique. Mais il ne suffisait pas de soigner « les manifestations extérieures d'une maladie, celles *qui frappent la vue* et qui sont plus faciles à discerner et à découvrir que la cause profonde[10] ». Il fallait aussi *percevoir*, à travers les symptômes apparents, que les « causes *moins visibles* » de la débâcle culturelle et politique résidaient dans l'impureté du sang.

Pour Hitler *völkisch*, dès 1922, la lutte contre le juif s'identifiait clairement au *Kulturkampf* du Reich de Bismarck. Le « combat pour l'art *(Kampf um die Kunst)* » des nazis continuait la lutte contre la « civilisation » et les « idées de 1789 » : « C'est un combat qui a commencé il y a environ 120 ans, lorsque furent donnés au juif ses droits civiques dans les États européens. L'émancipation politique des juifs fut le commencement d'une attaque de délire ». Attaque menée par

« un peuple de bandits [qui] n'a jamais fondé aucune *Kultur*, bien qu'il en ait détruit par centaines. Il ne possède aucune création dont il puisse faire état. Tout ce qu'il a est volé. Ce sont des peuples étrangers, des travailleurs étrangers qui lui ont construit ses temples [...]. Il n'a pas d'art qui lui soit propre : morceau par morceau, il a tout volé aux autres peuples ou les a regardés travailler et puis les a copiés. Il ne sait même pas simplement conserver les choses précieuses créées par les autres : dans ses mains, les trésors se transforment en ordure et en fumier[11]. »

Mein Kampf, deux ans plus tard, reprenait et développait ce thème du juif « anti-artiste » : « Il faut toujours *garder en vue* qu'il n'y a jamais eu et qu'il n'y a donc pas aujourd'hui non plus d'art juif » ; le juif « ne s'assimile les cultures étrangères que comme un copiste, qui d'ailleurs déforme son modèle [...]. La meilleure preuve est qu'il cultive surtout l'art qui exige le moins d'invention propre, c'est-à-dire l'art dramatique ». Même là, pourtant, il n'était qu'un « singe imitateur », un « imitateur superficiel », un « misérable histrion ». Son action corrosive sur toutes les cultures était celle des plantes parasites : « là où il se fixe, le peuple qui l'accueille s'éteint au bout de plus ou moins longtemps[12]. »

La rhétorique opposant l'aryen créateur au juif sans art ni culture propre n'était bien sûr pas neuve ; elle n'était pas d'origine allemande – et encore moins nazie. Il suffit de rappeler ici qu'elle traverse, en France, les écrits de Taine, Renan, Vacher de Lapouge, Gustave Le Bon ou Charles Maurras. « Le Sémite n'a aucune faculté créatrice ; au contraire, l'Aryen invente », écrivait par exemple Édouard Drumont dans *La France juive*, qui fit l'objet de 114 éditions dès la première année de sa publication, quarante ans avant *Mein Kampf*[13]. Ainsi l'absence d'un art qui lui fût propre était-elle chez Hitler comme chez les autres la preuve que ce peuple juif, ne disposant d'aucun « idéal visible », menaçait de ramener la Terre à son obscurité primitive.

C'était au contraire son idéalisme, sa capacité à donner forme visible à l'idéal commun de la race, qui faisait de l'aryen « le Prométhée de l'humanité ». Hitler savait-il, lui qui ne cessait d'invoquer la providence, que ce nom signifie le « prévoyant » ? Quoi qu'il en soit, Prométhée devenait dans *Mein Kampf* la figure sacrificielle symbolisant le grand principe du parti : « L'intérêt général prime l'intérêt particulier. » Et de même que Dietrich Eckart avait fait de l'aryen un *Lichtmensch*, un « homme de la lumière[14] », de même Alfred Rosenberg rappelait-il bientôt au peuple aryen son origine solaire : « Ahura-Mazda, l'éternel dieu de la lumière, [était] le protecteur divin de l'aryanité » ; il avait « pour ennemi le sombre Angromanyniu (Ahriman), contre lequel il se bat [tait] pour dominer le monde[15] ». Quant à Hitler, il n'hésitait pas à écrire que si l'on faisait disparaître ce Pro-

29. Adolf Hitler,
« Que la lumière soit ! »
1929, projet d'affiche.

méthée « au front lumineux », « une profonde obscurité descendrait sur la terre ; en quelques siècles, la *Kultur* humaine s'évanouirait et le monde deviendrait un désert ». « Que la lumière soit ! » disait la légende de son projet d'affiche pour la campagne de 1929 *[fig.29]* ; quant à l'affiche de Richard Klein *[fig.30]* pour le Jour de l'art allemand de 1938, elle semblait illustrer *Mein Kampf* : s'élançant au dessus de la Maison de l'art allemand, son Prométhée éclairait la nuit avec le même flambeau et, comme le *Prométhée* d'Arno Breker ou de Willy Meller *[fig.31-32]*, il répandait sur le monde la lumière de l'Idée national-socialiste.

« Sitôt que l'égoïsme établit sa domination sur un peuple, les liens de l'ordre se relâchent et, en cherchant leur propre bonheur, les hommes se précipitent du ciel dans l'enfer[16]. » Cinq fois dans *Mein Kampf* se répétait cette menace de disparition de l'aryen et du monde avec lui. Peut-être Hitler se souvenait-il de l'avertissement que Fichte avait lancé aux « *all-man* » : « Si ces Discours ne se trompent pas, vous êtes celui de tous les peuples modernes qui a le mieux conservé le germe de *perfectibilité* du genre humain ; à vous est confié le soin de progresser dans cette voie. Si vous disparaissez, le genre humain perd tout espoir de salut[17]. » Mais le discours de *Mein Kampf* identifiait la perfection salvatrice à la beauté visible et liait indissociablement cette responsabilité allemande à la pureté de la race : si « notre planète recommence à parcourir l'éther comme elle l'a fait il y a des millions d'années : sans hommes à sa surface », si les aryens « succombent » et que « ce qui fait la beauté de la terre descend avec eux dans la tombe », si la disparition de l'aryen faisait « descendre sur cette terre les voiles sombres d'une époque de barbarie », si enfin « l'anéantissement des derniers représentants de la race supérieure » faisait « définitivement de la terre un désert[18] », alors la faute n'en incomberait pas d'abord aux « *all-man* », ce *Volk* par excellence, mais aux juifs. L'anti-peuple ou l'anti-race *(Gegenvolk, Gegenrasse)*, dépourvu d'art et de forme propre, brouillait de son sang (et de son rêve, ajoutaient Rosen-

30. Richard Klein,
affiche pour le Jour
de l'art allemand, 1938.

31. Arno Breker,
Prométhée,
v. 1938, bronze.

32. Willy Meller,
*Porteur
de flambeau*,
1936,
Ordensburg
Vogelsang.

berg et ses amis) le génie créateur de l'aryen ; il empêchait que son idéal prît jamais forme, exactement comme il s'opposait depuis deux mille ans à l'« image du Seigneur » et à son « esthétique ».

Il ne s'agissait pas là de simples « élucubrations théologiques », comme on l'a parfois trop vite pensé[19], mais bien d'une articulation majeure du national-socialisme à son antisémitisme. Hitler retrouvait ici, le déplaçant à peine, l'argument de l'Église qui, à Byzance d'abord, avait fait du culte des saintes images un acte salvateur. Dans sa définition patristique, le Christ était « la première icône du Dieu invisible » (Jean Damascène), et Sa présence visible dans l'image conférait à celle-ci le pouvoir rédempteur qui était le Sien. De même que le Logos s'était fait chair pour racheter les hommes, l'image renouvelait l'Incarnation et son œuvre de salut. C'était cet héritage chrétien du salut par l'image que Hitler prétendait assumer. Führer Christ et artiste à la fois, il était l'incarnation du *Volksgeist* et l'image de sa divinité, apportant le salut à son peuple par son exemple et son art. Le christianisme avait opéré le partage du Dieu unique des juifs, le divisant en un objet de crainte et un objet d'amour, séparant de l'invisible instance critique un Christ intercesseur, accomplissant visiblement le désir humain, c'est-à-dire réalisant des miracles. C'était sur le fond de ce partage que Hitler pouvait faire de la conscience « une invention judaïque[20] » et le nazisme assimiler la critique de l'« art allemand » au « pouvoir dissolvant » de l'esprit juif. L'interdiction par Goebbels, en 1936, de la critique d'art et son remplacement par le « compte-rendu[21] » s'imposaient comme des mesures nécessaires à la survie de l'Idée incarnée, du dieu allemand devenu forme *(Gestalt)* : toute critique ébranlait la confiance du peuple en lui-même et menaçait l'amour rédempteur que le peuple allemand vouait à sa propre image miraculeuse – dans son Führer et dans son art. Ce partage du Dieu unique prenait un sens dépourvu d'équivoque avec cet appel aux Jeunesses hitlériennes, que publiait un « livre d'images » :

« Den deutschen Führer lieben sie.
Den Gott im Himmel fürchten sie.
Die Juden, die verachten sie.
Die sind nicht ihresgleichen;
Drum müssen sie auch weichen! »

« Le Führer allemand, ils l'aiment.
Le dieu au ciel, ils le craignent.
Les Juifs, ils les méprisent.
Ceux-ci ne leur ressemblent pas;
Aussi doivent-ils fléchir et céder[22]! »

Ce « poème » opposait donc à l'amour du Führer, Christ allemand, la crainte persistante du Dieu universel et invisible, la crainte du Dieu des juifs que le Troisième Reich ne parvint jamais à lever. Ainsi se trouvaient liés le motif de l'invisible mais universelle conspiration juive contre l'Allemagne[23] et celui du Führer qui incarnait l'idée allemande de dieu, qui protégeait son peuple de l'anti-peuple, du peuple de la dissemblance absolue n'aspirant qu'à renouveler son geste déicide en faisant disparaître l'Allemagne. Car *« Gott ist sichtbar mit ihm* (avec lui [Hitler], Dieu est visible)[24] ».

Dès le 20 avril 1923 – jour anniversaire de sa propre naissance –, dans un discours expliquant *Pourquoi nous sommes antisémites*, Hitler avait stigmatisé cette menace de l'invisible : les juifs cherchaient à « étendre constamment *leur État invisible* pour exercer la tyrannie suprême sur tous les autres États dans le monde. [...] Celui qui *veut voir* cela le peut, et celui qui *refuse de voir*, nul ne peut rien pour lui ». Ce que voulait le national-socialisme, ajoutait Hitler, c'était « empêcher que notre Allemagne, comme jadis un Autre, ne souffre la mort sur la Croix[25] ». Aussi pouvait-il écrire l'année suivante : « *En me défendant contre le Juif, je combats pour défendre l'œuvre du Seigneur[26]*. » Ce combat n'était finalement rien d'autre que celui du visible contre l'invisible, soit l'art de faire advenir au visible l'éternel *Volksgeist* allemand, toujours menacé par le juif « destructeur de *Kultur* ». Dans une formule saisissante, Hitler disait du juif que « toute [son] existence est la protestation faite chair contre l'esthétique de l'image du Seigneur *(Ihr ganzes Dasein ist der fleischgewordene Protest gegen die Aesthetik des Ebenbildes des Herrn)*[27] ». C'était parce que seul l'aryen s'opposait à cette menace qui pesait sur « l'image du Seigneur », que de sa survie dépendait la visibilité même du monde : « Qu'on le fasse disparaître, et une obscurité profonde descendrait sur la terre, peut-être en quelques siècles seulement ; la culture humaine s'évanouirait et le monde deviendrait un désert[28]. » C'est donc comme porté par la logique chrétienne de l'image, c'est-à-dire par la théologie de l'Incarnation rédemptrice, que Hitler retrouvait l'un des arguments majeurs utilisés dans le monde byzantin pour combattre l'iconoclasme : « Ce n'est pas le Christ, mais c'est l'univers tout entier qui disparaît s'il n'y a plus ni circonscription ni icône*[29]. »

C'était en cela que se légitimait le combat entrepris contre l'invisible universalité juive pour restaurer et maintenir la visibilité du monde germano-aryen ; et ce combat s'identifiait pleinement au « combat pour l'art *(der Kampf um die Kunst)* » que menait le nazisme. Fondant sur la culture et l'art (comme sa pointe la plus visible) « le droit moral à l'existence » du peuple allemand[30], Hitler entrait avec son peuple dans un processus de réalisation compulsive de l'Idée comme *contour* et *forme*, contre les forces hostiles et dissolvantes de la conscience critique. En face de Hitler se tenait le juif en tant que *Verführer* du peuple allemand, son « mauvais génie », son Führer séducteur et corrupteur, en quelque sorte son anti-Führer[31] qui

* Lorsque les armées de l'Allemagne nazie eurent occupé la Grèce, Hitler ne parut pas très étonné en apprenant que « les moines du mont Athos, sur la moralité desquels il préfér[ait] ne rien dire, l'[avaient] proclamé successeur de l'empereur de Byzance » ; « c'est là un document qu'il est bon de garder », dit il (H. Picker, *Hitler cet inconnu*, p. 473-474 [propos du 29 juin 1942, *midi*]).

s'opposait à l'expression figurée de l'« âme éternelle » du peuple. Il représentait le *Gegenvolk* et le *Gegenreich*, l'anti-peuple et l'anti-Reich : « Sa vie n'est que de ce monde-ci, et son esprit est aussi profondément étranger au vrai christianisme que son caractère l'était, il y a deux mille ans, au grand fondateur de la nouvelle doctrine lui-même[32]. » Il ne fallait donc « pas s'étonner si, dans l'imagination de notre peuple, la personnification du diable, comme symbole de tout ce qui est mal, prend la forme *(Gestalt)* du Juif[33] ».

Ce même *national-christianisme* animait *Le Mythe du XX*e *siècle* de Rosenberg, malgré son antichristianisme de principe. Mais tandis que *Mein Kampf* désignait le juif comme le « mauvais démon » du peuple allemand, c'était au sein même du peuple juif que Rosenberg isolait maintenant le « mauvais démon du Juif ». Il prenait à témoin le « demi-juif » Oskar Schmitz pour stigmatiser la part maudite du juif, celle qui l'empêchait à tout jamais d'être un fondateur de culture *(Kulturbegründer)* : « Le mauvais démon du Juif est [...] le phari-saïsme. Il est bien celui qui porte l'espérance du Messie, mais il est en même temps celui qui veille à ce qu'aucun Messie ne vienne [...]. C'est la forme spécifique et extrêmement dangereuse de la négation juive du monde. [...] Le pharisien nie activement le monde, il s'efforce que rien, si possible, ne prenne figure *(Gestalt)*. » Il est « l'esprit qui, derrière l'affirmation extatique d'un être utopique qui ne peut jamais advenir, dissimule et nie toujours la venue du Messie[34] ». Il va de soi que ce qu'Oskar Schmitz stigmatisait ainsi dans ce recueil consacré à l'antisémitisme – recueil auquel avaient notamment contribué Arnold Zweig, Alfons Paquet, Léon Blum, Bernard Shaw, Heinrich Mann et Martin Buber[35], – c'était le fond de l'antisémitisme chrétien, soit cela même que Rosenberg assumait en l'appropriant entièrement au nazisme : le juif négateur d'un salut que réalise pourtant l'Incarnation, le négateur d'une Rédemption déjà advenue et déjà visible, au nom d'une utopie absolument irréalisable. Le juif éternel *(der ewige Jude)* était « toujours le même », celui qui brise toutes les idoles et oppose à l'image rédemptrice le texte de sa Loi. La Synagogue était toujours aveugle : pas plus qu'ils n'avaient su voir dans le Christ le Messie, les juifs ou « juifs en esprit » d'aujourd'hui ne pouvaient ni voir en Hitler le Sauveur, ni chercher dans l'art allemand leur rédemption.

L'antisémitisme nazi et l'extermination ne sont intelligibles que dans cette perspective historique de la relève du Dieu invisible par le Dieu incarné, relève qui se transforma en l'opposition de l'instance rédemptrice à l'instance critique qu'il fallait abolir. Mais l'antisémitisme et l'extermination ne prenaient sens que de l'identité postulée de cette instance rédemptrice avec un art entendu comme production de soi-même. C'est pourquoi le Troisième Reich intégrait l'activité artistique dans le processus du travail en général, toujours pensé comme le combat pour l'identité à soi-même du peuple allemand. L'art constituait assurément la part la plus « noble » de ce combat, car il était à la fois production de l'identité et lutte contre « le Juif » et les « juifs en esprit », contre leur « conscience critique » qui empêchait le peuple d'être « un avec soi-même[36] ». Mais on verra qu'en retour, tout travail devait s'élever au rang de l'activité artistique – ce qui, dans le vocabulaire national-socialiste, s'énonçait comme « travail créateur ». Et si Hitler pouvait affirmer que « l'idée du travail créateur a toujours été et sera toujours antisémite[37] », c'est qu'il était convaincu que seule la *Leistung* (performance) de la production et son accomplissement dans le produit achevé, quel qu'il fût, pouvait mettre fin à cette insoutenable absence d'identité à soi-même qui caractérisait le juif*.

L'éveil dans le mythe

Il fallait donc redonner au peuple allemand, au travailleur comme à l'artiste, ce désir d'être « un avec soi-même ». Cela signifiait qu'il

---

* Sur le rapport de l'art au travail dans le national-socialisme, voir plus bas, chapitres IV et V.

devait retrouver sa « génialité créatrice » originaire, aujourd'hui submergée par le mélange des sangs et disparaissant dans la médiocrité de la vie quotidienne.

La doctrine nazie du génie se composait d'éléments multiples, dérivés autant du néoplatonisme que de la conception romaine du *genius*, autant du romantisme que de la psychologie vitaliste. Fondée sur l'idée d'une inégalité originaire des races humaines et sur le caractère héréditaire du « vrai génie » (ce « don » conféré par la nature ou par Dieu à la race aryenne), la *Weltanschauung* de Hitler se présentait comme une double sécularisation : la théologie de la Chute devenait théorie de la dégénérescence et l'histoire du Salut un processus de régénération.

Au commencement, écrivait-il, des peuples aryens très peu nombreux subjuguèrent des peuples inférieurs pour fonder une *Kultur* qui fût appropriée à leur propre nature supérieure. Mais bientôt infidèles au principe de la conservation de la pureté de leur sang, ces conquérants, en s'unissant aux indigènes, mettaient fin à leur propre règne : « Le péché originel commis dans le Paradis a toujours eu pour conséquence l'expulsion des coupables. » Un millénaire plus tard, cet ancien peuple de maîtres laissait pourtant encore une « trace visible » dans le « teint plus clair » du peuple soumis et dans sa *Kultur* pétrifiée. Ainsi se perpétuait le souvenir de la race des maîtres, la mémoire visible de son génie – inscrite à la fois dans la chair et dans la pierre[38]. En parfait accord avec la psychologie de son temps, héritière sur ce point de l'organicisme du XVIIIᵉ siècle, il concevait l'évolution des peuples ou des races comme analogue à celle de l'individu. Au « mélange des sangs » qui générait la grisaille humaine répondait ainsi la « monotonie de la vie quotidienne » de l'individu. Mais, cachés sous cette couche indifférenciée, des germes du génie primitif demeuraient toujours vivaces. « De même que dans la vie quotidienne, ce qu'on appelle le génie a besoin d'un motif déterminé, voire souvent d'une véritable impulsion, pour être mis en lumière, de même en va-t-il pour la race géniale dans la vie des peuples. » C'est pourquoi il fallait « presque toujours un choc pour que le génie entre en lice », dans la vie de l'individu comme dans celle de la race. Rien mieux que la guerre ne pouvait, « en brisant la gangue *(Hülle)* de la vie quotidienne, découvrir aux yeux du monde étonné le noyau *(Kern)* qui était jusqu'alors demeuré caché ». Ce n'était donc jamais que par ses actes que le génie d'un peuple se faisait connaître : « Le reste du monde, incapable de reconnaître la génialité en soi, n'en voit que les expressions visibles sous forme d'inventions, découvertes, édifices, images, etc. » Cette génialité créatrice, « toujours présente et disponible », n'avait besoin que d'« être réveillée selon des conditions externes déterminées pour se manifester pratiquement ». Telle était la mission que le national-socialisme s'était assignée. C'était une tâche qui relevait autant de l'accouchement socratique ou de la réminiscence platonicienne que de la purification biologique du « noyau » racial. Le langage du réveil de la nation comme éveil de la germanité à elle-même était donné comme l'instrument de la reconstruction du « paradis » ou Reich éternel ; mais il en était aussi la fin, car c'était dans l'acte de parole qui révèle la forme ou l'image originaire et dans l'acte plastique qui la concrétise que se réalisait le « Reich idéal ».

« *Deutschland erwache !* (Allemagne réveille-toi !) » fut le plus envahissant des slogans du national-socialisme. Il fut contrefait par les socialistes du S.P.D. avec un « *Volk, erwache !* (Peuple, réveille-toi !) », auquel Goebbels répondait bien sûr : « Oui ! nous, le peuple, sommes éveillés ! » Il s'élargit durant la guerre en : « Europe, réveille-toi ! » et connut parfois quelques versions vernaculaires, comme celle que tenta, en 1941, avec « France, réveille-toi ! » l'ancien S.F.I.O. Ludovic Zoretti, rallié à la révolution nationale de Vichy[39].

En Allemagne, le slogan s'accordait d'abord au vieux mythe médiéval de l'empereur qui, tel Barberousse ou Frédéric II, devait bientôt s'éveiller du tombeau de sa montagne pour libérer son peuple (« Le vieil oracle sibyllin, "vivit, non vivit", ressuscite toujours dans le folklore », remarquait Ernst Bloch[40]). De ce mythe, le poète Stefan George avait fait un poème, « *Geheimes Deutschland* (Allemagne secrète) » : « Seul ce qui est encore en sommeil, /Là où personne ne le sent, /Seul ce qui est abrité au plus profond/Et dort dans la terre sacrée, /Miracle incompréhensible aujourd'hui, /Sera le destin du jour prochain[41]. » Le slogan s'accordait aussi au « *Wach auf, du deutsches Land !* » qu'avait chanté au XVIe siècle le poète Johann Walther[42] et que l'on entonnait chaque 30 janvier, le jour de la prise du pouvoir. Il pouvait même rappeler le mouvement du Réveil protestant *(Erweck-ungsbewegung)* qui, à la fin du XVIIIe siècle, exhortait les âmes désespérant de ce monde matériel à regagner en elles-mêmes la « patrie céleste ». Mais il rappelait bien davantage le « *Wach auf ! es nahet gen den Tag* (Éveille-toi! le jour est proche) » du chœur des *Maîtres chanteurs*, qui faisait pleurer Goebbels, le 2 août 1932[43], avant de devenir un chant national capable d'enflammer les masses. Ainsi cette injonction faite à l'Allemagne de s'éveiller était-elle d'abord l'injonction de se remémorer son passé allemand, et de construire enfin son avenir sur ce modèle idéal du passé.

Lorsque Dietrich Eckart composa le « *Sturmlied* » où apparut pour la première fois ce slogan, Hitler fit son portrait à la plume et ajouta cette légende : « Dietrich Eckart, rédacteur en chef du *Völkischer Beobachter*, créateur du slogan de combat *"Deutschland erwache !"* à l'âge de 54 ans, en 1922[44]. » La même année il faisait figurer ces deux mots sur l'étendard du parti qu'il dessinait lui-même ; cet étendard, aussitôt réalisé, envahira l'Allemagne jusqu'à la fin du Troisième Reich, comme l'aveu bien involontaire qu'elle ne s'était toujours pas « éveillée » à son mythe. Les paroles composées par Eckart, « le poète allemand que son peuple n'oubliera pas », étaient plus connues sous le titre de « *Sturm, Sturm, Sturm* » et figuraient dans tous les livres de lecture scolaires : « À l'assaut, à l'assaut, à l'assaut !/... Que sonnent les cloches de tour en tour !/... Judas paraît pour conquérir le Reich !/... Que la terre se cabre sous le tonnerre de

Deutschland, erwache!

Das Sturmlied
der Nationalsozialistischen Deutschen Arbeiterpartei
in seiner endgültigen Fassung
auf

Kartenbriefen

Eine halbe Innenseite ist frei für Mitteilungen;
die andere Hälfte enthält das Lied, ein jedes
handschriftlich vom Verfasser, Dietrich Eckart,
unterzeichnet.

Preis: 1 Karte 200 M., 50 K. 9000 M., 100 K. 17000 M., 1000 K. 180000 M.

Hoheneichen-Verlag, München, Thierschstr. 15

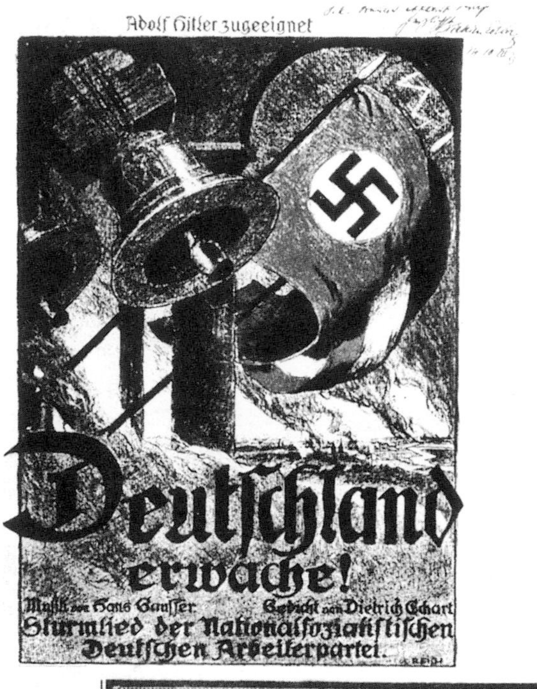

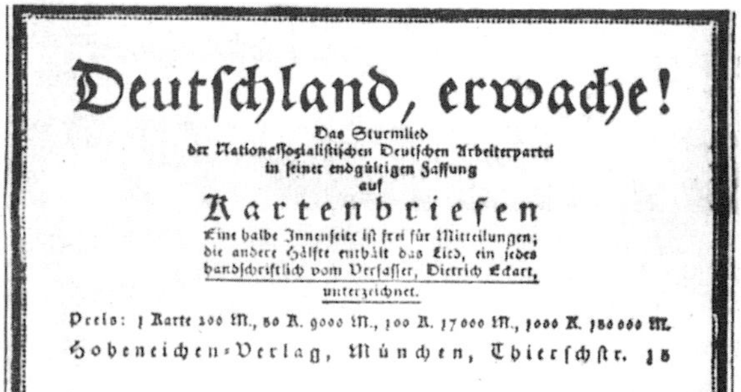

33. Albert Reich,
couverture pour
*« Deutschland
erwache ! »* 1923.

34. Crayon et
porte-mine.

35. Étui métallique
pour allumettes.

la vengeance rédemptrice !/Malheur au peuple qui aujourd'hui rêve encore !/Allemagne réveille-toi ! réveille-toi[45] ! » Un artiste du *Kampfzeit* associa d'abord ce slogan au tocsin qui devait réveiller un pays mis à feu *[fig.33]*. Mais après la prise du pouvoir, après que la veille des élections au Reichstag (5 mars 1933) eut été proclamée « Jour de la nation qui s'éveille[46] », le slogan se répandit bientôt sur tous les objets de la vie quotidienne, surchargeant symboliquement ceux dont la fonction était la communication – crayons, postes de radio ou boîtes d'allumettes *[fig.34-35]*. Il fallait arracher chaque Allemand au sommeil de cette vie quotidienne jugée monotone pour le ramener au génie créateur qui faisait l'héroïsme de la communauté de race.

À ce lexique de l'éveil appartenaient aussi le sommeil, ses rêves et ses visions. Avant que Rosenberg n'en fournît la théorie, un dénommé Bruno Schestak composa, à l'occasion d'un discours que prononça Hitler à Plauen en 1925, un chant qui constituait de fait « une anthologie des slogans et symboles nazis[47] », en les articulant avec une cohérence évidente :

« *Deutschland erwache aus deinem bösen Traum*
Gib fremden Juden in deinem Reich nicht Raum.
Wir wollen kämpfen für dein Auferstehen,
Arisches Blut darf nicht untergehen.

Wir sind die Kämpfer der N.S.D.A.P.
Kerndeutsch im Herzen, im Kampf fest und zäh.
Dem Hakenkreuz ergeben sind wir,
Heil unserm Führer, Heil Hitler, Dir. »

« Allemagne, réveille-toi de ton mauvais rêve
Ne laisse pas place dans ton Reich au Juif étranger.
Nous combattons pour ta résurrection,
Le sang aryen ne doit pas disparaître.

Nous sommes les combattants du N.S.D.A.P.
Très allemands dans nos cœurs, fermes et durs au combat.
Nous sommes dévoués à la croix gammée,
Heil à notre Führer, Heil à toi, Hitler. »

Communément appelé « *Heil Hitler, Dir* », ce chant invoquait un Reich encore spirituel mais déjà spatialisé. Royaume tout intérieur, puisqu'en lui se déployait le « mauvais rêve » de l'Allemagne, il était pourtant aussi géographique : c'était de son espace que le juif devait être expulsé. Le Reich était-il celui du rêve allemand « mauvais » parce qu'il contenait le juif, ou bien celui du « mauvais rêve » envahissant que rêvait le juif ? Il était clair en tous cas que l'expulsion du juif se confondait avec l'éveil du mauvais rêve, et cet éveil avec la résurrection de l'Allemagne ; que cette expulsion, cet éveil et cette résurrection étaient le combat même du N.S.D.A.P., le combat du sang aryen pour sa conservation. Ce chant présentait donc une structure proprement mythique, où le successif s'abolissait au profit du simultané, où toute relation devenait coïncidence : la cause fusionnait avec son effet, l'intériorité était aussi un dehors, l'espace était la mesure du temps. Le chant était le mythe se faisant, de sorte que le Reich idéal s'accomplissait déjà : en chantant, l'Allemand s'éveillait dans son mythe.

Encore fallait-il que quelque chose de ce mythe apparût à l'instant du réveil. De même que le processus de suggestion de masse à l'œuvre dans les meetings exigeait la présence d'un support dans la réalité (généralement la présence du Führer), de même l'éveil dans le mythe exigeait-il la présence de signes capables d'attester dans la réalité que le mythe s'effectuait en effet. Il fallait décaper le monde quotidien pour faire affleurer et finalement dévoiler son « noyau » mythico-racial, pour qu'il atteste la présence de l'âme éternelle de la race sous les strates multiples déposées par l'histoire.

36. Église de Pfullingen,
« Fenêtre du chœur,
au-dessus de l'autel, dont
la croix gammée rappelle
par sa forme les croix
gammées en bois
de l'art populaire ».

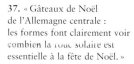

37. « Gâteaux de Noël
de l'Allemagne centrale :
les formes font clairement voir
combien la roue solaire est
essentielle à la fête de Noël. »

En ce sens, réveiller l'Allemagne relevait de l'archéologie et l'archéologie devenait de fait, comme discipline scientifique, l'un des moteurs du réveil de l'Allemagne[48]. Parmi les résultats, parfois maquillés, des innombrables fouilles entreprises tant en Allemagne que dans le reste de l'Europe, une place de choix était réservée à l'exhumation des croix gammées. Comme les revues spécialisées, les *Nationalsozialistische Monatshefte* de Rosenberg en reproduisaient à souhait les photographies, provenant de mosaïques du Moyen-Orient, de l'orfèvrerie scandinave, de poteries ou de l'architecture chrétienne allemandes *[fig.36]*. Chaque fois se donnait immédiatement à voir l'« héritage des ancêtres *(Ahnenerbe)** », de sorte qu'un lien visible rattachait, en la légitimant, la croix gammée nazie au sol et à la culture des « ancêtres ». Cette croix que Rosenberg nommait « le symbole de l'éveil » et « le signe de la vie ascendante[49] » semblait rapporter enfin la vie actuelle de la communauté à sa source la plus vive et la plus authentique. La visualisation des racines unissait le sol des anciens Germains au ciel rédempteur des nazis. Ce symbole solaire et d'énergie cosmique appartenait d'ailleurs si intimement au peuple germanique qu'il en mangeait encore chaque année sous forme de gâteaux que les paysans de l'Allemagne centrale cuisaient à la Noël *[fig.37]*. Ainsi le peuple renaissait-il à lui-même dans cette communion avec la terre, absorbant le corps de ses dieux chthoniens (« Combien de dieux mûrissent ici ! » s'était exclamé Frédéric II à la vue d'un champ de blé, par allusion au corps du Seigneur[50]).

Si les « traces visibles » et persistantes que le génie aryen avait laissées dans la *Kultur* étaient nécessaires au réveil, elles n'étaient pourtant pas suffisantes. Il fallait aussi renommer le monde, c'est-à-dire tous les objets de la *Kultur* afin de mettre en pleine lumière leur

---

* L'« Héritage des ancêtres » était le nom de l'association fondée par Himmler en juillet 1935. Appartenant à la S.S., elle disposait d'une importante section archéologique qui regroupait un nombre considérable d'universitaires réputés. Elle s'employait à démontrer comment la culture germanique était la véritable héritière des cultures grecque et romaine. Voir M. H. Kater, *Das Ahnenerbe der SS, 1933-1945*, Stuttgart, 1974.

origine aryenne ou germano-nordique, comme plus tard il faudra renommer le conflit mondial selon la *Weltanschauung* nazie : « Ceci n'est pas la Deuxième Guerre mondiale, c'est la Grande Guerre des races[51]. » Waldemar Hartmann, le brillant élève des professeurs Dehio et Strzygowski, s'employait à faire valoir « l'unité de l'art allemand » en rebaptisant les styles : « Le nom d'art roman donné à l'art religieux des XIe et XIIe siècles est incompréhensible, car toutes les constructions de cette époque dérivent de l'architecture militaire des Germains dont l'élément essentiel est la tour à base carrée. » Le style roman devait donc être appelé le « style de l'arc à plein cintre des Germains de l'est », pour le différencier du gothique, qui devenait « le style de l'arc brisé des Germains du nord-ouest », puisque l'ogive, quant à elle, provenait des pignons des constructions primitives en bois des Germains[52]. Pierre Francastel rappelait avec raison, dès l'hiver de 1939-1940, que c'était l'histoire de l'art française qui avait servi de modèle aux historiens allemands, et notamment celle de Courajod, réactionnaire et nationaliste, qu'il résumait ainsi : « Dieu seul fait les races ; la France est l'instrument du génie nordique, barbare, germanique, renouvelant les traditions mortes du monde antique. […] Le génie du moyen-âge est, par excellence, un génie religieux ; c'est la foi qui nous a donné notre art. […] C'est chez [Courajod], en tout cas, que Strzygowski a trouvé la conception du christianisme identifié avec le génie nordique-oriental. » Même retournées contre la France, c'étaient bien ces théories françaises des années 1890-1900 qui avaient mené de la conception internationaliste, prévalant au milieu du XIXe siècle, au nationalisme raciste des doctrines nazies[53].

À vrai dire, les arts visuels auront très régulièrement été non pas les simples instruments de la puissance, mais bien l'autoaffirmation constitutive de la puissance comme unité spatiale et transhistorique. Soulignant combien la formation d'une *lingua visiva* avait été essentielle à l'unité italienne pour surmonter, au XVIe siècle, le *campanilismo* ou *municipalismo* qui avait précédé, Charles Dempsey a rappelé comment Mussolini avait cherché à refonder la puissance du fascisme sur la continuité territoriale et historique de l'art : le Duce avait en effet jugé nécessaire de nommer l'un de ses compagnons de la Marche sur Rome directeur de la Recherche historique, avec pour mission de découvrir dans les documents du passé les sources d'un authentique *stile fascista*[54].

Ce que le national-socialisme désirait par-dessus tout sans jamais réussir à l'établir – l'identité à soi du peuple allemand –, la recherche historique n'a eu que trop tendance à en faire à son tour l'objet inavoué de ses enquêtes. David Rousset avait mis en garde dès 1946 : « Prétendre y découvrir [dans le nazisme] les atavismes d'une race, c'est précisément faire écho à la mentalité S.S.[55] » Il est tout aussi nécessaire de se garder du spectre d'une « âme allemande » se forgeant dans l'histoire. Exhumer d'un passé « allemand » les traces qui permettraient de déterminer le *Sonderweg*, le « chemin singulier » qu'aurait pris l'Allemagne, à la différence des autres nations européennes, pour aboutir au nazisme, c'est succomber encore au piège de l'identité, c'est vouloir reconstituer, avec cette fois toutes les garanties de la « vraie » science, l'*Ahnenerbe* de Himmler, un fantasmatique « héritage des ancêtres ». Chercher dans l'histoire allemande « des guides pour trouver une identité » c'est, comme l'ont souligné Habermas ou Broszat, faire de la conscience historique un substitut de la religion et de l'histoire nationale, une religion nationale[56]. C'est pourquoi la tâche qui consiste à « dégermaniser » le nazisme ne signifie pas sa « banalisation », mais la plus élémentaire récusation du fantasme d'autonomie. C'était, dès la fin de la guerre, une réponse que certains déjà opposaient aux pulsions identitaires partagées, toujours impérialistes, toujours criminelles et suicidaires à la fois.

Rosenberg exprimait au contraire la ferme conviction qu'un peuple était « perdu comme peuple » s'il était incapable d'établir l'unité de son histoire avec sa « volonté d'avenir ». L'histoire n'était pas le développement « d'un rien en un quelque chose » : dans « le premier éveil racial-populaire *(rassisch-völkisch)* » tel qu'il se manifestait par les héros, les dieux et les poètes, un sommet était atteint pour toujours. «Une forme d'Odin est morte », mais « Odin comme miroir éternel des forces originaires de l'âme de l'humanité nordique vit aujourd'hui comme il y a 5 000 ans[57]. » Renommant le réel et marquant tous les corps de son sceau, le nazisme énonçait un monde enfin rendu à sa germanité *(Deutschtum)* originelle ; il faisait apparaître, dans le miroir des lois de la *Kultur* et du génie aryens, un monde enfin dépouillé des mensonges de la «civilisation ». Ainsi la tendance *völkisch* fit-elle par exemple débaptiser les fêtes chrétiennes pour les consacrer aux dieux des Germains qui constituaient le *Volksgeist*, l'« héritage des ancêtres » ou le génie de la race. Il ne s'agissait, disait-on, que de restaurer la pureté de ce que le christianisme avait perverti.

Toutefois, de même que Hitler pensait que le génie de la race ne s'exprimait qu'à travers le génie du grand homme, du « grand réformateur » et du *Programmatiker* visionnaire qui « travaille pour la postérité[58] », de même Alfred Rosenberg n'invoquait le génie de la race que référé à ses « grands rêveurs ». Mais il ne divisait pas comme Hitler l'humanité en « fondateurs », « porteurs » et « destructeurs » de *Kultur* ; il préférait distinguer les hommes selon leur capacité à rêver et selon la nature de leurs rêves. En premier lieu venaient les races dont les rêves prophétiques « obtiennent par la force une réalité féconde » ; puis celles qui, n'ayant pas de rêves, laissaient disparaître cette réalité issue des rêves de la race supérieure ; enfin venaient les races aux rêves proprement destructeurs, tel ce rêve d'or, de haine, de mensonge et de domination mondiale que le juif porte par le monde depuis trois mille ans. Jusqu'en 1933, ce rêve destructeur du juif avait dominé l'Allemagne parce que, disait Rosenberg, « nous avions cessé de réaliser *notre* rêve et cherchions maladroitement à vivre le rêve du juif, ce qui a provoqué aussi l'effondrement de l'Allemagne ». Mais il fallait maintenant se rejouir de ce grand événement : il se produisait

« un éveil mythique [...] nous avons recommencé à rêver notre propre rêve[59] ».

« *Deutschland erwache!* » signifiait donc que l'Allemagne, comme le lui enjoignait déjà le chant de Schestak, devait s'éveiller de ce mauvais rêve imposé par les juifs et vivre enfin le rêve que produisait son génie. Ainsi cet « éveil mythique » était-il pensé comme l'éveil *dans* le mythe, c'est-à-dire comme l'éveil de la race dans son rêve. Au début du régime, un certain art populaire *völkisch* pouvait figurer cet éveil du peuple par une sorte d'« allégorie réelle » *[fig.38]* : la rencontre du S.A. et du paysan sous la double lumière du soleil levant et de la croix gammée, tous deux rayonnant sur la terre allemande fertile. La légende rappelait le rôle d'éternel gardien des valeurs de la race qui incombait au paysan : « Enfin est venu le temps/Où notre peuple s'éveille ;/Ce n'est pas le fait du paysan allemand/Depuis longtemps déjà il se tient en éveil. » C'était donc en retournant vers les hommes de la terre que le peuple pouvait de nouveau « être un avec lui-même ».

Tandis que cette version *völkisch* de l'éveil pouvait séduire le monde paysan que la politique agricole de Darré entourait de ses attentions, le tableau exécuté quatre ans plus tard par Richard Klein était d'une autre nature. Ce directeur de l'École des arts appliqués de Munich, l'un des artistes favoris de Hitler, dessinateur d'innombrables médailles commémoratives, timbres-poste ou trophées, s'adressait en 1937 au public cultivé ou semi-cultivé de la première Grande Exposition d'art allemand de Munich. Il en avait dessiné l'affiche, qui servait aussi de couverture à la nouvelle et luxueuse revue, *L'Art du Troisième Reich*, où figuraient ensemble un profil d'Athéna Pallas, l'aigle du Reich, un flambeau « prométhéen » ainsi qu'une croix gammée. Mais c'était sans le secours d'aucun texte ni de la croix gammée, ce « symbole incontesté de la vérité germanique organique[60] », que *L'Éveil [fig.39]* devait reconduire l'Allemand à la vérité organique de son propre mythe compris comme son propre rêve. Tout

38. Carte de soutien, s. d.

0,50 REICHSMARK

Nun endlich ist die Zeit gekommen
Da unser deutsches Volk erwacht;
Am deutschen Bauern soll's nicht liegen
Er steht schon längst auf seiner Wacht.

39. Richard Klein, *L'Éveil*,
1937, huile sur toile.

en réinvestissant l'espace que le langage plastique néoclassique et romantique, à l'instar de l'ancienne peinture religieuse, avait assigné aux apparitions surnaturelles, Richard Klein élaborait une œuvre bien composite, un étrange amalgame d'Ingres et de Leni Riefenstahl, du *Songe d'Ossian* et de *La Lumière bleue.* Comme dans l'œuvre d'Ingres, c'était par le coloris des chairs et la lumière qui les baignait que les corps de la vision, flottant dans l'espace, se distinguaient de celui du héros. Mais à l'Ossian endormi s'était substitué ici un héros s'éveillant nu dans son rêve, au sommet d'une montagne. Dissipant la nuit, les premiers rayons d'un soleil encore invisible venaient frapper les corps d'un Walhalla réduit à six figures : était-ce Odin, le dieu de la Guerre et des Arts, qui était entouré de cinq Walkyries ? Ou bien était-ce le héros lui-même, anticipant dans sa vision son futur séjour au Walhalla ? Car les Walkyries étaient réputées n'apparaître qu'à l'heureux guerrier choisi par Odin pour mourir au combat et être enterré au Walhalla. Tandis qu'une Walkyrie tenait un sablier, la lumière du cristal qu'une autre tenait à bout de bras évoquait, plutôt que l'anneau magique d'Odin, la même lumière bleue qui irradiait du Monte Cristallo dans le film de Leni Riefenstahl. Assurément, plusieurs mythologies se croisaient ici. Mais comment savoir si ces êtres féminins qui dévoilaient leurs corps guidaient le guerrier vers le combat du jour ou bien s'offraient à lui ? Car ces corps dénudés n'étaient pas séparés du héros par toute la distance qu'imposait la vision dans la peinture ancienne. Ils en étaient au contraire si proches que l'un d'eux paraissait même l'effleurer de son pied. Richard Klein semblait vouloir rivaliser ici avec Adolf Ziegler, le président de la Chambre des arts plastiques, surnommé « le maître du poil pubien ». Le réalisme de l'anatomie, si caractéristique des figures de ce maître vénéré par Hitler, avait son rôle à jouer dans l'éveil du génie créateur. Le poète Hamann lui-même l'avait dit : « Mon imagination grossière m'a toujours interdit de me représenter un génie créateur sans *genitalia.* » Car si *L'Éveil* était un éveil dans le mythe du génie créateur, on verra qu'il devait inciter à l'amour autant qu'au combat, à la reproduction de la race géniale autant qu'à sa défense.

La continuité du passé de la race avec son présent s'exprimait par la même division de l'espace dans une peinture murale de Ferdinand Spiegel, peintre paysagiste et portraitiste connu pour ses visages de soldats et de S.S. Reproduit dans une revue dès le mois de mars 1939, *Tank [fig.40]* présentait un alignement de chars au combat. Leur progression en direction du spectateur paraissait d'autant plus menaçante que ces lourds véhicules de guerre étaient peints en contre-plongée, au sommet d'un léger surplomb, laissant imaginer derrière eux la puissance d'une armée entière. Les explosions d'obus lançaient leur fumée noire, mais sans atteindre le ciel. C'était un autre combat qui se déroulait là-haut, sur ces nuages qui, dans la peinture ancienne, avaient accueilli des figures plus paisibles. La bataille dans le ciel accompagnait celle de la terre, unifiant les combattants passés et présents en une seule Communauté de destin. La cavalerie prussienne tombait sur l'ennemi du même mouvement de droite à gauche qui était celui des chars, de sorte que l'exemple d'une histoire mythique guidait et soutenait par avance les batailles présentes et à venir. Sous le national-socialisme, l'éveil dans le mythe était d'abord un éveil dans la guerre. Le peintre n'avait pas oublié la leçon de *Mein Kampf*, selon laquelle toute la singularité du génie aryen résidait dans son « idéalisme », c'est-à-dire dans sa capacité au sacrifice pour que survive la *Kultur* de la Communauté. C'est pourquoi, tandis que le cinéma pratiquait, depuis longtemps déjà, la surimpression d'images pour signifier l'irruption de l'imaginaire dans le présent du héros, cette peinture préférait conserver deux espaces, distincts mais parallèles : ce n'était pas l'imaginaire d'un homme singulier qu'il fallait signifier, mais la continuité mythique de l'histoire d'un peuple entier, la répétition de son « premier éveil racial-populaire » (Rosenberg).

Toute cette imagerie ne constituait cependant que la tentative dérisoire d'illustrer un processus qui la dépassait largement et dont

40. Ferdinand Spiegel,
Tank, v. 1938-1939,
peinture murale.

elle n'était finalement qu'un moment. Sans doute *L'Éveil* ou *Tank* parvenaient-ils, même maladroitement, à mettre en scène le sacrifice que le Führer attendait de chacun des membres de la Communauté. Mais l'éveil dans le mythe ressortissait d'abord à l'*Erlebnis* (l'expérience vécue) d'un monde qui se transformait continûment selon la vision du Führer. Parce que le nazisme investissait l'art lui-même du pouvoir d'éveiller, l'art n'avait nullement besoin de figurer l'éveil. Il lui suffisait de présenter la vision du Führer – le mythe même – pour susciter l'éveil au cœur de cette vision salutaire.

La première conséquence de ce rôle d'éveilleur conféré à l'art portait sur le rapport qu'il devait entretenir avec la réalité. Inaugurant à l'automne de 1941 une exposition d'art viennois qui se tenait à Düsseldorf, Baldur von Schirach – alors *Gauleiter* de Vienne – prononçait un discours sur « L'art et la réalité », qui résumait bien la position de l'esthétique nazie : « L'art ne sert pas la réalité, mais la vérité. » S'il devait continuer à se mesurer à la seule « vérité de la réalité », l'art allemand ne manquerait pas de décliner aussitôt : à un tel dogme correspondait en effet la photographie en couleurs qui constituerait alors l'extrême accomplissement de l'art. Si peindre deux yeux sur un profil était le fait de l'art dégénéré, c'était aussi une dégénérescence de l'art que de peindre un homme, un objet ou un paysage selon le dogme de « la vérité de la réalité ». S'en tenir à ce dogme, poursuivait von Schirach, ce serait condamner les ballades de Schiller où les personnages s'expriment en vers et non en prose. Les pommes des natures mortes hollandaises étaient « aussi peu réelles que celles de Courbet ou de Vincent van Gogh », mais elles étaient « toutes vraies » : c'étaient « les pommes de la peinture néerlandaise ou française » qui, comme telles, avaient « leur réalité propre ». Non, si « l'art et la nature ont la vérité en commun, leur réalité est différente ». De même, la réalité du matériau de l'art n'était pas celle du matériel humain : face à la réalité du soldat vivant qui servait de modèle à la sculpture, la réalité de la pierre ou du bronze avait aussi ses exigences. « Consolons-nous, ajoutait von Schirach : à partir de l'*Ingenium* du grand Maître bâtisseur qu'est notre Führer », un nouvel ordre allait émerger, rendant justice à l'essence de chacun des arts. Car l'architecture avait une mission dirigeante et éducative : elle n'était « pas seulement l'art de l'espace, mais aussi l'espace de l'art, c'est-à-dire qu'en elle tous les arts trouv[ai]ent leur patrie ». Prenant son élan sur cette dernière remarque, von Schirach achevait son discours par l'évocation de la dimension d'éternité qui devait être la fin de tout art :

> « Il n'a jamais compris le Führer, l'artiste qui croit devoir peindre pour son temps et suivre le goût du temps. Notre peuple n'a pas non plus créé son Reich pour ce temps. Il n'est pas de soldat qui combatte ou qui tombe pour son temps. Tout engagement de la nation vaut pour l'éternité. Le sens de toute action humaine est de créer l'intemporel à partir de son temps. Ainsi en va-t-il aussi de l'art qui est une lutte des mortels pour l'immortalité. Là est la piété de l'artiste. À lui aussi s'applique cette sommation du Führer : "Malheur à celui qui n'a pas la foi !" Même si, parmi les innombrables créateurs artistiques, ce but sacré de la vie hautement humaine et artistique est très rarement atteint, toute œuvre, si elle prétend à l'art, doit absolument révéler la soif et le désir pressant d'éternité. Les grands artistes accomplis, Michel-Ange et Rembrandt, Beethoven et Goethe ne sont pas un appel à faire retour au passé, mais ils nous montrent l'avenir qui est le nôtre et auquel nous appartenons[61]. »

Le plus troublant de ce discours résidait évidemment dans la banalité des positions esthétiques défendues. À l'exception de l'éloge obligé du Führer, une modernité mesurée s'exprimait qui reflétait finalement assez bien les tendances du plus vaste des publics, mais aussi de la grande majorité des artistes. L'affirmation de la fonction maîtresse de l'architecture se rattachait à une longue tradition admise par tous et sa définition comme espace et patrie de tous les arts aurait même pu trouver grâce auprès des maîtres du Bauhaus en exil. Quant au réalisme « photographique » et à l'art « d'avant-garde » issu du cubisme et de l'expressionnisme, ils étaient renvoyés dos à dos comme étant l'un et l'autre dégénérés. Baldur von Schirach les rejetait au nom d'une vérité qui se distinguait de la réalité, mais qui n'était pas autrement définie que par cette tension de l'œuvre vers une temporalité future identifiée à l'éternité. En somme, il n'y avait rien là que de très ordinaires propos, conformes aux convictions que défendaient la plupart des artistes, des historiens et des théoriciens de l'art non seulement avant la Grande Guerre, mais encore durant les années trente.

Si l'histoire n'a, pour l'essentiel, retenu de cette époque que sa production artistique « avant-gardiste », celle-ci demeurait pourtant minoritaire et n'en continuait pas moins à rencontrer une solide résistance. De plus, la période était fortement marquée par un « retour à l'ordre » qui se manifestait partout en Europe comme un retour aux valeurs tout à la fois « classiques » et « réalistes ». Aux Entretiens de Venise sur « L'Art et la Réalité » et « L'Art et l'État », tenus en 1934 sous les auspices de la Société des Nations, régnait la plus grande confusion sur les termes. Nombreux étaient ceux qui, tels l'Autrichien Hans Tietze ou le Français Henri Focillon, s'accordaient à penser que « tout art est réalité et reniement de la réalité ». Ils insistaient avec d'autres sur « l'incertitude du vocable », tandis que l'Anglais Herbert Read était seul à faire observer que « notre conception de ce qu'il faut entendre par "réalité" a complètement changé ». Mais plus nombreux encore étaient ceux qui pensaient, comme le Français Waldemar George, que « le problème de l'art » n'était pas tant esthétique que psychologique et social : les tendances modernes et abstraites de l'art étaient « l'attribut d'une époque en proie au pire matérialisme », et le fossé qui séparait l'artiste du public depuis le XIXᵉ siècle ne pourrait se combler que si l'art perdait tout caractère de « luxe » pour redevenir « une fonction de la vie nationale » : « Je pense que l'art reprend la place qui lui revient dans le milieu social, quand la vie tout entière est orchestrée, rythmée et agencée comme une belle œuvre d'art[62]. » Ainsi, toute tentative de définition de la réalité passait-elle ici aussi au second plan, tandis que la valeur de l'art était estimée à sa capacité de projeter un futur et de se réconcilier avec le peuple.

En France, les artistes engagés aux côtés du P.C.F. pensaient aussi, avec Aragon et Nizan, que le réalisme bourgeois, critique amère de la réalité, constituait une impasse. Le réalisme socialiste s'en séparait au contraire par « sa capacité de perspectives » : il devait « s'orienter vers l'avenir de cette réalité » et comporter « une certaine exaltation du futur ». De même Jean Lurçat ne voyait-il pas dans le peintre un simple « appareil enregistreur », mais « avant tout un transformateur d'énergie [ayant] à charge d'agir sur le monde extérieur [...] et le devoir de le transformer[63] ». Si chacun reconnaissait que l'art avait rompu désormais avec la tradition de la *mimesis* comprise comme pure imitation de la réalité visible, chacun faisait aussi de l'art la matrice d'où s'engendrait l'avenir.

Par-delà toutes leurs différences, voire leurs oppositions, les tenants du surréalisme et ceux de l'abstraction se rejoignaient dans la même foi : la réalité future serait immanente à l'art si l'art savait s'approprier la réalité présente. André Breton attendait des œuvres de ses amis « qu'elles appellent impérieusement, dans la réalité extérieure, quelque chose qui leur réponde », tandis que Mondrian faisait de l'abstraction géométrique le dévoilement des « purs rapports » jusqu'alors cachés dans la « réalité naturelle » ; ainsi la peinture nouvelle, ajoutait-il, « prépare la superréalité de l'avenir, elle est "réelle" en exprimant cette réalité[64] ».

C'était fondamentalement, et par-delà toutes les différences formelles et idéologiques, la même exigence d'adéquation de la réalité future à l'image présente qui s'affirmait chaque fois. Il est donc tout à la fois vrai et faux de dire, comme le fait Hans Jürgen Syberberg, qu'« aucun des arts traditionnels, littérature, peinture, sculpture ou architecture, n'a su réaliser la représentation du rêve hitlérien de la grande Allemagne » ; que celui-ci ne pouvait prendre corps que dans l'État lui-même, « considéré comme une œuvre d'art totale incluant la propagande, la machinerie d'extermination et la guerre[65] ». Cela est vrai parce que la vision ou le rêve de Hitler était bien le même qu'énonçait Waldemar George : une vie tout entière orchestrée, rythmée et agencée comme une belle œuvre d'art, fondée sur l'exclusion de la part « débile et vermoulue » de la communauté. En ce sens, aucun art « spécialisé » ne pouvait prétendre représenter à lui seul ce rêve. Mais il est faux de dire que « l'art intrinsèque du III⁰ Reich ne se trouvait pas dans les disciplines traditionnelles » (Syberberg), car chacune des œuvres avait à charge, non de représenter, mais de préparer, de façon fragmentaire, la réalisation du Reich idéal.

Dans la simplicité de son énoncé, le propos de Baldur von Schirach s'accordait parfaitement à la conception de la vérité de l'art qui domine les temps modernes : la vérité de l'œuvre n'est plus pensée comme adéquation de l'image ni à la réalité supérieure d'une idée, ni à la réalité de la nature visible, mais comme adéquation de la réalité future à l'image. Dès lors qu'elle était ordonnée à l'avenir, la vérité de l'art se confondait avec la promesse qui, dans la rhétorique nazie, était toujours promesse d'éternité. Que cette image porteuse d'avenir eût elle-même un modèle, cela importait peu au regard de la puissance de transformation de la réalité présente dont elle était investie. Non que la nature du modèle fût indifférente – bien au contraire : ce modèle était le mythe même qu'il fallait reproduire – mais parce que l'image elle-même était d'abord comprise comme le modèle, le support et le vecteur de l'instauration d'un monde meilleur. En cela résidait son pouvoir d'éveiller, qui était pensé comme le pouvoir de la vérité immanente à l'image.

À vrai dire, cet éveil dans le mythe, loin d'être seulement le signe de la modernité, était bien plutôt l'empreinte tardive d'une détermination essentiellement chrétienne de l'art : réveiller par la vue la mémoire des actions exemplaires du passé pour en susciter l'imitation future. Jean-Claude Schmitt rappelait que dans l'Occident médiéval où, comme à Byzance, l'image rendait «visiblement présentes les puissances invisibles», elle était «une médiation à saisir» dont l'enjeu théologico-politique était «le gouvernement du monde; et sa condition était de maîtriser la jointure des deux faces du monde, sa face visible et sa face invisible, au moyen des objets symboliques qui assuraient leur liaison[66]». Lorsque la religion chrétienne s'effondra, emportant avec elle le système monarchique qui lui était lié, le romantisme tenta la relève du christianisme par la religion de l'art avant que Wagner, avec ses ambitions politiques et théologiques, ne revendiquât à son tour cet héritage, exigeant que l'art se communiquât «pleinement à la vue» pour ne pas s'en tenir au simple *vouloir*, mais accéder à «l'entier *pouvoir*[67]» . Chaque fois, l'image était investie de ce pouvoir d'éveiller dans le mythe, c'est-à-dire de rendre visiblement présente une puissance invisible afin de se faire mimétiquement obéir. De sorte que le pouvoir de l'image était identifié au pouvoir contraignant de la vérité même.

Les Pères de l'Église avaient une belle formule néoplatonicienne pour justifier le culte des images : *per visibilia invisibilia*, «c'est par le moyen des choses visibles qu'on accède aux choses invisibles»; l'image offrait l'accès au prototype invisible qu'elle contenait, comme le Christ – «première icône du Dieu invisible» (Jean Damascène) – avait dit : «Celui qui m'a vu a vu le Père». Au XIXe siècle, avec l'annonce de la «mort de Dieu» et le poids croissant de l'immanentisme, la formule semblait avoir changé : *per visibilia visibilia*, «c'est par les choses visibles qu'on produit les choses visibles». Wagner avait valeur de symptôme lorsqu'il récusait, pour former ses images, l'idéal invisible du christianisme et préférait s'en remettre «à la nature, qui seule a une existence visible et saisissable». Robert Scholz, un théoricien nazi de l'art, l'exprimait à peine différemment : «Le désir de créer des Allemands est toujours né de deux racines : un fort penchant sensible pour la nature et une aspiration métaphysique profonde. La capacité des Allemands à rendre visible le divin dans la nature et à éclairer le sensible par les valeurs spirituelles accomplit l'exigence de Wagner que l'art devienne religion*68. »

Rosenberg, qui avait rappelé dans *Le Mythe du XXe siècle* ce mot de Wagner[69], ajoutait qu'« en Europe seulement l'art était devenu le médium d'une véritable victoire sur le monde, une religion en soi ».

Il est vrai que depuis bien longtemps déjà, l'invisible était dépouillé de sa puissance s'il ne s'était pas déjà rendu visible. Le *transitus* n'était plus comme chez les Pères le chemin qui reliait l'image à l'intelligible divin, mais celui qui, allant toujours du visible au visible, reliait une image présente à une image à venir. Le passé lui-même n'appartenait plus à la catégorie de l'invisible : à l'archéologie naissante, qui exhumait et entassait les témoins encore visibles de l'histoire pour la reconstituer et la représenter, répondait l'invention de la photographie qui empêchait le présent de s'enfoncer dans l'invisible de l'histoire et le maintenait, toujours disponible, à la surface du temps. De ce double mouvement d'absorption générale de l'invisible dans le visible et de l'histoire dans le présent, le nazisme se faisait très consciemment l'héritier. Un idéologue du régime résumait parfaitement comment le mythe pouvait s'identifier avec un présent qui, ayant absorbé le passé invisible, prétendait à la maîtrise du futur pensé comme son extension immédiate :

« Nous vivons dans un siècle historique, certes, c'est-à-dire qui façonne l'histoire, mais pas dans un siècle de la réflexion historique, mais bien plutôt dans une époque dont le centre de gravité se trouve dans le présent, dans la disponibilité constante et dans l'attente vigilante de l'action immédiate, en un mot : dans l'acte.

---

* Wagner avait écrit : « L'œuvre d'art est la religion vivante représentée ; mais ce n'est pas l'artiste qui invente les religions ; elles ne proviennent que du *peuple* (G.S., vol. 10, p. 70). »

[...] Le national-socialisme – et c'est là que réside son "daïmôn", sa grande puissance et son efficacité historique [...] – est au plus près de son but, c'est-à-dire la révolution en profondeur qui nous délivre de la sujétion historique pour nous lier au présent [...]. La pensée historique, pensée qui planifie, fixe les objectifs et prépare les chemins, s'est lancée sur l'avenir. Rien ne se produit aujourd'hui en Allemagne qui n'ait été mis en mouvement par cette pensée planifiante. Si le présent, au XIXe siècle, s'est enfoncé de plus en plus profondément dans le souci du passé, jusqu'à ce que le technicien parvienne à la plus grande efficacité, [...] c'est consciemment que nous nous dirigeons aujourd'hui, d'heure en heure, vers le futur projeté[70]. »

L'éveil dans le mythe était donc communément pensé comme l'éveil dans le présent, dans la présence d'une image qui était récapitulation du passé dirigée vers l'avenir. Comme l'avait dit Baldur von Schirach, « les grands artistes accomplis, Michel-Ange et Rembrandt, Beethoven et Goethe ne sont pas un appel à faire retour au passé, mais ils nous montrent l'avenir qui est le nôtre et auquel nous appartenons ». En se rendant visible, le génie faisait voir à sa race son origine et sa fin.

La production du génie

L'une des premières mesures prises par Hitler après son accession au pouvoir fut de confier à l'architecte Ludwig Troost, rencontré à l'automne de 1930, le projet d'une Maison de l'art allemand à Munich. « Pour ce projet, écrivait un historien de l'art, le maître d'œuvre et l'architecte ont étroitement collaboré, avec un amour et une profonde compréhension comme aucun Führer du peuple n'en avait plus témoigné depuis le roi Louis Ier de Bavière[71]. » En prenant la résolution de créer ce musée qui serait consacré de manière exclusive à l'art « purement » allemand de son temps, Hitler décidait de donner un lieu au génie créateur de la race. Il ne s'agissait pas d'y rassembler les grandes œuvres du patrimoine national qui auraient attesté la permanence de ce génie tout au long de l'histoire allemande. En regroupant là chaque année, dans une vaste exposition, des œuvres sélectionnées pour leur germanité authentique, Hitler convoquait le génie de la race dans la manifestation actuelle de son éternité pour le produire en effet, pour en fournir la monstration la plus incontestablement probante. Mais c'était pour y convoquer aussi le peuple allemand afin que, dans cette rencontre avec la plus noble part de lui-même, il se réveillât enfin à son éternelle essence créatrice.

Le 15 octobre 1933, jour où Hitler posait solennellement la première pierre de ce qu'il désigna comme le « Temple de l'art allemand », fut l'occasion d'une grande fête dans la ville de Munich. Après le défilé de plusieurs milliers de S.A. et de membres des Jeunesses hitlériennes jusqu'à l'emplacement du futur bâtiment, Hitler fut accueilli par le corps de maçons en costume médiéval, au son de l'ouverture des *Maîtres Chanteurs*. En souvenir de Louis Ier qui, au début du XIXe siècle, avait voulu faire de Munich une nouvelle Athènes (« Athènes sur l'Isar »), le Führer dans son discours promouvait la ville au rang de « capitale de l'art allemand ». Mais en l'absence du musée attendu, une gigantesque manifestation se proposait, sous la devise « Deux mille ans d'art allemand », de réconcilier immédiatement, dans la rue, l'art et le peuple.

Les cortèges

Durant les quatre semaines qui précédèrent, la presse bavaroise se fit quotidiennement l'écho des intenses préparatifs qui devaient redonner à Munich son éclat d'autrefois par la décoration fastueuse de ses rues et de ses places. Le sculpteur Josef Wackerle avait été chargé de la direction artistique d'un « cortège solennel *(Festzug)* » qui allait parcourir la ville lors de cette première Fête de l'art allemand. Vint enfin le grand jour, dont la prestigieuse revue *Die Kunst* donna plus tard ce compte rendu qui mérite d'être longuement cité :

« Des timbaliers vêtus de gris, de rouge et d'argent ouvraient le cortège. À leur suite venait (façonnée par le sculpteur Göbl) une aigle puissante, symbole du Mouvement politique. Douze hérauts habillés de rouge annonçaient, avec leurs trompettes, l'apparition des Arts : symbolisant l'Architecture, un chapiteau ionique (du sculpteur Buchner) s'avançait [sur un char]; suivaient les emblèmes de la Peinture – d'antiques peintures murales (réalisées par Richard Klein) – et de la Sculpture – une copie d'un torse grec d'Héraclès et la statue couverte d'or d'Athéna Pallas (façonnée par le sculpteur Allmann). Puis trente jeunes filles en vert, avec des guirlandes de fleurs, amazones en soie rouge. Faisant un saisissant contraste avec elles, incarnant l'Esprit héroïque, deux cavaliers en armure de métal noir et soixante pages bordaient le char du Gothique *[fig.41]* qui supportait une construction pleine de charme, une fontaine gothique avec deux coquilles disposées l'une sur l'autre; à l'avant, une figure féminine avec une lyre incarnait le *Minnesang*, la Poésie des troubadours; aux pieds du groupe figuraient de petites copies des danseurs Maruska mondialement connus, provenant de l'ancien hôtel de ville de Munich. Le blanc-et-bleu du pays dominait le groupe du Rococo bavarois *[fig.42]* avec ses charmants putti, ensembles de la Chasse, de la Pêche, de l'Agriculture et de la Vaillance, couronnés d'un Génie soufflant dans sa trompette (par Andreas Lang, Franz Mikorey, J. Seidler, H. Panzer). Les époques d'autrefois arrivaient et passaient, apogées de la *Kultur* allemande… En un moment central et magnifique se plaçait le groupe de la "Maison de l'art allemand" *[fig.43]*; la maquette, construite à une grande échelle d'après les esquisses du professeur P. L. Troost, était portée par dix-huit hommes en costumes; six garçons à cheval chevau-

41. Premier Jour de l'art allemand, Munich, 15 octobre 1933 : le char du Gothique.

42. Premier Jour de l'art allemand, Munich, 15 octobre1933 : le char du Rococo bavarois.

43. Premier Jour de l'art
allemand, Munich,
15 octobre 1933 :
le char de la Maison
de l'art allemand.

44. Premier Jour de l'art
allemand, Munich,
15 octobre 1933 :
le char de l'Art allemand.

chaient en avant, accompagnés des musiciens de la fanfare et, sur les côtés, des jouvenceaux en vert et or portaient des guirlandes et des couronnes. S'y rattachaient les représentants des corporations, dans leurs anciens vêtements d'artisans, avec les emblèmes de leurs métiers. Les Chaudronniers portaient une figure de *Bavaria* (en cuivre repoussé par Ragaller), copie libre de la figure couronnée au temple du Hofgarten. Suit le groupe de l'Art allemand *[fig.44]*; le célèbre cavalier de Bamberg (par Klein et Allmann) se dresse sur un char tiré par six chevaux; suivant le char, seize garçons portent des boucliers d'or avec les noms des plus célèbres artistes allemands. La figure de *Fortuna* les suit (Lommel). Puis le char du Conte de fées *(Märchen)* allemand tiré par un cheval blanc *[fig.45]*; la Licorne mystique (du sculpteur Heinlein) incarne la Légende, couverte d'un baldaquin aux formes gracieuses; une couronne de fleurs multicolores enlace le socle et représente symboliquement l'Art poétique qui trouve sa source dans le Conte. Des jeunes filles avec des fleurs accentuent le caractère poétique de ce groupe. Surgit le char de la Légende allemande, saint Georges le tueur du Dragon (réalisé sous la direction de K. Killer). Quatre coursiers tirent le char avec un Pégase d'argent brillant et qui se cabre haut (du sculpteur A. Hiller), le char de la Poésie; les masques tragiques en argent (de E. A. Rauch) et les thyrses croisés sont à l'avant du char, que suivent les jeunes gens et les jeunes filles en costumes antiques. Les chars des Maîtres Chanteurs (Julius Dietz) et des Corporations (par Schwarzer), auxquels se joint une jeunesse joyeuse portant emblèmes et drapeaux, ferment le cortège…

Et tout cela pour le seul plaisir du défilé et de la cavalcade? Pour s'enivrer seulement? Certainement pas! Mais bien pour mettre en évidence l'attachement du nouvel État à l'art, pour rendre publique la vocation proprement « destinale » et la mission de la métropole artistique du Sud de l'Allemagne[72]. »

45. Premier Jour de l'art
allemand, Munich,
15 octobre 1933 : le char
du Conte de fées allemand.

Le décalage étonnant entre l'ambition déclarée de ce Jour de l'art allemand et l'invraisemblable kitsch du cortège munichois n'avait pas empêché, bien au contraire, son véritable succès populaire. Le mythe au sein duquel le peuple devait s'éveiller se déployait soudain vivant à ses yeux. C'était dans les rues mêmes que ressuscitait d'un coup toute une Allemagne de légende, une Allemagne bienheureuse qui ignorait la guerre, la crise et le « cauchemar » du *Zwischenreich* de Weimar. Grâce au nouvel État, le peuple était réconcilié avec la totalité de son art, toujours marqué au sceau du même génie allemand traversant les siècles et les styles qui défilaient à cheval. En faisant voisiner la Grèce classique, dont la conception « germano-aryenne » de la *Kultur* revendiquait hautement l'héritage, avec la plupart des styles historiques mais aussi avec les métiers traditionnels et leurs emblèmes, le cortège visait à donner le sentiment que toutes les manifestations européennes du « travail créateur » pouvaient être subsumées sous le concept d'un « Art allemand » dont l'unité provenait de la race seule.

Rosenberg l'avait écrit dans son *Mythe du XXᵉ siècle* : « Si nous estimons avec raison le gothique, le baroque, le romantique, il reste finalement que ce qui importe n'est pas la forme de l'expression du sang allemand, mais surtout que ce sang subsiste encore, que la vieille volonté du sang vive encore[73]. » L'art, quelle qu'en fût la forme, était d'abord la preuve tangible de la permanence d'une volonté de vivre toujours identique à elle-même. La « volonté du sang *(Blutswille)* » aryen s'identifiait à sa « volonté de forme *(Formwillen)* », de sorte que ce n'était pas l'histoire qui faisait l'art, mais la race ou le sang.

Pourtant, la réalité de la composition du cortège entrait en conflit avec la volonté d'appropriation de la quasi-totalité de la culture européenne par la « race aryenne », comme en témoignait le compte-rendu cité plus haut. La mention précise de chacun des artistes locaux qui avaient collaboré au grand Jour de l'art allemand était l'indice de la forte provincialisation d'une part de l'activité artistique qui allait caractériser le régime : de même que chacun des styles internationaux qui avaient marqué l'Europe (gothique, Renaissance, baroque…) était ramené aux proportions d'un art national allemand, de même cet art national se réduisait-il presque toujours à sa forme la plus limitée régionalement.

Ce 15 octobre 1933, le ministre de la Culture Hans Schemm ne s'était pas contenté de saluer en Hitler « l'artiste allemand » qui incarnait « la totalité du génie artistique et politique ». Il avait aussi évoqué les « longues périodes de terrible misère, d'autodissolution et d'amère détresse », après lesquelles, toujours, « l'Allemand s'éveille à nouveau à la conscience de sa dignité [parce qu'il veut] posséder un Art allemand aussi bien qu'un État allemand ». « Ce que le peuple réclame du génie artistique, poursuivait Schemm, ce n'est pas la distraction ni le passe-temps, mais bien le sublime. » Invoquant la pensée de Kant, il ajoutait qu'un « Art allemand sublime » répondant à la sensibilité du peuple n'avait « pas besoin de se cacher dans les musées ni dans les cercles esthétiques privés [… :] la vie publique et l'art doivent se conditionner mutuellement […]; le peuple allemand ne saurait en aucune façon vivre sans art, sous peine de perdre son âme[74] ». Cette condamnation du musée dans son principe même, le jour précis où le Führer posait la première pierre de la Maison de l'art allemand, avait toutes les apparences du paradoxe. Mais ce musée-là était destiné, dès l'instant de sa conception, à être en excès constant sur lui-même. Présenté sous la forme d'une maquette géante portée par un char triomphal, il entretenait un singulier rapport avec le cortège dont il formait le cœur : était-ce la marche de l'Histoire ressuscitée qui devait se figer bientôt dans la pierre ? Ou bien était-ce le contenu de ce musée qui débordait par avance de la pierre dans la vie ? Était-il une fin, ou la promesse d'une renaissance ?

La même cérémonie se reproduisit trois ans et demi plus tard, lors de l'inauguration de ce musée à l'occasion de la première Grande Exposition d'art allemand, le 18 juillet 1937. Ce fut le second Jour de

46. Second Jour de l'art allemand, Munich, 18 juillet 1937 : le char de l'Époque germanique.

47

48

47. Second Jour
de l'art allemand, Munich,
18 juillet 1937 : le char
de l'Époque gothique
(les fondateurs de Naumburg).

48. Second Jour
de l'art allemand, Munich,
18 juillet 1937 : le char
de l'Époque nouvelle.
Foi et Fidélité.

l'art allemand, significativement baptisé du même nom que le premier : « Deux mille ans de *Kultur* allemande[75] ». Plus gigantesque encore que celui de 1933, le cortège de 3 kilomètres de long se composait cette fois de 30 chars, 500 cavaliers, 2 000 hommes et 2 500 femmes en costumes historiques. Chargés de cette manifestation, Hermann Kaspar et Richard Knecht, membres de l'Académie des beaux-arts de Munich, choisirent de répéter en l'amplifiant le défilé de 1933. De nouveau, dans une immense marée de drapeaux et de bannières, les Époques défilèrent, représentées chacune par plusieurs chars portant sculptures et maquettes d'édifices d'un même style : à l'Époque germanique *[fig.46]*, symbolisée par Ägit et Rau, dieu et déesse de la Mer surmontés de l'aigle Hreswelda, succédèrent les Époques romane, gothique *[fig.47]*, Renaissance, baroque, classique, romantique et l'Époque nouvelle enfin, symbolisée par les figures de la Foi et de la Fidélité *[fig.48]*. Ces derniers chars présentaient une hardie synthèse de styles historiques : les figures néoclassiques étaient tirées par des chevaux caparaçonnés de croix gammées, mais ces chevaux étaient eux-mêmes menés par des hommes vêtus de « costumes germaniques ». Une tête monumentale d'Athéna Pallas *[fig.49]* était portée comme une Vierge Marie dans une procession ; mais les costumes de ceux qui entouraient l'idole exprimaient sans doute possible l'éternelle « volonté de vie » germanique, toujours identique à elle-même dans sa perpétuelle métamorphose.

L'immense cortège défilant ce jour-là devant la nouvelle Maison de l'art allemand tenait à la fois de la parade de cirque, invitant la foule massée sur son parcours à pénétrer dans l'enceinte du Temple, et de la leçon d'histoire de l'art, préparant cette même foule à redécouvrir l'unicité du génie allemand. Mais l'historicité des formes disparaissait dans leur actualisation, de sorte que l'histoire de l'art se transformait en présentation vivante du mythe. La forme même du cortège était de fait la négation du passé au profit de la simultanéité vivante du mythe dans toutes ses parties. Ce cortège, véritable « guide

49. Second Jour de l'art
allemand, Munich,
18 juillet 1937 :
Athéna Pallas, portée
par des Germains.

(Führer) » vivant de l'exposition, était l'émanation de ce Temple qui se déversait déjà dans la vie, répandant par avance dans l'espace public ce qu'il recelait dans ses pierres. Comme l'avait formulé l'année précédente un universitaire munichois : « L'art est le guide *(Führer)*, celui qui guide et accompagne notre vie. Il nous montre, sous la forme du mythe, d'où nous venons et où nous allons. Il est un symbole de nous-mêmes, il donne l'image du but de notre vouloir. Avec ses mélodies, il nous accompagne jusqu'au tombeau[76]. » Et Goebbels assignait lui aussi la même extension temporelle à l'art allemand : « Exprimer en la tirant du passé et du présent, et dans une forme poétique et artistique, l'âme immortelle de notre peuple et permettre à sa vertu toujours agissante de créer la force pour l'avenir[77]. »

Le programme officiel de ce second Jour de l'art allemand disait clairement l'enjeu de la cérémonie : « Par les formes provenant du passé lointain et proche de la culture allemande, nous entrons nous-mêmes, comme un peuple entier, dans le cortège solennel du Pouvoir allemand *(des Deutschen Könnens)*, de l'Histoire allemande. » Il s'agissait donc bien de faire accéder un peuple à la puissance par la récapitulation des formes historiques de son art. L'équation qu'avait posée Wagner était devenue la doctrine officielle : l'art allemand ne devait pas se satisfaire de seulement vouloir, mais il lui fallait accomplir son essence allemande inscrite dans la langue allemande : accéder et donner accès au pouvoir *(Können)*. Ainsi, non seulement l'art « allemand » produisait-il l'histoire allemande comme une seule totalité visible, mais il était cela même qui permettait à cette histoire de recommencer ou de renaître à elle-même. C'était chez Martin Heidegger, dans la conférence qu'il prononça en 1935-1936 sur *L'Origine de l'œuvre d'art*, que l'on trouvait la formulation la plus frappante de cette haute fonction assignée à l'art :

« L'emprise *(Anfang)* contient déjà, en réserve, la fin. [...] Chaque fois qu'un art advient, c'est-à-dire qu'emprise il y a, un éclatement de l'Histoire se produit : l'Histoire commence ou reprend à nouveau. Histoire, cela ne signifie point ici le déroulement de faits dans le temps – faits qui, malgré l'importance qu'ils peuvent avoir, ne restent toujours que des incidents quelconques. L'Histoire, c'est l'éveil d'un peuple à ce qu'il lui est donné d'accomplir, cet éveil étant vigilante insertion dans ce qui lui a été confié. [...] L'art est Histoire en ce sens essentiel qu'il fonde l'Histoire. [...] L'origine de l'être-là historial d'un peuple – c'est l'art. Il en est ainsi parce que l'art lui-même est, en son essence, une origine, et rien d'autre : un mode insigne d'accession de la vérité à l'être, c'est-à-dire à l'avènement, c'est-à-dire à l'Histoire[78]. »

Pierre Ayçoberry a rappelé qu'un socialiste anglais avait, dès 1943, posé une « question gênante » qu'il résumait ainsi : « Ce pays n'est-il pas simplement la caricature des nôtres[79] ? » Dans cette sommation que Heidegger adressait aux Allemands de s'éveiller à eux-mêmes par l'art, c'est-à-dire de conformer leur avenir à l'art qui fait advenir la vérité de son origine grecque, il y avait autant de proximité avec la pensée nazie qu'avec la pensée conservatrice et nationale du reste de l'Europe. L'Allemagne national-socialiste n'avait emprunté aucun *Sonderweg* (chemin particulier) : c'était plutôt le chemin du particularisme national qu'elle avait plus profondément suivi que les autres nations européennes, jusqu'à la caricature peut-être. L'idée qu'un peuple conservait son génie dans son art et devait y puiser les forces nécessaires à sa renaissance nationale, Aragon par exemple la défendait en France contre le fascisme. Voulant « exalter l'ensemble de réalités qu'on appelle *une nation* », il affirmait l'« identité entre défense de la culture et défense de la nation ». La fin du discours qu'il prononça le 16 juillet 1937, à l'adresse des écrivains réunis en congrès, ne doit pas être oubliée :

« Plongez dans la réalité nationale pour en renaître ruisselant de la plus réelle humanité. Cherchez aux sources vives de votre nation l'inspiration profonde qui vous traduira, en l'exprimant [...]. Face aux prétendus nationalismes, dressez la réalité nationale, dressez la nation, faite d'hommes et de femmes qui travaillent, qui s'aiment et donnent naissance à des enfants rieurs, pour lesquels vous préparez un avenir pacifique, où le pain sera blond pour tous, et où les nationalistes à la Franco ne jetteront pas les bombes à croix gammées sur l'innocence, le travail et l'amour. [...] vous deviendrez d'excellents ingénieurs des âmes, en collaborant à la création d'une culture vraiment humaine, parce qu'elle sera *nationale par la forme et socialiste par le contenu*[80]. »

Un an plus tard, cette double détermination *nationale* et *socialiste* de l'art était donnée par Aragon comme le fruit de l'histoire : « Ainsi, croyez-m'en, tout le mouvement de l'art dans son histoire aux mille retours, tend au triomphe de la réalité nationale[81]. »

Quant à la conviction que la « vérité » (comme « dévoilement » générant l'histoire et la réalité à venir) était immanente à l'art – conviction qui fut d'abord celle de tous les réformateurs philanthropes du XIXe siècle –, on a vu qu'elle était alors également partagée par la plupart des révolutionnaires, que la révolution souhaitée fût pensée comme conservatrice ou progressiste. En clair, seuls semblaient pouvoir échapper à cet immanentisme ceux qui faisaient de l'art, non la présentation de ce qui devrait être, mais la critique de ce qui est.

Rassembler les images des formes historiques dans un livre comme en un cortège, telle fut souvent, sous le Troisième Reich allemand comme ailleurs – mais plus qu'ailleurs –, la tâche des historiens de l'art national qui semblaient soudain prendre la relève de l'ancienne histoire des Églises nationales. C'était chaque fois les métamorphoses successives d'un dieu national qu'il fallait mettre au jour pour éclairer l'avenir, comme l'expliquait dans la préface à son *Histoire de l'art allemand* ce professeur de l'université de Bonn :

> « Ce livre veut contribuer à la connaissance du chemin allemand de l'esprit, qui reste visible dans les œuvres d'art de toutes les époques. Cela doit apparaître comme dans un *Bildungsroman* (roman éducatif) qui, depuis les dispositions du sang et les déterminations du sol propres à la naissance du héros, à travers les expériences formatrices qui sont fécondes pour lui, mène aux œuvres dans lesquelles il s'accomplit. L'ampleur et la profondeur du Reich spirituel des Allemands doivent être retracées pour rendre visible l'héritage qui se conserve en nous et qui nous oblige, pour montrer d'où nous venons et qui nous sommes et, par là, contribuer à l'orientation de l'avenir[82]. »

Par-delà ses différences d'avec celui de Heidegger ou du programme du Jour de l'art allemand, le propos demeurait identique dans sa structure : parce qu'il est projet du passé dans l'avenir qu'il engage, l'art a valeur « destinale ». Il acquiert toute sa puissance d'éveil et de formation dès lors qu'il est remémoré, c'est-à-dire qu'il se présente comme sa répétition et récapitulation visible.

Le Temple

Si le cortège de l'Art allemand paraissait comme une émanation vivante du nouveau musée, celui-ci se présentait comme le Temple irradiant la vérité immanente à ses œuvres. Lorsque Mussolini, en septembre 1937, visita en compagnie de son hôte la première Grande Exposition, les vestales qui gardaient le Temple de l'art allemand confirmaient à la fois la réelle sacralité du lieu et son pouvoir de rendre le mythe vivant *[fig.50]*. De ce Temple, Hitler avait confié la réalisation à Troost, l'architecte dont il partageait la fascination pour le néoclassicisme, qui lui semblait prolonger la tradition allemande et

50. La garde du Temple
de l'art allemand lors
de la visite de Mussolini
à Munich, septembre 1937,
photo H. Hoffmann.

s'harmoniser avec les bâtiments construits à Munich par le roi mécène Louis Ier. Au même moment, à Paris, les architectes Boileau, Carlu et Azéma justifiaient le néoclassicisme du nouveau Trocadéro qui allait dominer l'Exposition universelle de 1937 : ils prétendaient « retrouver pour le nouveau monument des lignes qui, malgré leur modernisme, soient bien dans la tradition monumentale française et dans l'harmonie parisienne[83] ». Ainsi entendaient-ils « léguer aux générations futures un des monuments les plus significatifs des tendances spirituelles et esthétiques de notre temps », tandis que Hitler expliquait à Albert Speer qu'il construisait « pour léguer à la postérité le génie de son époque[84] ».

C'était Troost déjà qui avait dessiné les temples des Héros, dont l'exemple devait rayonner sur un peuple entier depuis la Königsplatz de Munich. Ainsi s'affirmait mieux encore le lien symbolique qui unissait ces deux « gardes éternelles », celle des morts et celle de l'art vivant. Derrière sa colonnade néodorique inspirée des esquisses que Hitler avait dessinées dix ans plus tôt[85], ce qu'abritait désormais annuellement ce Temple était en effet, peint et sculpté, l'éternel génie de la race dans son actualité.

La production visible de cette âme éternelle dont regorgeaient les discours des dirigeants depuis quatre ans n'était pas une mince affaire. Elle semblait cependant si essentielle à Hitler qu'à chacun des discours qu'il tenait sur l'art depuis 1933, il donnait le sentiment qu'il en allait de la survie du national-socialisme. Après avoir lu celui que le Führer venait de prononcer à Nuremberg en septembre 1933, Thomas Mann notait dans son *Journal*, avec une certaine stupeur, que jamais aucun homme d'État ne s'était arrogé comme Hitler « le droit de jouer de cette manière les professeurs de tout un peuple et même de l'humanité ». Il voyait assez justement en Hitler l'« expression de la petite classe moyenne, ayant une formation d'école élémentaire, qui s'est mise à philosopher ». Il n'avait « absolument aucun doute que son affaire principale, contrairement à des types comme Göring et

Röhm, n'[était] pas la guerre, mais la "culture allemande" ». Ni Napoléon ni Bismarck n'avaient « prescrit du haut d'une chaire à la nation une théorie de la culture, un programme de la culture, bien que leur capacité intellectuelle les eût rendus incomparablement plus aptes à le faire que ce pauvre garçon ». Il observait, sidéré, comment l'« État totalitaire » n'était pas seulement « une base de pouvoir », mais englobait tout et dirigeait « même la culture et en premier lieu elle », exerçant de façon dictatoriale son pouvoir de la réduire « à ses concepts acquis de façon autodidacte dans une lutte brûlante et par des lectures épouvantablement lacunaires[86] ». C'était en effet ce caractère « lacunaire » qui faisait, si l'on peut dire, le fond de la conception nazie de la culture. Et c'est aussi ce qui peut rendre compte négativement de l'adhésion de tant d'intellectuels : comme devant une esquisse romantique, ils comblaient d'eux-mêmes et par leur propre pensée les manques et l'inachèvement de la « vision du monde » nazie. Celle-ci invoquait le sublime pour justifier ses manques et se donnait pour tâche l'affirmation d'une plénitude écrasante qui les compenserait. Mais ses lacunes étaient précisément les abîmes où elle faisait disparaître toute altérité à elle-même, comme son « romantisme d'acier » éliminait toute ironie romantique. On verra plus loin comment l'exposition de l'« Art dégénéré », ouverte en 1937, au lendemain de celle de la Maison de l'art allemand, constituait le spectaculaire symptôme de cette culture lacunaire.

La sélection des œuvres jugées dignes de figurer dans la première Grande Exposition d'art allemand se fit selon la même logique qui présidait à la sélection des hommes qui devaient former l'élite de la *Volksgemeinschaft* : la purification selon l'Idée. Présidé par Adolf Ziegler, un jury de neuf membres, où figuraient entre autres Arno Breker et Gerdy Troost, devait effectuer une présélection de 1 500 œuvres parmi les 15 000 envois. Le 5 juin, ayant examiné avec Hitler le choix du jury, Goebbels notait dans son journal que si la sculpture semblait acceptable, une bonne part de la peinture était catastrophique. « Des

exemples désolants de bolchevisme artistique m'ont été soumis [...].
Le Führer écume de rage. » Ce fut son photographe Heinrich Hoffmann qu'il chargea de refaire la sélection. Le 13 juillet, lors d'une
nouvelle visite en compagnie de Goebbels, Gerdy Troost, Adolf Wagner, Ziegler et bien sûr de Hoffmann, « l'œil du Führer », les 600
œuvres retenues satisfaisaient enfin son attente. Toute trace de
« judéo-bolchevisme » dans l'« Art allemand », soit de tout ce qui semblait pouvoir altérer l'identité d'une *Volksgemeinschaft* racialement
saine, avait été éliminée.

La sélection ne devenait toutefois intelligible que si l'on comprenait qu'il s'agissait d'abord d'un pari sur le temps et sur l'éternité.
Une part importante de l'avenir du mythe nazi était ici en jeu : par la
reproduction et la diffusion massive de ces images qui allaient inonder
l'Allemagne, c'était de la maîtrise de l'imaginaire d'un peuple qu'il
fallait s'assurer. « Plus que jamais, écrivait en 1939 le politologue
français Anatole de Monzie, les hommes ont besoin d'images. Il leur
en faut pour orienter leur curiosité, approvisionner leurs mémoires,
soutenir leurs enthousiasmes et leurs approbations[87]. » Tel était exactement le rôle assigné à ce temple : recharger la mémoire du peuple
allemand pour qu'il se conformât à ces images dans sa remise en
marche. Il devait suffire au peuple d'entrer dans l'enceinte sacrée pour
guérir de son mauvais rêve juif, grâce à la sélection d'images
conformes aux rêves des « grands Allemands » qui déterminaient son
destin. Ainsi l'image constituait-elle une double médiation, avec le
passé et avec l'avenir de la race : elle donnait accès à son rêve génial,
originaire producteur de ses visions et, simultanément, elle se donnait
comme la présentation et projection visible de son destin futur.

Le Temple abritait donc ce génie producteur, que le lexique nazi
désignait aussi bien comme l'âme éternelle de la race. Walter Otto
avait rappelé les origines romaines du concept de *genius* : il serait la
représentation de l'âme immortelle, soit, commentait Otto Rank, de
cette part du sujet qui peut « engendrer *(gignere)* ce qui est immortel,

que ce soit un enfant ou une œuvre ». D'une acception d'abord strictement individuelle, équivalente au *ka* égyptien ou au *daïmôn* grec, le *genius* en était venu, « dans une culture fondée sur les droits du père, à signifier la puissance de reproduction de la communauté, capable d'engendrer *(gignere)* et d'assurer ainsi son immortalité[88] ». Que l'hypothèse fût philologiquement fondée ou non, c'était ce concept de l'âme éternelle comme génie protecteur de la race qui faisait le cœur de la doctrine national-socialiste – et qui s'effectuait d'abord dans l'art et comme art.

Tandis que la sculpture n'offrait généralement au génie que le vêtement de la figure humaine, la peinture lui offrait l'occasion d'emprunter aussi le manteau du paysage pour se révéler à son peuple. Le professeur et architecte Schultze-Naumburg, l'un des grands idéologues *völkisch* de l'art dont on verra l'immense influence, avait formulé dès le début du siècle sa théorie d'une « culture du visible *(Kultur des Sichtbaren)* ». Celle-ci n'englobait « pas seulement les maisons et les monuments, les ponts et les routes, mais aussi les vêtements et les formes sociales, les forêts et l'élevage du bétail, les machines et la défense du territoire ». Depuis des dizaines d'années, le peuple et le pouvoir avaient ensemble façonné la physionomie du pays, lui donnant son unité. Il ne s'agissait pas d'une œuvre de raison ni de logique, mais d'une mise en forme *(Gestalten)* spontanée de la réalité selon l'Idée du *genius* allemand. La longue série des *Kulturarbeiten* qu'il introduisait ainsi se donnait pour but d'« ouvrir les yeux » des Allemands sur ce fait

« que le jugement de notre regard conscient ne se prononce pas seulement sur ce qui est "beau et laid", mais aussi sur ce qui est "bon et mauvais", dans les deux sens [des termes], c'est-à-dire "pratiquement utilisable et inutilisable" et "moralement bon et mauvais" ; et que l'œil n'a pas besoin de tirer son jugement de la pensée langagière, dans laquelle nous sommes habitués à découvrir la seule pensée "logique"[89] ».

Aussi Schultze-Naumburg fondait-il ses ouvrages sur des photographies d'« exemples » et de « contre-exemples » qui devaient éduquer l'œil, afin d'assurer la conservation et la propagation des productions culturelles allemandes que seul le regard allemand pouvait juger belles, bonnes et utiles au peuple allemand. Le principe normatif de l'*Entscheidung*, qui allait devenir le principe de l'exercice nazi du pouvoir, trouvait ici sa première formulation.

De son côté, l'éminent historien de l'art Heinrich Wölfflin avait distingué dans la production des beaux-arts, « outre le style individuel », « un *style d'école*, un *style de pays*, un *style de race* ». Pour parler d'un « style national », il fallait certes d'abord « avoir fixé quels traits durables il comporte », puisque le caractère d'une époque pouvait en modifier certains aspects ; mais Wölfflin n'hésitait pas à conclure à la permanence de « caractères nationaux » : « Les schèmes de la vision diffèrent d'une nation à l'autre. Il y a, dans l'art de la présentation, une manière propre aux Italiens, une autre propre aux Allemands, et elles subsistent toujours semblables à travers les siècles. » Toute histoire de la vision et de la présentation conduisait donc « au-delà de l'art ». Car dans cet ordre de la vision, toutes les différences nationales étaient « plus qu'une simple affaire de goût » : « Elles conditionnent les principes qui commandent l'image qu'un certain peuple se fait du monde, et elles sont conditionnées par eux. » Dans la « révision en guise d'épilogue » qu'il ajoutait en 1933 à ses *Principes fondamentaux de l'histoire de l'art*, il niait qu'il fût possible d'établir une histoire autonome de la vision. Il postulait au contraire l'existence d'*histoires nationales de la vision*, déterminées par des processus internes « toujours régis par les exigences d'un temps et d'une race[90] ».

Dans son principe, le discours nazi sur l'art – et celui de Hitler en particulier – différait tout à la fois assez peu et beaucoup de celui de Wölfflin, qui patronnait depuis 1929, avec d'autres éminents professeurs d'université, l'Union de combat pour la culture allemande *(Kampfbund für deutsche Kultur)* de Rosenberg*[91].

La *Weltanschauung* nazie trouvait certes chez Wölfflin ses titres de noblesse, cherchant, comme lui et comme bien d'autres, à parvenir à « l'établissement d'un type national d'imagination[92] ». Mais tandis que Wölfflin maintenait prudemment la détermination de la vision par l'« esprit du temps *(Zeitgeist)* », le nazisme ne retenait que la détermination par la race, dont il postulait l'éternité ou l'identité transhistorique à elle-même qui était la négation de l'histoire. Le *Zeitgeist* se résorbait tout entier dans le *Volksgeist*, comme dans l'affirmation plus tardive (1927) de Worringer que le gothique n'était « pas un phénomène lié au temps mais, dans sa nature la plus profonde, à une race[93] ».

Le choix des innombrables paysages allemands qui furent exposés dans le Temple *[fig.51 à 54]* répondait à cette volonté d'établir un tel « type national d'imagination », capable d'assurer la formation d'un jugement qui devait être immédiatement esthétique, éthique et pratique à la fois. Ils renvoyaient au peuple l'image d'un monde qu'il avait lui-même façonné depuis longtemps par son travail, de sorte que son génie en avait imprégné tous les traits. Comme l'affirmait Oskar Hagen : « Le paysage allemand est un autoportrait de l'âme. L'âme n'exprime toute sa beauté que là où son corps s'est épuisé jusqu'à l'anéantissement[94]. » Tandis que la subjectivité de l'artiste romantique faisait de la peinture de paysage le voile au travers duquel transparaissait son génie individuel, ici encore, comme dans tous les domaines sur lesquels l'idéologie national-socialiste étendait son emprise, ce que le romantisme avait énoncé des liens qui unissaient le paysage à l'esprit de l'individu était transféré à l'esprit collectif de la race, du peuple ou de la nation.

---

*. L'Union de combat pour la culture allemande était une émanation de la Société national-socialiste pour la Culture allemande, qui s'était donné pour but dans ses statuts « d'éclairer le peuple allemand sur les liens entre la race, l'art, la science, les valeurs morales et militaires » (voir H. Brenner, *La Politique artistique du national-socialisme*, p. 18-20).

51. Karl Alexander Flügel,
La Moisson, v. 1938,
huile sur toile.

52. Oskar Graf, *Limburg an
der Lahn*, v. 1940.

53. Karl Hennemann, *Champ labouré*, s. d, bois gravé.

54. Erwin Puchinger,
Scierie en haute montagne, s. d, huile sur toile.

55. Michael Mathias Kiefer,
Mer du Nord, 1942,
huile sur toile.

Le romantisme, rappelle Jean-Claude Lebensztejn, était « un désir et une stratégie de fusion organique », de sorte que « la nature et le sentiment, le sujet et l'objet se lient indissolublement[95] ». L'idéologie nazie conservait certes la fusion romantique, mais en en retranchant tout caractère de métaphore. Car s'il existait pour Hagen, Rosenberg ou Schultze-Naumburg une « vision allemande », elle devait s'exprimer *corps et âme* dans le paysage conçu comme le prolongement organique de son génie. Par le sacrifice séculaire de son labeur, le peuple allemand s'était incorporé au paysage qu'il façonnait, le transfigurant en ce corps collectif de son âme collective. (La banalité de ces énoncés, lieux communs des guides touristiques de l'Europe d'aujourd'hui, n'est que le symptôme de la banalité d'une part de l'idéologie *Blut und Boden* [sang et sol], qui a imprégné la gestion du regard des masses avides de singularités et d'identités culturelles.)

Une fois la peinture de paysage définie comme l'autoportrait du génie d'un peuple créateur, tout paysage devenait acceptable pourvu qu'il parût manifestement travaillé par l'homme qui le remodelait : le paysage de forêt, de montagne ou de champ par le paysan, la marine ou le paysage portuaire par le pêcheur, le marin ou le docker. Mais la seule présence d'une figure symbolique suffisait parfois à transfigurer un paysage assez neutre en autoportrait de l'âme allemande, tels ces aigles planant au-dessus du territoire dont ils assuraient la « garde *(Wache)* » *[fig.55]*. Pourtant, le paysage pouvait être aussi celui de la « pure nature » qui déterminait la destinée humaine, et qui se présentait à la fois comme l'école du combat et comme objet de la domination. En 1941, Schultze-Naumburg rénovait le concept de paysage héroïque : depuis les classiques paysages à figures du « normand Poussin et du fribourgeois *[sic]* Claude Lorrain », ce genre du paysage héroïque s'était, affirmait-il, profondément modifié. Ainsi les paysages italiens de Hermann Urban, où les édifices construits par des hommes jamais visibles tenaient farouchement tête aux forces hostiles de la nature · « La parole d'Héraclite – "La guerre est mère de toutes choses" – acquiert à la lumière de notre actuelle *Weltanschauung* une signification nouvelle. Nous savons que la vie entière est un combat et le spectacle de la nature dans son ensemble nous montre que tout être vivant ne peut se maintenir en vie que par le combat[96]. » Mais ce combat pour la vie du génie « fondateur de culture » ne s'exprimait jamais mieux que dans les paysages de chantiers mis en œuvre par le Troisième Reich. Depuis les images des grandes carrières* d'où étaient extraits les blocs de « pierres allemandes » qui devaient donner corps aux monuments du Reich éternel *[fig.56]*, jusqu'à celles des ponts et des chaussées des routes du Führer *[fig.57]*, les paysages plus héroïques encore de ces chantiers constituaient à l'évidence la plus souveraine affirmation de la théorie du paysage-autoportrait et de sa validité. Il n'y avait de la sorte aucune solution de continuité entre la plus archaïque version « paysanne » des valeurs de la terre et du sang et la version la plus moderne qu'exaltait l'ingénieur.

Un an avant l'accession des nazis au pouvoir, Ernst Jünger observait que le monde alentour se divisait selon deux logiques distinctes et qu'il opposait l'une à l'autre, celle du musée et celle du chantier :

> « Nous vivons dans un monde qui d'un côté ressemble tout à fait à un chantier et de l'autre tout à fait à un musée. [...] Nous sommes parvenus à une sorte de fétichisme historique qui se trouve en rapport direct avec le manque de force créatrice. Aussi est-ce une pensée consolante que, par suite du développement de grandioses moyens de destruction, une espèce de correspondance secrète accompagne l'accumulation et la conservation de ce qu'on nomme le patrimoine culturel. »

Aux yeux de ce « moderniste réactionnaire[97] » qui élaborait la figure du Travailleur dans la mouvance nationaliste du groupe de la

---

* Ici, la peinture n'anticipait pas un monde idéal, elle mentait simplement : ce n'étaient pas des travailleurs ordinaires qui étaient employés dans ces carrières du Reich, mais des prisonniers des camps.

56. Albert Janesch,
La Carrière, v. 1940-1941,
huile sur toile.

57. Carl Theodor Protzen,
Pont d'autoroute
près de Cologne.

Tat et du national-bolchevisme, l'activité muséale n'était « que l'une des dernières oasis de la sécurité bourgeoise », une échappatoire « pour se soustraire à la décision politique ». La situation exigeait non de « parler de tradition, mais d'en créer une ». Il en appelait cependant à la « forme *vivante* » de la tradition, celle qui exige d'assumer une « responsabilité non vis-à-vis des répliques d'anciennes images, mais directement vis-à-vis de la force originelle qui les engendre ». Jünger condamnait les « efforts d'une catégorie d'artistes pour transposer les vieilles recettes en une sorte d'art de la *Weltanschauung* », « échappatoire habituelle » à l'absence de talent. Il leur opposait le « paysage de chantiers qui exige sacrifice et humilité de la génération qui s'y consume », selon un processus qui exigeait « une fusion toujours plus étroite des forces organiques et des forces mécaniques[98] ».

La représentation de cette fusion, qu'il avait nommée la « construction organique », avait elle aussi droit de cité dans le Temple de l'art allemand nazi. Mais tandis que Jünger avait en vue un art qui serait le Chantier même, englobant « tous les domaines de la vie », le Temple offrait au peuple allemand les représentations de ses chantiers réels. Toute stratégie de rupture se dissolvait ainsi au profit de la continuité : car loin de s'opposer à l'activité muséale, le chantier la prolongeait au contraire. Représenté dans sa limitation concrète, il trouvait ici sa place et s'intégrait en tant que tel au patrimoine national, aux côtés des « répliques d'anciennes images ». Et dans son ouvrage *L'Art allemand d'aujourd'hui*, Werner Rittich pouvait mettre en parallèle une vue de *Meissen avec l'Albrechtsburg* par Karl Leipold et *Les Usines du Reich Hermann-Göring en construction* de Franz Gerwin *(cf. fig.97)* : pour l'histoire de l'art officielle du régime comme pour Le Corbusier en France, cheminées et hautes citernes étaient les cathédrales et les châteaux modernes.

Le chantier s'intégrait au culte du travail en général, qui prolongeait le culte de l'art et l'englobait dans l'adoration du « travail créateur », par lequel et dans lequel s'affirmait le génie collectif. Ainsi les images de ces grands chantiers qu'étaient les usines, les constructions et les autoroutes du Führer exaltaient-elles la puissance du génie créateur allemand, se réalisant lui-même comme paysage organiquement construit à sa mesure actuelle. Elles ne s'opposaient pas aux images d'un village médiéval ou d'un champ labouré par un cheval de trait : elles constituaient, bien au contraire, les preuves de la continuité de l'« esprit faustien » de la race.

Dans un ouvrage consacré aux images de l'univers industriel qui se construisait alors (ouvrage publié pour le 50e anniversaire du ministre et ingénieur Fritz Todt), Wilhelm Rüdiger soulignait les liens « éternels » de l'art à la technique :

> « Ces deux puissances issues des mêmes racines originelles et qui, depuis leur scission, semblent se tenir face à face dans une irréconciliable hostilité, sont dans les dessins techniques de Léonard si proches l'une de l'autre qu'elles paraissent enlacées et unifiées. [...] Penser et regarder ne sont pas encore séparés chez Léonard. [...] De l'artiste sort le technicien, du regardeur le penseur, du créateur *(Bildner)* le calculateur. Les passages sont ici fluides, chaque représentation joue imperceptiblement dans les autres[99]. »

Ce *passage fluide* de l'artiste à l'ingénieur était celui de l'Idée et de la vision à leur réalisation concrète. Ainsi le même génie créateur de la race pouvait-il s'incorporer maintenant dans l'univers technique comme autrefois dans le paysage renaissant ou romantique. Mais si la peinture national-socialiste avait le devoir de conserver et répéter les images du passé, elle devait s'approprier aussi le nouveau paysage industriel pour montrer à la technique comment s'affirmer enfin dans la fidélité à son origine artistique : « Le métier de l'artiste consiste à retrouver l'unité », afin que le bâtiment industriel ne figure plus dans le paysage comme un « corps étranger[100] ».

L'ensemble des « paysages allemands » réunis dans le Temple, aussi hétérogène fût-il – tant au plan stylistique qu'à celui de ses thématiques –, avait donc pour tâche de former le regard qui, en retour, lui donnerait son unité. C'était un regard que Schultze-Naumburg appelait de ses vœux dès le début du siècle, un regard capable de se prononcer sur ce qu'il jugeait « beau », « bon » et « pratiquement utilisable » pour l'avenir du peuple allemand. Hitler aussi en était convaincu : « Les canons de la beauté parfaite découlent logiquement, en dernière analyse, de l'utilité[101]. »

Si les paysages constituaient la plus importante proportion d'œuvres peintes, la sculpture pouvait, autant que la peinture, exposer ou produire le génie collectif sous les traits de la figure humaine. C'était évidemment là que se donnait le mieux à voir la conception raciste du génie. La sélection des figures semblait s'être donné pour but de rassembler dans le Temple des exemplaires de ses incarnations successives dans l'histoire. S'il incombait au Reich *völkisch*, comme l'avait dit *Mein Kampf*, de « comprendre tous les Allemands » et de « réunir et conserver les réserves les plus précieuses que ce peuple possède en éléments primitifs de sa race[102] », à cette sélection du présent de la race, le Reich *völkisch* devait ajouter la sélection de l'humanité allemande racialement pure depuis ses origines. Seules les images de l'art pouvaient produire cette épopée du génie aryen à travers ses métamorphoses.

C'est pourquoi ce génie devait s'habiller d'un corps capable de manifester immédiatement son caractère éternel. La nudité fut à cet égard, tout au long du régime, le signe le plus efficace. Elle remplissait d'abord une évidente fonction de modèle pour une communauté tout entière fondée sur l'eugénisme. Elle présentait ensuite ce double avantage d'ancrer visiblement l'histoire de la communauté dans son passé grec et, simultanément, de soustraire l'image de la communauté à toute temporalité historique concrète que lui donnait inévitablement le vêtement. Les corps *Prêts au combat* de Josef Riedl *[fig.58]*, du *Départ du combattant* d'Arno Breker *[fig.59]*, mais aussi de *La Jeune*

58. Josef Riedl,
Prêt au combat.

59. Arno Breker,
*Départ du
combattant,*
v. 1940, plâtre pour
un relief de pierre.

60. Walter Hoeck,
*La Jeune
Allemagne,*
peinture de la salle
des pas perdus
de la gare
de Braunschweig.

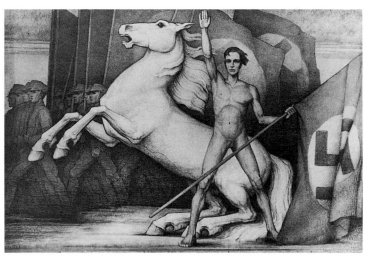

61. Wilhelm Dohme,
sgraffite de la cathédrale
de Braunschweig, détail.

62. Willy Meller, détail
d'un relief, hall d'entrée
de l'Ordensburg
de Crössinsee, 1939.

Allemagne [fig.60] de Walter Hoeck, montraient comment la même jeunesse renaissait toujours à elle-même pour défendre la culture aryenne avec la même puissance que celle des Grecs autrefois.

À ce premier et sommaire habillage de l'âme éternelle s'ajoutait un second mode de signifier l'ipséité germano-nordique ou aryenne : le rassemblement de tous les moments historiques, de toutes les temporalités qui étaient supposés en produire visiblement l'essence. Ici au contraire, le vêtement devenait l'indispensable signe de l'identité du génie à lui-même dans l'histoire et malgré l'histoire, car ce génie ne pouvait s'identifier qu'en s'appropriant les étapes successives de son déploiement. La même aryanité transitait donc par le Moyen Âge vaguement assyrien de Wilhelm Dohme *[fig.61]*, par la Grèce classique de Meller *[fig.62]*, le Moyen Âge plus tardif de Rudolf Otto *[fig.63]*, la Renaissance *völkisch* et révolutionnaire à la fois de Bürkle *[fig.64]*, pour habiter enfin les vêtements du *Dernier Grenadier* d'Elk Eber *[fig.65]*. Partant à la conquête de l'éternité du génie créateur de la race, les artistes soumis au *Führerprinzip* étaient saisis d'une fureur mimétique irrépressible qui les conduisait à l'imitation de tous les styles historiques afin de construire et produire, en images, le mythe de cette éternité.

Dès 1934 – et peu après la Nuit des longs couteaux qui devait mettre un terme à la révolution nationale –, Hitler avait voulu rejeter de l'art du Troisième Reich, en même temps que les tendances expressionnistes soutenues par Goebbels, les tendances *völkisch* que défendaient Rosenberg et Himmler[103]. Il avait mis en garde les partisans d'un « "art teuton *(theutsche Kunst)*" issu du monde bizarre de leurs propres représentations romantiques de la Révolution national-socialiste » :

« Ils n'ont jamais été national-socialistes. Tantôt ils habitaient, dans leurs ermitages, un monde germanique de rêve qui faisait rire même les Juifs, tantôt ils trottaient, bravement et pieusement, au milieu des cortèges sacrés d'une Renaissance bourgeoise. [...] Il leur a complètement échappé que le national-socialisme repose sur

63. Rudolf Otto,
Prêt au combat, s. d.,
huile sur toile.

64. Albert Bürkle,
Paysan au combat,
s. d., huile sur toile.

65. Elk Eber,
Le Dernier Grenadier,
1937, huile sur toile.

66. Hubert Lanzinger,
*Portrait du Führer
(Le Protecteur
de l'art allemand)*,
1934 ou 1936, huile sur toile.

des connaissances fondées sur le sang et non sur des traditions archaïques. […] Aussi nous offrent-ils aujourd'hui des gares dans le style original de la Renaissance allemande, des plaques de rues et des caractères de machine à écrire en lettres authentiquement gothiques, des textes de chants librement adaptés de Walther von der Vogelweide, des créations de mode du genre Faust et Marguerite, des tableaux à la manière du *Trompette* de Säckingen, et peut-être des haches et des arbalètes en guise d'armes et de défense[104]. »

Malgré cette condamnation publique du courant *völkisch*, Hitler sélectionnait moins de trois ans plus tard, outre *L'Éveil* (dans le mythe) de son protégé Richard Klein, le *Portrait du Führer* de Hubert Lanzinger qui le représentait en armure, chevalier portant haut l'étendard de la culture allemande *[fig.66]*. Le soutien qu'il avait apporté au cortège largement *völkisch* du Jour de l'art allemand et la joie qu'il en eut, la sélection des œuvres pour les Grandes Expositions des années qui suivirent, sa fascination ininterrompue pour le monde wagnérien, tout cela témoigne du fait que, loin d'en être exclue, cette version du mythe nazi continua de coexister, dans l'imaginaire de Hitler comme dans l'espace du Temple et dans l'Allemagne entière, avec ses versions antiquisantes et modernistes.

On ne saurait trop souligner le caractère rigoureusement fonctionnel de cette coexistence des images. Elle avait d'ailleurs son équivalent dans la coexistence de trois types d'architecture distincts, que Hitler maintenait sciemment côte à côte en raison des fonctions spécifiques qu'ils avaient à remplir dans la nouvelle Allemagne. Un jour de 1938, alors qu'il visitait avec Speer une usine moderne, Hitler lui « déclara une fois de plus être acquis à l'architecture moderne de verre et d'acier » :

« Regardez cette façade de plus de trois cents mètres. Les proportions en sont bien belles. Elle a d'autres critères qu'un forum du Parti. Ces derniers sont, par leur style dorique, l'expression de l'ordre nouveau, tandis qu'ici prévaut forcément la solution technique. Seulement, s'il se trouve un de ces architectes prétendus modernes pour me raconter qu'il faut bâtir des maisons et des hôtels de ville en style industriel, je dirai que celui-là n'a rien compris. Ce n'est pas moderne mais de mauvais goût et contrevient en plus aux lois éternelles de l'architectonique. Le lieu de travail requiert de la lumière, de l'air et des installations fonctionnelles ; d'un hôtel de ville j'attends de la dignité, d'une maison d'habitation la quiétude, qui sache m'armer pour le difficile combat de la vie. Imaginez un peu un arbre de Noël se détachant sur un mur de verre, Speer ! Impossible ! L'existence a des exigences multiples : nous devons en tenir compte ici comme ailleurs[105]. »

Il n'y avait à ses yeux ni contradiction, ni même tension entre ces trois types. Et ce « fonctionnalisme », loin de caractériser le nazisme, s'exprimait dans des termes analogues sous la plume de Fernand Léger, la même année 1938 :

« Est-il possible de concevoir, sous la même formule d'art, la conception habitation, usine, monument ? [...] L'architecture s'adresse à l'homme moyen. Suivons-le. Il sort de chez lui, il va à son usine ou à son bureau et il passe devant un palais, ou un monument, ou une usine. Il peut difficilement concevoir que ces trois édifices se ressemblent. Entre l'intimité de son appartement, le rationnel de l'usine et le besoin spectaculaire probable du monument, il y a place, je crois, pour trois manières[106]. »

Sous le Troisième Reich, le néoclassicisme s'imposait pour répondre aux exigences « de grandeur et de noblesse » des bâtiments officiels ; le style vernaculaire, pendant architectural de la peinture *völkisch*, était recommandé dans la construction des fermes, des auberges de jeunesse et, dans la mesure du possible, des maisons par-

67. Albert Speer, maquette
du Grand Dôme pour
Berlin-Germania,
printemps 1940.

68. Karl Schönig, Auberge
de jeunesse, Husum.

69. Hermann Brenner
et Werner Deutschmann,
Station d'essais
aéronautiques : la turbine
et la salle de montage.

ticulières *[fig.67-68]* ; quant aux bâtiments industriels, dont la modernité, voire la hardiesse de certains, n'a jamais été contestée *[fig.69]*, Hitler leur avait assigné, dès son discours de 1933 à Nuremberg, la tâche de représenter « les monuments spirituels » modernes : « Utilisant des matériaux nouveaux comme l'acier, le fer, le verre, le béton etc., l'évolution prendra forcément un chemin conforme au but des constructions et correspondant à ces matériaux[107]. »

Ainsi se déployait, sur le territoire de l'Allemagne comme dans son Temple, la totalité du génie de la race, non dans sa diversité, mais bien dans son éternité comprise comme permanence : ses temporalités multiples jusqu'alors dispersées dans l'histoire coexistaient maintenant, dans un même espace, les unes avec les autres. Le génie allemand, germano-nordique ou aryen, traçait son autoportrait aux dimensions de sa puissance, rendant visible ce que Hitler nommait sa « substance vivante ». Ce génie rassemblé devait enfin s'y sentir « un avec lui-même », dans une Culture que Hitler avait définie comme « fondée sur l'esprit grec et la technique allemande[108] ». Il n'y avait dans tout cela nul éclectisme, mais bien plutôt un postmodernisme avant la lettre : l'histoire s'annulait dans le catalogue.

Car ce catalogue ne cherchait pas à donner une représentation complète de l'histoire. Comme devant tout objet qu'il appréhendait par sa face visible, le nazisme exerçait son jugement pour ne conserver que ce qu'il estimait « beau », « bon » et « pratiquement utilisable » pour la race. Son modèle de fabrication de l'idéal était celui de l'esthétique néoclassique : il ne sélectionnait, selon l'« Idée » national-socialiste, que les fragments de son histoire visible nécessaires à la fabrication de « l'idéal de beauté allemand », qui serait l'incarnation de son éternité. Une fois reconstitué dans toutes ses parties saines le corps du dieu national morcelé par le temps, l'exposition du génie protecteur visait à sa reproduction intensive.

IV

La reproduction du génie

Qui ne voit dans le national-socialisme qu'un mouvement politique ne sait rien de lui. Il est plus qu'une religion : il est la volonté de créer un homme nouveau.

A. Hitler[1]

L'un des aspects les plus remarquables du nazisme fut certainement le lien qu'il établit entre « l'idéal de beauté allemand », dont les siècles auraient produit l'image, et la fabrication d'une humanité supérieure, selon un savoir et des techniques qui appartenaient à l'eugénisme de son siècle. Avec Hitler, notait Joachim Fest, « tout cynisme et tout calcul dans la tactique du pouvoir s'arrêtaient devant cette vision : l'Homme nouveau[2] ». Il se désolait, dans *Mein Kampf*, que le peuple allemand n'eût « plus pour base une race homogène », en raison du « contact avec des corps politiques non allemands le long des régions frontalières » ; mais il se réjouissait de l'« absence d'un mélange intégral » : « Nous possédons encore aujourd'hui dans notre peuple allemand de grandes réserves d'hommes de la race germanique du Nord, dont le sang est resté sans mélange et que nous pouvons considérer comme le trésor le plus précieux pour notre avenir. » Sans ces réserves pures, « le but suprême de l'humanité » serait demeuré inaccessible aux Allemands, car « les seuls supports que le destin a visiblement élus pour cet accomplissement auraient sombré dans la bouillie de races que forme un peuple unifié[3] ». Conscient du fait qu'un tel « mélange informe signifierait la mort de tout idéal en ce monde », l'État *völkisch* devait « faire de la race le centre de la vie de la communauté ». Sa double tâche était de « prendre soin que seul l'individu sain procrée des enfants » (de sorte que soient créés des « êtres à l'Image du Seigneur et non des monstres qui tiennent le milieu entre l'homme et le singe »), et d'interdire par stérilisation la reproduction de « tout individu notoirement malade ou atteint de tares héréditaires ». Une éducation appropriée devait permettre qu'« enfin toute la nation participe à ce bien suprême : une race obtenue selon les règles de l'eugénisme ». Alors, « *les hommes ne chercheront plus à améliorer par l'élevage les espèces canines, chevalines ou félines ; ils chercheront à améliorer la race humaine[4]* ». Mais cette double tâche qui incombait à l'État *völkisch*, Hitler l'avait définie plus durement encore dès les premières pages de *Mein Kampf* : « *Établir des bases meilleures de notre développement en s'inspirant d'un profond sentiment de responsabilité sociale. Anéantir avec une décision brutale les rejetons non améliorables.* » Au lieu de chercher inutilement l'amélioration des « mauvais côtés du présent », mieux valait « préparer des voies plus saines au développement futur de l'homme en le prenant à ses débuts[5] ».

En 1935, le Dr Alexis Carrel, prix Nobel de médecine, publiait simultanément à Paris, New York et Londres *L'Homme, cet inconnu*, un livre qui connut un immense succès populaire. Émigré aux États-Unis, ce médecin français prônait « la restauration de l'homme suivant les règles de sa nature ». Pour lui comme pour Walther Darré, l'existence de classes sociales n'était ni « l'effet du hasard, ni de conventions sociales », elle avait « une base biologique profonde » ;

toutefois, si l'hérédité avait assigné à chacun sa place, il était maintenant «indispensable que les classes sociales [fussent] de plus en plus
des classes biologiques». C'était «la qualité de leurs tissus et de leur
âme» qui devait tracer le destin des individus dans le meilleur des
mondes : «L'inutilité de nos efforts pour améliorer les individus de
mauvaise qualité est devenue évidente. Il vaut beaucoup mieux faire
grandir ceux qui sont de bonne qualité. [...] Les peuples modernes,
ajoutait-il, peuvent se sauver par le développement des forts. Non par
la protection des faibles.» Aussi le Dr Carrel en appelait-il à la
«construction de l'élite» par le moyen d'un «eugénisme volontaire»
qui pouvait seul déterminer «une aristocratie héréditaire». Il se
réjouissait des récentes découvertes de la science : «Pour la première
fois dans l'histoire du monde, une civilisation, arrivée au début de son
déclin, peut discerner les causes de son mal.» Elle serait ainsi en
mesure d'éviter «la destinée commune à tous les grands peuples du
passé».

Il partageait avec Hitler la conviction que «tant que les qualités
héréditaires de la race seront intactes, la force et l'audace de leurs
ancêtres pourront se réveiller chez les hommes modernes». Mais il
s'interrogeait : «Sont-ils encore capables de le vouloir?» La «foule
immense des déficients et des criminels» lui posait un problème :
comment protéger la société, de façon économique, contre les éléments qui sont dangereux pour elle? «Un établissement euthana-
sique, pourvu de gaz appropriés, permettrait d'en disposer de façon
humaine et économique.» Il ne fallait «pas hésiter à ordonner la
société moderne par rapport à l'individu sain», car c'était après tout
«le but suprême de la civilisation» qui était en cause[6].

Ce qui distinguait ce discours de celui des nazis était pour l'essentiel son absence de nationalisme et d'antisémitisme. Mais il partageait
avec lui la conviction qu'aucune fabrication d'un homme nouveau ne
serait possible sans l'élimination de ce que Hitler nommait les «parties vermoulues» de l'humanité. Dans sa préface à l'édition améri-

caine de 1939, Carrel, rappelant les statistiques d'Edgar Hoover dénombrant aux États-Unis quelque 4 760 000 criminels, estimait que ce pays comportait « 30 ou 40 millions d'inadaptés et d'inadaptables ». La préface s'achevait par ces mots, repris du huitième chapitre : « Pour grandir de nouveau, l'homme est obligé de se refaire. Et il ne peut pas se refaire sans douleur. Car il est à la fois le marbre et le sculpteur. C'est de sa propre substance qu'il doit, à grands coups de marteau, faire voler les éclats afin de reprendre son vrai visage[7]. » La métaphore, qui s'appliquait au corps politique national chez Mussolini, devait selon Carrel s'incarner dans le corps biologique de l'espèce entière.

Mais les mesures de stérilisation légale que préconisait le Dr Carrel contre les malades mentaux et certains criminels étaient déjà en vigueur depuis 1907 dans l'Indiana (États-Unis) ; à la fin des années vingt, elles étaient appliquées dans vingt-huit États américains ainsi que dans une province du Canada. Quinze mille stérilisations furent ainsi effectuées aux États-Unis avant 1930 et plus de trente mille jusqu'en 1939. En Europe, la Suisse en 1928 et le Danemark en 1929 furent les pays pionniers en la matière. Après l'Allemagne en 1933, ce fut la Norvège en 1934, puis la Suède et la Finlande en 1935 qui adoptèrent successivement des lois semblables, suivies à leur tour par de nombreux États dans le monde[8].

Dans l'Allemagne nazie, les premières mesures qui devaient mener à la réalisation de la face « négative » du programme eugéniste furent prises dès le 2 juin 1933 : Wilhelm Frick, ministre de l'Intérieur, annonçait la création d'un comité d'experts pour les questions de population et pour la politique raciale. Il en émana la loi dite de stérilisation du 14 juillet 1933, qui visait à « la prévention de la progéniture héréditairement tarée *(Gesetz zur Verhütung erbkranken Nachwuchses)* ». La première année de son application, 56 244 décisions de stérilisation furent prises par 181 « tribunaux de la santé héréditaire ». Aux côtés de grands patrons de la médecine allemande (dont

Ernst Rüdin, élu l'année précédente à New York président de l'Association internationale des sociétés eugéniques), figuraient dans ce comité d'experts Walther Darré, le raciologue Hans F. K. Günther, Himmler, l'industriel Fritz Thyssen, Baldur von Schirach ainsi que le professeur Schultze-Naumburg. C'est à travers les ouvrages et les conférences de ce dernier, ainsi que des membres de son Cercle de Saaleck, comprenant notamment Walther Darré, que les liens les plus directs et parfois les plus surprenants furent établis « scientifiquement » entre l'art et la race. Mais ces liens s'intégraient pleinement à la *Weltanschauung* nazie qui se présentait comme un système de ponts constamment jetés entre l'imaginaire et le réel : toutes ses métaphores avaient pour vocation de prendre corps, et tous les corps devaient répondre des métaphores qui les définissaient, jusqu'à s'y conformer pleinement. Si, parmi les « voies plus saines » susceptibles d'améliorer la race, l'art tenait dans le national-socialisme une place éminente, c'était parce qu'il était investi par nombre de personnalités du régime d'un pouvoir eugénique très réel.

Schultze-Naumburg et l'autoreproduction de la race

Paul Schultze, qui joignit à son nom celui de sa ville natale, avait participé à la fondation des Sécessions de Berlin et de Munich en tant que peintre et sculpteur. S'étant tourné ensuite vers l'architecture et la décoration intérieure, il enseigna à l'École des beaux-arts de Weimar jusqu'en 1901, date à laquelle il fonda sa propre école d'art à Saaleck. Lié au Kunstwart d'Avenarius, qui avait publié ses *Kulturarbeiten*, ce fondateur de la Ligue de défense de la patrie *(Heimatschutz)* en 1904 s'intégra tout naturellement, au lendemain de la guerre, au courant culturel *völkisch*, nationaliste et antisémite. Dans les cercles wagnériens de Bayreuth, il rencontra d'abord Rosenberg, puis Hitler en 1926. Malgré les intrigues menées contre Schultze-Naumburg par l'épouse de Troost et l'irritation qui s'ensuivit de

Hitler à son égard, le maître de Saaleck demeura toujours l'un des plus fidèles « combattants culturels » du régime. Lorsqu'il prit sa retraite en 1940, il reçut un vibrant hommage écrit de la main même du Führer, tandis que le ministre Frick n'hésitait pas à dire que « son nom était un programme[9] ». Cofondateur en 1929 de l'Union de combat pour la culture allemande de Rosenberg, il fut nommé, après que les élections du 8 décembre 1929 eurent fait tomber le Land de Thuringe aux mains des nazis, à la direction de l'École supérieure des beaux-arts, d'architecture et d'artisanat de Weimar, avec pour mission d'en faire le « point central de la culture allemande[10] ». Dès sa prise de fonctions le 1er avril 1930, il fit détruire les peintures murales qu'Oskar Schlemmer avait réalisées dans les bâtiments qui avaient été ceux du Bauhaus. Élu du N.S.D.A.P. au Reichstag, Schultze-Naumburg allait rayonner de Weimar à Munich et à travers l'Allemagne entière, cherchant, par ses exemples et contre-exemples en images, à développer le « jugement visuel » des Allemands sur ce qui était « beau », « bon » et « pratiquement utilisable » pour la conservation et l'avenir de leur race : « La "mission" la plus élevée de l'art était de donner des "buts" à une époque, de rendre visible "l'image à atteindre", de façonner l'image future de la race. Ainsi les sculptures des cathédrales de Bamberg et de Naumburg devaient devenir le modèle de "la sélection raciale", de l'élevage humain[11]. » Ces thèses qu'il soutenait depuis les années vingt, il les avait élaborées notamment à partir des travaux de ses amis Hans Günther et Ludwig Ferdinand Clauss, deux des plus populaires « raciologues » nazis qui néanmoins se querellèrent, au début des années trente, sur la validité de leurs critères raciaux respectifs. Tandis que le premier soutenait[12] la valeur décisive de l'apparence physique dans la détermination d'une « race nordique » dont le « type idéal » s'imprimait dans l'art, le second lui opposait sa théorie de « l'âme raciale[13] » : une disjonction de l'âme et du corps était toujours possible ; une âme nordique pouvait habiter le corps d'une race non purement nordique, ce qui signifiait aussi que rien ne garantissait jamais qu'une « configuration corporelle » nordique abritât une « configuration psychique » elle aussi nordique. Cette disjonction du visible et de l'invisible, parfaitement hétérogène au dogme nazi de leur continuité, présentait évidemment l'avantage de justifier le plus grand arbitraire, celui qui s'exprimait par exemple dans la formule que Goering avait reprise de Lueger : « Je suis juge de qui est juif[14] », ou bien à travers la catégorie des « juifs par l'esprit ».

Mais ce principe de disjonction n'eut jamais droit de cité dans aucune des théories de l'art produites par les idéologues nazis. Par un simple regard porté sur la surface des objets de l'« art dégénéré », ces idéologues croyaient au contraire pouvoir lire comme à livre ouvert dans l'« âme » de leurs auteurs. Reproduisant dans son *Combat pour l'art* des photographies de peintures expressionnistes, Schultze-Naumburg exposait la loi d'inférence qui justifiait leur condamnation : « Celui qui découvre ici l'esprit de son esprit, c'est un jugement qu'il prononce sur lui-même ; il en dit au moins autant sur lui que sur l'objet qu'il évalue[15]. » La théorie du paysage-autoportrait qu'il avait esquissée dans ses *Kulturarbeiten* prenait maintenant les dimensions d'une théorie générale de l'art. C'était dans *Kunst und Rasse* (L'Art et la Race), le plus célèbre de ses ouvrages, qu'il en formulait l'exposition complète dont il faut donner ici les prémisses.

Ce n'était ni dans la forme de l'État ni dans la langue que se trouvait l'expression d'une race, comme le laissaient croire des formules telles que « race française », « race italienne » ou « race allemande ». Cette confusion, introduite par l'émergence historique des nations européennes, empêchait que l'on prît conscience qu'une langue commune pouvait représenter peut-être un groupement culturel, mais jamais « aucune similitude d'espèce *(Gleichartigkeit)* raciale, c'est-à-dire biologique ». Ôtez à un Allemand sa langue et transplantez-le dans une aire culturelle française ou italienne : son « phénotype » en sera peut-être un peu modifié, « mais ses propriétés corporelles et spirituelles seront conservées malgré tout par ses descendants ». La science avait en effet apporté la lumière de ses lois : le milieu ne modifiait pas les caractères héréditaires[16]. Dans les rapports que l'artiste entretenait avec son milieu, c'était toujours cet héritage biologique qui dominait : il se projetait nécessairement sur l'objet naturel qu'il représentait, quel qu'ait été son choix. La photographie et l'art avaient bien en commun le *choix* de l'objet, mais l'image technique ne fournissait que le miroir de l'objet. Il en allait tout différemment de la peinture, où ce n'était pas l'objet qui était reproduit, mais l'artiste qui se reproduisait : « La création spirituelle est elle aussi un processus de reproduction, qui est soumis aux mêmes déterminations que la reproduction purement corporelle. »

On se souvient que Baldur von Schirach opposait à la « réalité » photographique, qui ne rend compte que du présent, la « vérité » de la peinture tendue vers le futur. Schultze-Naumburg opposait de même à l'objectivité photographique l'image produite par l'artiste, « formée d'après le monde auquel il aspire ». Il fallait donc examiner dans quelle mesure les œuvres d'un artiste étaient « la chair de sa chair » et jusqu'où cette dépendance était racialement déterminée. Si l'on disait couramment d'une femme qu'elle ressemblait à un Rubens, d'une jeune fille qu'elle était « du type Botticelli », jamais pourtant on n'avait sérieusement cherché comment se constituaient les liens entre ces « types de l'art » et les propriétés corporelles et spirituelles de leur créateurs. Parler des œuvres d'art comme d'enfants spirituels, c'était approcher déjà le mystère des liens qui unissent des parents à leur descendance naturelle ; car « de même que le corps d'un enfant ne peut pas ne pas provenir du sang de ses parents, de même ne le peuvent pas non plus les enfants spirituels ». Un examen des portraits qu'avaient peints les grands maîtres avant l'invention de la photographie montrait qu'il s'agissait dans l'immense majorité de cas d'auto-portraits[17]. Ainsi les figures de Raphaël, Rubens ou Botticelli reproduisaient-elles toujours leur auteur. Schultze-Naumburg invoquait alors, à l'appui de son propos, ce remarquable passage du *Traité* de

Léonard de Vinci qui avait observé que « toute particularité de la peinture répond à une particularité du peintre lui-même » au point que « la plupart des visages ressemblent à leur auteur » :

« Ayant réfléchi plusieurs fois à la cause de ce défaut, il me semble qu'il faut penser que l'âme, qui régit et gouverne le corps, détermine aussi notre jugement avant même que nous l'ayons fait nôtre ; c'est donc elle qui a formé toute la figure de l'homme comme elle l'a jugé bien, avec le nez long ou court ou camus ; et, de même, elle a fixé sa taille et l'ensemble ; et ce jugement est si puissant qu'il meut le bras du peintre et l'oblige à se copier lui-même, parce qu'il semble à l'âme que c'est là la vraie manière de peindre un homme, et que qui ne fait pas comme elle se trompe. Et si elle trouve quelqu'un qui ressemble à son corps qu'elle s'est formé, elle l'aime et en tombe amoureuse ; et c'est pourquoi beaucoup de gens deviennent amoureux et prennent des femmes qui leur ressemblent, et souvent les enfants qui naissent d'eux ressemblent à leurs parents[18]. »

Mais ce que Vinci dénonçait comme étant le « plus grand défaut des peintres » qu'il fallait combattre par l'épreuve du jugement d'autrui devenait au contraire, pour Schultze-Naumburg, la preuve de l'irrésistible disposition naturelle de la race à l'amour de soi-même. Qu'il le veuille ou non, l'artiste reproduisait nécessairement son propre *type* racial. Léonard de Vinci révélait à ses yeux un principe du corps *(leibliche Prinzip)* ; c'était le principe du propre et, dans l'acception juridique du terme, le principe « germain » ou consanguin. Et c'était finalement un principe racial *(rassische Prinzip[19])* en vertu duquel tout jugement esthétique, tout jugement de goût porté sur une œuvre d'art ne pouvait être « absolu, mais seulement relatif, conditionné par l'appartenance à une race ». Hitler le rappelait au congrès de Nuremberg de 1933 : « Ce n'est que d'une telle race [douée] que pourra s'élever le véritable génie et elle seule pourra le sentir *(empfinden)* et le comprendre [...]. Si les Grecs et les Romains sont soudain si proches des Germains, c'est parce que toutes leurs racines se retrouvent dans une race fondamentale ; et c'est pourquoi les réalisations *(Leistungen)* immortelles des peuples antiques exercent toujours leur effet d'attraction sur les descendants qui leur sont racialement apparentés[20]. » Et Rosenberg aussi l'affirmait dans *Le Mythe du XXe siècle* : « La *Vénus de Giorgione* agit inconsciemment sur nous comme le fait tout autre beauté authentique, racialement déterminée, c'est-à-dire organiquement et spirituellement déterminée ; [c'est pourquoi] l'"universalité" [kantienne] du jugement de goût ne peut provenir que d'un idéal de beauté racial-*völkisch*, et ne s'applique qu'à ceux qui, consciemment ou inconsciemment, portent dans leur cœur la même idée de la beauté[21]. » Un historien nazi de l'art l'énonçait plus simplement, presque comme une banalité : « L'art allemand est confession de soi-même *(Selbstbekenntnis)*. On ne peut le comprendre que de la seule nature *(nur aus der Wesensart)* de l'homme allemand[22]. » Quant au juriste Carl Schmitt, il usait lui aussi de la même « similitude d'espèce » pour éclairer les liens d'amour qui unissaient le peuple à son Führer désiré. Le concept de *Gleichartigkeit*, forgé en 1928 par Schultze-Naumburg, devenait en 1933 chez ce juriste une *Artgleichheit*, une similitude d'espèce ou de race, qui légitimait le concept de direction politique *(Führung)* interdisant d'assimiler le Führer à un quelconque dictateur :

« [Le concept de *Führung*] est un concept d'actualité *(Gegenwart)* immédiate et de présence *(Präsenz)* réelle. C'est la raison pour laquelle il demande, comme exigence concrète, une *inconditionnelle similitude de race entre le Führer et ceux qui le suivent (die Gefolgschaft)*. C'est sur cette similitude de race que repose aussi bien le contact constant et infaillible entre le Führer et ceux qui le suivent que leur fidélité mutuelle. Seule cette similitude de race peut empêcher que la puissance du Führer ne devienne tyrannie et volonté arbitraire. Elle seule fonde la différence d'avec toute domination, aussi intelligente et profitable soit-elle, d'une volonté racialement étrangère *(eines fremdgearteten Willens)*. La *similitude de race* du peuple uni et d'accord en lui-même est aussi la plus incontournable *(die unumgänglichste)* condition et le fondement du concept de *Führung* politique[23]. »

Chacun des mots était pesé et devait *faire image* « dans le sens du Führer » pour produire la plus rigoureuse théorie politique du narcissisme, étayée sur la « polarité ami/ennemi » qui impliquait l'exclusion du dissemblable : seul est mon ami celui qui m'est *artgleich* (racialement semblable). La fidélité mutuelle du Führer et de la *Gefolgschaft* trouvait son pivot dans le principe de similitude, de sorte que toute fidélité était d'abord une fidélité à soi-même et qu'il suffisait d'aimer pour être aimé en retour. Cet amour étant toujours celui de la « race » pour elle-même, Carl Schmitt aurait pu dire que tous les Allemands, à travers leur Führer, s'aimaient en leur « race » comme les chrétiens disaient s'aimer en Christ. De fait, le concept de *Führung* politique de Carl Schmitt correspondait en tous ses points à la formulation théorique de la *Führung* artistique par Schultze-Naumburg*.

---

* De même que tous les non-aryens étaient exclus de la *Volksgemeinschaft* puisqu'ils ne pouvaient « comprendre » une *Führung* qui ne leur était pas *artgleich*, de même étaient exclus de la Chambre de la culture du Reich tous les artistes non aryens, ce qui leur interdisait d'exercer leur métier. Une lettre circulaire leur était envoyée, qui était à elle seule l'exposé d'un programme politique et artistique :
« [...] De par la volonté du Führer et Chancelier du Reich, la gestion du bien culturel allemand ne peut être laissée qu'à des concitoyens *(Volksgenossen)* qualifiés et sûrs dans le sens du § 10 du 1er décret mettant en vigueur la loi fondamentale de la Chambre de la culture du Reich. Étant donné la hauteur de pensée que réclame l'activité intellectuelle créatrice de Culture, et en considération de l'existence et du développement à venir du peuple allemand, sont seules vraiment qualifiées pour exercer en Allemagne une pareille activité les personnalités qui, non seulement, appartiennent au peuple allemand en tant que citoyens, mais encore se rattachent à lui par le lien profond de la race et du sang. Celui-là seul qui se sent lié à son peuple et obligé envers lui par la Communauté raciale est à même de tenter d'exercer une influence sur la vie intime de la nation, en faisant une œuvre qui puisse porter ses fruits et qui soit forte-

Le sentiment du corps, continuait ce dernier, ne s'exprimait jamais mieux que dans la représentation de la femme, là où « les aspirations érotiques du peintre à l'égard de sa partenaire prennent des formes caractéristiques ». *Vénus*, *Léda*, *Diane* et *Psyché*, peintes par Botticelli, Giorgione, Titien, Tintoret, Boucher et Prudhon, venaient illustrer cet axiome que « presque toutes les représentations de corps féminins nus sont des réponses à cette aspiration érotique, qui nous montrent et éveillent en nous les rêves et les désirs *(Wunschträume)* qui vivent en l'artiste ». Ce désir sexuel de l'artiste était le pur désir de survivre à soi-même : « Les représentations proviennent presque toujours de la pulsion de l'homme qui passe pour être, après la faim, la plus puissante. C'est l'amour qui conduit ici le pinceau et le ciseau [de l'artiste], car au plus profond de son subconscient sommeille ce désir : *c'est dans une image humaine comme celle-ci que tu aimerais survivre.* » Le propos de Schultze-Naumburg s'infléchissait en ce point d'une singulière façon, semblant soudain mêler le néoplatonisme emprunté à Vinci aux plus récentes spéculations de la psychanalyse. Sans les citer jamais ni l'un ni l'autre, il jouait maintenant Freud contre Kant. S'il connaissait nécessairement celui-ci, rien ne permet de penser qu'il ignorait totalement celui-là. Son lexique était en tout cas celui de la psychanalyse :

> « Toutes les considérations pourtant si communes sur le désintéressement de l'art omettent complètement cette cohérence interne. L'artiste, qu'il le veuille ou non, *ne peut pas* échapper à son propre corps. Ce désir ne s'agite cependant pas en lui seulement lorsqu'il éprouve des sentiments qui lui sont innés; même lorsque, contraint peut-être par des règles académiques, il a refoulé ses

ment bâtie sur ces principes, comme le réclame toute création intellectuelle et culturelle; par votre qualité de non-aryen vous n'êtes pas en état d'éprouver et de comprendre cette obligation. [...]» (Lettre envoyée en février 1935 par le président de la Chambre de la littérature du Reich, citée par E. Wernert, *L'Art dans le IIIe Reich. Une tentative d'esthétique dirigée*, Paris, 1936, p. 130-131.)

représentations les plus originairement propres, celles-ci font retour aussitôt qu'il se sent libre de toute contrainte[24]. »

Ce qui différenciait le discours de Schultze-Naumburg du discours freudien, c'était l'absence de toute dimension de sublimation dans le processus qu'il décrivait. De même que les métaphores du langage (une jeune fille est « du type Botticelli », une œuvre d'art est l'enfant de son auteur) devenaient pour lui réalités charnelles, de même les désirs et les pulsions sexuelles de l'artiste étaient appelés à se réaliser non seulement dans l'art, mais dans la réalité physique de l'espèce. On peut comprendre que si la sublimation n'avait pas de place dans cette économie de la reproduction, c'était parce que aucune « personne », aucun « individu » ne s'y trouvait en jeu, mais seulement l'« héritage racial » qui trouvait dans l'image le médium de sa transmission. Qu'était-ce après tout que la production d'une image, sinon le processus par lequel un génotype se communiquait et se reproduisait à travers son phénotype ?

Paul Westheim, dans la critique de *L'Esthétique biologique raciste* qu'il publiait durant son exil parisien, soulignait qu'il n'était partout question, chez Rosenberg, que de « volonté esthétique », mais qu'il semblait que seul l'artiste en fût dépourvu ; que pour Schultze-Naumburg, « l'agent créateur n'était pas la personnalité, mais le corps héréditaire de la race ». C'était en effet l'un des fondements de la théorie nazie de l'art que la singularité de l'artiste s'effaçât devant la communauté de race – un fondement qui s'accordait au principe du N.S.D.A.P. selon lequel « l'intérêt général prime l'intérêt particulier ». Le dieu qui habitait l'artiste « enthousiaste » dans son travail ne pouvait être un dieu personnel, mais seulement le *genius* national-*völkisch*. Paul Westheim rapprochait justement cette absence de « volonté esthétique » chez l'artiste du propos que tenait Goebbels le 10 mai 1937 devant la Chambre de la culture du Reich : « *Der Künstler sei "kunstbetreibend und nicht kunstführend"* (L'artiste "exerce l'art, il ne le dirige pas[25]"). » La « tendance Rosenberg » et la « tendance Goebbels » étaient donc, malgré leurs rivalités, bien d'accord sur ce point : le génie du peuple allemand était son patrimoine héréditaire qui s'incarnait d'abord en la personne du Führer, seul véritable artiste du Troisième Reich.

Lorsque Hitler déclarait en 1935 à Nuremberg « que l'art, précisément parce qu'il est l'émanation la plus directe et la plus fidèle du *Volksgeist*, constitue la force qui modèle inconsciemment de la façon la plus active la masse du peuple », il ajoutait aussitôt : « À condition toutefois que cet art soit le reflet sincère de l'âme et du tempérament d'une race et n'en soit pas une déformation[26]. » Si donc l'art était puissance d'autoformation de la race, il était indispensable que l'État *völkisch* exerçât sur lui son contrôle : il fallait l'orienter positivement dans la fabrication de l'homme nouveau en excluant tous les risques de malformation. Ces effets des images sur la génération des corps avaient longtemps fait l'objet d'intenses spéculations avant que ne surgisse, dans la pensée européenne, l'idée d'en user à des fins eugéniques et sous le contrôle de l'État. Sans doute la Cité platonicienne n'avait-elle pas ignoré l'eugénisme, mais elle s'était privée du recours à l'image puisque le philosophe en avait exclu les artistes. Le nationalsocialisme, qui ne pouvait commettre la même faute puisque l'art était son principe et son guide, avait eu sur ce point d'autres prédécesseurs.

L'engendrement par l'image

Dans le deuxième chapitre du *Laocoon*, Lessing attirait l'attention sur le fait que dans la cité grecque, l'autorité civile avait la « tâche de maintenir par la contrainte l'artiste dans sa véritable sphère ». Il donnait en exemple « la loi des Thébains qui lui ordonnait d'embellir son modèle et lui défendait sous sanction de l'enlaidir ». Cette loi, précisait Lessing, n'était pas faite comme on le prétendait contre les artistes maladroits, mais bien contre « le triste talent d'atteindre à la ressemblance par l'exagération de ce qu'il y a de laid dans le modèle, bref, la caricature ». Nous avons tort de rire, poursuivait-il, en apprenant que chez les Anciens les arts mêmes étaient assujettis à des lois civiles ; d'abord parce que « le but de l'art [...] est le plaisir, qui n'est pas indispensable. Il peut donc fort bien appartenir au législateur de déterminer quel genre et quel degré de plaisir il veut permettre ». Ensuite parce que, disait le penseur de *L'Éducation du genre humain*,

> « les arts plastiques, par l'influence qu'ils exercent immanquablement sur le caractère de la nation, ont un pouvoir qui doit attirer l'attention du législateur. Si une belle génération d'hommes produit de belles statues, celles-ci à leur tour agissent sur ceux-là, et l'État a dû en partie la beauté de ses hommes à ces œuvres. Chez nous, il semble que la tendre imagination des mères n'est impressionnable que lorsqu'il s'agit d'accoucher des monstres[27]. »

Par une note de leur édition critique du *Laocoon*, Jan Bialostocka et Robert Klein éclairaient la signification de cette dernière phrase : il s'agissait d'une « allusion à la croyance ancienne que l'imagination des mères enceintes peut déterminer la conformation de leurs enfants futurs ; cette superstition survit sous la forme de l'opinion répandue que les femmes impressionnées pendant la grossesse par un spectacle horrible peuvent engendrer des monstres[28] ». Un bon exemple de la persistance de cette croyance se trouve, sur un mode ironique, dans le compte rendu satirique que donnait le critique Louis Leroy de l'Exposition des impressionnistes en 1877. Condamnant chez Cézanne ce qu'il nommait un « amour trop exclusif du jaune », il mettait en garde le public : « Si vous visitez l'exposition avec une femme dans une position intéressante, passez rapidement devant le portrait d'homme de M. Cézanne... Cette tête couleur de revers de bottes, d'un aspect si étrange, pourrait l'impressionner trop vivement et donner la fièvre jaune à son fruit avant son entrée dans le monde[29]. » Une caricature de Cham accompagnait l'article de Leroy : devant l'entrée de l'exposition, un gardien repoussait une femme enceinte en s'exclamant : « Madame ! cela ne serait pas prudent. Retirez-vous ! » De fait, ces remarques de Lessing s'inscrivaient dans une longue tradition, celle du mythe d'un *engendrement par l'image* qui culminait, à la fin du XIXᵉ siècle, dans cette affirmation paradoxale d'Oscar Wilde : ce n'est pas l'art qui imite la vie, c'est au contraire la vie qui imite l'art.

En *Genèse* (XXX) Jacob mettait à nu le blanc de branches vertes de peuplier, d'amandier et de platane, les pelant de telle façon que ces branches parussent « rayées, tachetées et marquetées ». Puis il disposait ces branches « dans les auges, les abreuvoirs, sous les yeux des brebis [de Laban] qui venaient boire », de sorte que les brebis en chaleur faisaient ensuite « des petits rayés, tachetés et marquetés », à l'image de ces branches. Ainsi Jacob constituait-il son propre troupeau à partir de celui de Laban. Selon Ambroise Paré, cette tradition de l'engendrement par l'image accompagnait aussi la naissance de la médecine en Grèce : « Hippocrates sauva une Princesse accusee d'adultere parce qu'elle avoit enfanté un enfant noir comme un more, son mary et elle ayans la peau blanche, laquelle à la suasion d'Hippocrates fut absoulte, pour le portraict d'un more semblable à l'enfant, lequel coustumierement estoit attaché à son lict[30]. » Héliodore, dans son roman *Les Ethiopiques* (fin IIIᵉ-début IVᵉ siècle), inversait la relation du noir au blanc dans une fable de même structure qui eut, dit-on, la faveur des Byzantins. Persinna, reine d'Éthiopie, y expliquait à sa fille, pourtant issue de parents noirs, la raison de la blancheur de sa peau :

> « Notre famille a eu pour ancêtres parmi les dieux le Soleil et Dionysos, parmi les demi-dieux Persée et Andromède [...]. Ceux qui, suivant les circonstances, ont contribué à l'édification du palais royal l'ont orné de peintures tirées de l'histoire de ces divinités. Les tableaux qui les représentent eux et leurs exploits sont dans

les appartements des hommes et dans les galeries ; seules les images des héros Andromède et Persée ornent les chambres à coucher. C'est là qu'un jour nous nous trouvions, Hydaspe et moi. Dix ans passés après notre mariage, nous n'avions pas encore d'enfant. Nous faisions la sieste, endormis par la chaleur de l'été. Ton père vint s'unir à moi, pour obéir, jurait-il, à un songe. Je sentis aussitôt qu'il m'avait engrossée. Jusqu'à la naissance, ce ne furent que fêtes publiques et sacrifices pour rendre grâces aux dieux. Le roi attendait un héritier de son sang. Tu vins au monde blanche, ton teint clair n'était pas celui de la race éthiopienne. J'en savais bien la raison. Pendant l'étreinte de mon mari, j'eus sous les yeux une peinture qui représentait Andromède, complètement nue, au moment où Persée la fait descendre du rocher, et le germe avait pris malheureusement la ressemblance de l'héroïne. »

Au roi qui doutait de l'identité de sa fille, un vieux sage répondait : « Si tu veux d'autres preuves, il t'est facile d'examiner le modèle, Andromède : son image ressemble exactement à cette jeune fille[31]. »

Présent dans les débats néoplatoniciens du IIIe siècle portant « sur la manière dont l'embryon reçoit l'âme », le mythe ressurgissait bientôt chez saint Augustin. Soranus, écrivait-il, « rapporte que le tyran Denys, parce qu'il était très laid et ne voulait pas que ses enfants fussent comme lui, avait l'habitude de présenter à sa femme, pendant qu'ils s'unissaient, une peinture harmonieuse, pour qu'en exerçant son désir sur cette beauté, elle s'en emparât en quelque façon et la transmît, en cette disposition, à la descendance qu'elle concevait[32] ». Avec le Moyen Âge chrétien, le mythe n'était plus associé aux engendrements de beautés supérieures, mais il encombrait au contraire les traités relatifs à l'origine des naissances monstrueuses. La responsabilité d'une ressemblance pervertie au modèle y incombait très généralement à l'imagination de la femme : sous l'empire de Satan, elle succombait au désir que lui inspirait l'image et accouchait alors d'un être marqué par la colère de Dieu. Le mythe proliférait à la Renaissance grâce à la *vis imaginum*[33], trouvait abri chez Montaigne, au chapitre de « L'imagination », plus tard chez Descartes et Malebranche, plus tard encore chez Voltaire. L'âge baroque se divisa en « imaginationnistes » et « anti-imaginationnistes », qui s'insultèrent jusqu'à l'émergence de la tératologie, au début du XIXᵉ siècle, sous le regard de Geoffroy Saint-Hilaire. Parmi les premiers, Claude Quillet, pour décrire l'économie qui réglait les rapports des images au fœtus, s'inspirait à la fois des simulacres de Lucrèce et de la théorie des esprits animaux qu'avait soutenue Malebranche. Dans sa *Callipédie ou manière de faire de beaux enfants*, l'engendrement par l'image n'était plus pensé comme l'accident, l'écart monstrueux où se lisait le châtiment divin. Tout objet visible répandait, par une émission continue, des « corpuscules ou des parties subtiles », « images de toute chose » qui, « pourvues d'ailes très légères et d'un mouvement rapide, aiment à s'insinuer jusque dans les plus petites parois[34] ». Ainsi la beauté ou la laideur de l'enfant à venir dépendait-elle d'abord des objets contemplés par sa mère durant la gestation. Mais si Giulio Mancini conseillait, dans ses *Considerazioni sulla pittura*, de placer de belles peintures lascives dans les chambres des époux, c'était « non parce que l'imagination s'imprime elle-même sur le fœtus, [...] mais parce que chacun des parents, en voyant l'image, imprime dans sa semence une constitution semblable à celle vue dans l'objet ou la figure[35] ». (Le poète Gottfried Benn s'en fera donc l'héritier le plus direct lorsqu'il soutiendra, en 1933, que « la propagande atteint les cellules reproductrice[36] ».)

Avec *La Cité du Soleil* de Tommaso Campanella, l'engendrement par l'image devenait la règle de production d'une descendance meilleure, dont le caractère normatif était désormais contrôlé par l'État. Non seulement les habitants de cette cité idéale possédaient, à l'instar de Jacob, « des tours magiques pour susciter des saillies de haute valeur eugénique, [faisant s'accoupler les animaux] en présence

de belles images de chevaux peints, ou de moutons, ou de bovins »,
mais ils connaissaient aussi le moyen d'améliorer leur propre espèce :
« Ils ne s'accouplent que digestion faite et après avoir prié. À la vue
des femmes se dressent de belles statues d'hommes illustres. Ensuite
ils se mettent à la fenêtre et implorent le Dieu du Ciel qu'il leur accor-
dent une belle descendance. » Dans la cité du Soleil, précisait Campanella, « la peinture et la sculpture conservent le souvenir des seuls
grands hommes, [que] les belles femmes contemplent lorsqu'elles
s'emploient à assurer sa perfection à la race[37] ». La tradition connaissait donc ici un infléchissement remarquable : en quittant définitivement la sphère des enfantements monstrueux, issus des regards coupables des mères, elle commençait à spéculer sur un usage possible
des images, par l'État, à des fins eugénistes, comme le suggérera Lessing un siècle et demi plus tard.

Mais une dizaine d'années avant que Lessing n'écrivît le *Laocoon*
(1766), Winckelmann avait rappelé « avec quel soin les Grecs se pré-
occupaient de procréer de beaux enfants ». Il critiquait Quillet : bien
que traitant de différentes méthodes pour concevoir de beaux enfants,
sa *Callipédie* indiquait « moins de moyens [que les Grecs] n'en
employaient d'ordinaire pour cela ». Car les Anciens, affirmait Winckelmann, « allaient jusqu'à tenter de rendre noirs des yeux bleus ».
Nous étions plus beaux lorsque nous étions Grecs, semblait-il dire en
soulignant que « certaines maladies qui détruisent tant de beautés et
défigurent les corps les plus parfaits étaient encore inconnues des
Grecs[38] ». Toutefois, les liens des corps réels aux corps imaginaires
n'étaient pas chez lui de nature univoque. Tantôt les chefs-d'œuvre
des Grecs dépassaient la nature parce qu'ils recevaient « certaines
beautés idéales [...] produites par des images que trace le seul enten-
dement ». Tantôt les corps réels pouvaient accéder, par l'exercice physique, à la perfection de l'art : alors « les corps recevaient les contours
grands et virils que les maîtres grecs ont donnés à leurs statues ». Mais
parfois, toutes les frontières se brouillaient sous sa plume entre les

corps réels et ceux de la fiction. Il affirmait d'abord la nature purement spirituelle du modèle idéal : « C'est d'après de telles conceptions plus hautes que la forme ordinaire de la matière que les Grecs représentèrent les dieux et les hommes » ; mais c'était pour ajouter aussitôt que l'artiste « ne pouvait pas travailler à son gré d'après des notions idéales » lorsqu'il traçait le beau profil droit des dieux et des déesses. Puisqu'on le trouvait aussi sur les monnaies représentant « les têtes de femmes célèbres », il fallait plutôt « supposer que ce profil appartenait en propre aux Grecs, tout comme le nez camus aux Kalmouks, ou les petits yeux aux chinois[39] ». Ainsi certains corps naturels avaient-ils eu, jadis, ce privilège de faire communiquer la beauté humaine et la beauté divine ; et cette beauté idéale, qu'on avait crue tantôt purement fictive et tantôt accessible par l'effort physique, lui apparaissait maintenant comme la propriété la plus physique des Grecs, dont l'art n'était finalement que le simple reflet.

Lessing tirait un trait sur ces hésitations. Son hypothèse de la réciprocité des effets entre l'homme réel et celui de l'art ouvrait la voie à notre modernité, celle qu'inaugurait Baudelaire en soulignant la puissance qu'exerce l'idéal, capable de modeler nos corps : « L'idée que l'homme se fait du beau s'imprime dans tout son ajustement, chiffonne ou raidit son habit, arrondit ou aligne son geste, et même pénètre subtilement, à la longue, les traits de son visage. L'homme finit par ressembler à ce qu'il voudrait être[40]. » C'était de fait au XIXe siècle que s'opérait le véritable tournant : la puissance de l'image comme modèle était maintenant célébrée pour ses heureux effets sur le corps même de l'espèce humaine, sans l'intermédiaire du sexe féminin. Taine, qui ne craignait pas d'affirmer que « le génie des maîtres consiste à faire une race de corps », invitait ses contemporains à contempler les corps peints par Andrea del Sarto, Raphaël et Michel-Ange, avant de s'exclamer : « Voilà les corps que nous devrions avoir ; auprès de cette race d'hommes, les autres sont faibles, ou amollies, ou grossières, ou mal équilibrées[41]. » Alors vint Oscar Wilde qui, sur le ton du paradoxe, prenait expressément appui sur le mythe de l'engendrement par l'image pour renverser la tradition classique et aristotélicienne de l'imitation. Il protestait contre le naturalisme de ses contemporains et « le déclin du mensonge » : « La vie imite l'art bien plus que l'art n'imite la vie. » « Un grand artiste, disait Wilde, invente un type que la vie, comme un éditeur ingénieux, s'efforce de copier et de reproduire sous une forme populaire. [...] Voilà ce qu'avait bien compris le vif instinct des Grecs, qui plaçaient dans la chambre conjugale une statue d'Hermès ou d'Apollon, pour que l'épouse donnât le jour à des enfants beaux comme l'œuvre d'art offerte à ses yeux aux heures de volupté et de souffrance. » Aussi concluait-il que « les véritables disciples d'un grand artiste ne sont pas ses imitateurs d'atelier, mais ceux qui deviennent pareils à ses œuvres [...]. En un mot, la vie est le meilleur et le seul élève de l'art[42]. »

La transformation qu'avait connue le mythe était considérable : dans l'engendrement d'une humanité nouvelle, la femme avait perdu sa fonction médiatrice de mère. La puissance d'engendrement de l'image était devenue telle qu'elle paraissait s'exercer maintenant sans médiation sur chacun, l'humanité entière accédant à la passivité radicale autrefois réservée aux seules femmes. Version plus moderne du mythe, l'image de la publicité ou de la propagande confirmait la validité constante de l'hypothèse d'un processus d'autoengendrement : chacun devenait en effet capable de s'engrosser soi-même d'un être semblable à l'image qui paraissait répondre à son désir. Un homme nouveau naissait maintenant chaque fois qu'il y avait passage à l'acte selon l'image.

Le professeur Schultze-Naumburg ne citait sans doute ni la Genèse, ni Héliodore ni Montaigne, ni même Lessing ou Taine. Et s'il était loin de l'ironie des paradoxes de Wilde, il semblait pourtant en avoir épousé toutes les thèses et être bien décidé à les vérifier sur le corps du peuple « germano-nordique ». Une certaine parenté de pensée avec Winckelmann pouvait aussi se déceler dans son application à faire coïncider l'« idéal de beauté de la race » avec son corps réel.

Mais c'était chez ses amis Hans F. K. Günther et Walther Darré que l'on trouvait les meilleures formulations de cette fonction de l'image qui devait permettre la réalisation du Reich idéal. C'était dans leurs écrits que se manifestait, avec plus d'évidence que partout ailleurs, le véritable enjeu de l'identification de l'art et de la politique. Car ces écrits donnaient toute leur signification aux diatribes que lançaient Hitler et Goebbels contre *l'art pour l'art*. L'art *par* le peuple et *pour* le peuple, qu'ils opposaient à *l'art pour l'art*, signifiait simplement qu'il revenait au « peuple » de fabriquer lui-même l'image idéale ou le type qui serait son modèle et son guide, capable de le mettre en mouvement vers son propre salut. Ni l'État, disait Hitler, ni la propagande, disait Goebbels, n'étaient des buts, mais des moyens. Et l'art non plus ne constituait jamais un but en lui-même. L'enjeu ultime n'était donc pas la production du Reich comme œuvre d'art, mais la fabrication d'un peuple d'hommes nouveaux.

Walther Darré : l'élevage selon le type

C'est à Saaleck, dans la propriété de Schultze-Naumburg, que Walther Darré écrivit son principal ouvrage, *La Race. Nouvelle noblesse du sang et du sol*, publié en même temps (1930) que *Le Mythe du XXe siècle* de son ami Rosenberg. Ce fut Darré qui convainquit Himmler de sélectionner ses S.S. sur des critères raciaux « rigoureux » – une ascendance aryenne remontant au XVIIe siècle – et de contrôler leurs mariages[43]. Devenu ministre de l'Agriculture, il fut promu par Hitler Reichsbauernführer (Chef des paysans du Reich) et persuada ce dernier de célébrer la Fête de la paysannerie allemande devant 500 000 personnes le 1er octobre 1933, 700 000 en 1934 et 1 million en 1935. C'est chez Darré enfin que l'on perçoit, mieux encore que chez Schultze-Naumburg, les liens qui unissaient la fonction génératrice de l'image à la formation d'une élite raciale – elle-même modèle pour le peuple entier.

Né en Argentine, cet ancien élève du King's College de Wimbledon, titulaire d'un diplôme d'ingénieur agronome acquis en Allemagne après la guerre, se consacra ensuite à l'élevage et s'engagea bientôt dans l'étude des races humaines. Persuadé lui aussi que seule la race germano-nordique était douée de vertus « créatrices », il pensait qu'elle avait dégénéré chaque fois qu'elle s'était détournée de l'agriculture, quittant la terre pour la ville. Toute régénération passait donc nécessairement par la reconstitution d'une « nouvelle noblesse » unissant les vertus paysannes et les vertus guerrières, telles qu'elles s'étaient toujours affirmées dans la noblesse indo-germano-nordique.

Le Germain noble, disait Darré, s'estimait jadis être « le gardien de l'ordre divin issu de la force, perpétuée en lui, des actes de son ancêtre divin ». Avec sa conversion « au christianisme, c'est-à-dire à la doctrine de l'acquisition de qualités par l'Onction », ses bases furent sapées : sa valeur ne dépendait plus de sa naissance, puisque « chacun devenait l'égal du noble dans la course au bonheur céleste[44] ». De plus, le sacrement du baptême brouillait toutes les limites d'une communauté fondée sur la race. Malgré le christianisme pourtant, « toute la morale allemande durant 1 500 ans s'est basée sur une conception consciente de la sélection » pour protéger les qualités héréditaires des éléments les plus purs de la race[45].

Puisque, comme le disait Clauss, « le corps est le champ d'expression de l'âme », il fallait permettre à l'âme pure de s'exprimer dans un corps parfait. C'était donc un devoir que de « libérer un peuple de toutes les impuretés susceptibles de troubler le corps de l'individu et, par cela même, les âmes ». Et cela n'était possible qu'« en observant les lois de l'hérédité et en supprimant tout ce qui est indésirable[46] ». S'il partageait avec Hitler, Alexis Carrel et bien d'autres, la conviction moderne qu'« aucun traitement médical ne peut régénérer des masses de germes en décomposition », il s'en distinguait en citant Euripide et Platon pour mieux affirmer le caractère profondément

« grec » de la sélection, dont les Allemands, héritiers naturels, étaient aussi les vrais héritiers spirituels : « "Il n'est point de trésor plus précieux pour les enfants que d'être nés d'un père noble et vertueux, et de se marier dans de nobles familles. Malheur à l'imprudent qui, vaincu par la passion, s'unit à des mauvais, et laisse à ses enfants le déshonneur en échange des plaisirs coupables qu'il a goûtés !" (*Les Héraclides*) ». Et citant Hans F. K. Günther, qui venait de publier *Platon als Hüter des Lebens* (Platon, gardien de la vie) : « C'est Platon, qui a donné au mot "idea" son sens philosophique, qui est devenu par sa doctrine le premier fondateur de l'idéalisme, [...] qui a attribué à l'empire de l'Idée une valeur absolue, dominant tout – et ce même Platon, en sa qualité d'idéaliste, fut amené à concevoir l'idée de sélection[47]. »

Car c'était en effet sur l'interprétation de l'*idea* non seulement comme ce dont l'être consiste à pouvoir être visible, mais comme ce qui *doit* devenir visible que reposait le national-socialisme. Dès lors, rendre l'Idée visible, c'était produire un *type* qui fonctionnerait comme but pour la sélection. Walther Darré rappelait dans ces termes, bientôt répétés par Himmler aux Jeunesses hitlériennes, la première des règles de sélection qui présidaient à l'élevage des chevaux, et qu'il entendait appliquer à l'« élevage » de sa nouvelle noblesse :

> « On *établit un type à réaliser par sélection*, pour *fixer d'abord le but* à atteindre ; c'est, pour l'éleveur, une sorte de boussole. Cet exemple doit être pour l'œil un entraînement à découvrir les défauts et à prendre des points de repère. [Ce type] est à peu près aussi utilisable dans la réalité de l'élevage que la définition par Platon du Souverain parfait : on n'attend nullement un souverain conforme à la définition de Platon, c'est néanmoins un excellent critère pour juger les souverains véritables et maintenir les règles de leurs fonctions[48]. »

Dans la définition du type, l'éleveur devait faire appel à sa mémoire autant qu'à la vue, sachant « exactement que telle forme est indispensable pour tel résultat, et que telle autre est inutile ». C'est ce qui rapprochait d'ailleurs l'éleveur de l'entraîneur sportif qui, « lui aussi, doit se fier à sa vue et à sa mémoire ».

Appliqué à l'« élevage humain », le type devait être élaboré à partir du « passé allemand », à partir « de ce que fut dans tout son être l'homme qui fut le soutien de la morale et de l'histoire allemandes ». Par bonheur, la tradition avait conservé « la mémoire de certains symptômes humains précieux, et dignes par conséquent d'être conservés dans le corps du peuple » ; de sorte que l'on pouvait savoir, et avec « une certitude absolue » grâce à la science, « qui a été le champion du germanisme dans l'histoire[49] ». Pour procéder à l'« élevage » de l'Allemand de qualité supérieure, il fallait commencer par « créer dans le peuple le sentiment de la race », et par conséquent l'« éduquer afin qu'il sache reconnaître *à la vue* les différences raciales ». Une fois mémorisée par l'apprenti éleveur, une image « purement schématique » ou « idéale » permettait, par comparaison, de repérer les « défauts et déviations » et, au-delà, d'estimer la valeur de chaque spécimen.

Dès leur arrivée au pouvoir, les nazis réalisèrent exactement ce programme par l'enseignement de la *Rassenkunde* (science raciale) dans les écoles allemandes. Cette science raciale invitait chaque élève à reconstruire lui-même le mythe racial par l'image et par le texte pour l'amener, selon les termes du décret instituant cet enseignement, à « coopérer activement à tout ce qui peut renforcer l'appartenance nordique du peuple allemand ». Exerçant son œil à « juger des visages racialement étrangers », l'élève devait également mesurer les boîtes crâniennes de ses camarades *[fig.70]* afin d'apprendre à reconnaître les spécimens s'approchant au plus près du type germano-nordique idéal.

Poursuivant son exposé méthodique, Darré, après avoir rappelé que « dans toute question de conservation, le but le plus élémentaire

70. Une leçon de « science raciale » : mensurations crâniennes à l'école.

est la destruction de ce qui est indésirable », citait le raciologue Hildebrandt, auteur de *Norm und Entartung des Menschen* (Norme et Dégénérescence de l'homme), afin de mettre en évidence la fonction du désir :

> « La formation *(Bildung)* est le sens de la vie, et par là *l'amour de la formation* est le sens de *l'événement*. C'est en elle que le désir secret reçoit son image visible. Avec le pressentiment de la forme propre, les pulsions obscures se développent, et *la forme entrevue devient le critérium de toute action, la mesure de toute beauté.* »

Sans doute était-il encore impossible d'« affirmer qu'une telle image du but de sélection aurait du succès dans notre peuple » ; si l'expérience de la sélection animale ne prouvait pas « la possibilité de la réalisation » au plan humain, elle la rendait cependant « très probable[50] ». Ainsi pouvait-il considérer la *Kultur* comme « l'ennoblissement de dispositions innées » et dire avec son ami Hans F. K. Günther qu'il fallait se servir « de la *Kultur* corporelle et spirituelle comme d'une image tangible » pour parvenir au but : « Il est nécessaire qu'il y ait *quelque chose à accomplir* pour susciter le désir de *réaliser*. Une tension de la réalité actuelle vers l'image non encore fixée dans le temps suffit à enflammer une vie agissante. » Alors le mouvement nordique pourrait « retrouver la joie hellène du héros au corps joyeux[51] ». Baudelaire avait eu l'intuition que « l'homme finit par ressembler à ce qu'il voudrait être » ; il s'agissait maintenant de rationaliser le processus pour rendre méthodiquement productif ce lien qu'est le désir du modèle.

Depuis la fin des années vingt pourtant, l'approche génétique de la race avait fortement ébranlé l'anthropologie physique qui se fondait sur la typologie raciale ; de sorte que la plupart des raciologues engagés dans le nazisme savaient pertinemment que les « types » relevaient de la fiction : « On n'a jusqu'ici pas de preuve de la réalité de ces "types raciaux" dont on part », affirmait l'un d'eux en 1929. Et l'année suivante, il dénonçait comme purement fantasmatique l'opposition d'un métissage présent à un passé plus pur[52]. Dans un manuel d'« hygiène raciale » que Hitler lut en prison, le généticien F. Lenz n'hésitait pas à dire qu'« au début de toute chose se trouve le mythe [...]. Oui, la race est un mythe, moins une réalité du monde expérimental qu'un idéal que l'on doit accomplir[53]. » Armand Zaloszyc a montré que le même renversement de perspective s'était déjà opéré dans la conception de la dégénérescence dans la France du XIXe siècle. Tandis que Morel l'avait définie en 1857 comme une « déviation maladive d'un type primitif », Magnan affirmait au contraire, dans sa grande synthèse sur *Les Dégénérés* qu'il publiait avec Legrain en 1895 : « Il n'est pas possible de concevoir scientifiquement un type parfait à l'origine de notre espèce... et c'est à l'opposé de l'origine de l'espèce qu'il faut rechercher le type idéal, c'est-à-dire sa fin[54]. » Presque aussitôt après, H. S. Chamberlain acclimatait ce néodarwinisme dans l'Allemagne pangermaniste : « Si même il était prouvé qu'il n'y eut jamais de race aryenne dans le passé, nous voulons qu'il y en ait une dans l'avenir : pour des hommes d'action, voilà le point de vue décisif[55]. »

Mais c'était exactement en cela que la science raciale relevait de l'art : la conviction du caractère mythique du type et sa détermination comme *idéal à accomplir* appartenaient d'abord à l'esthétique néoclassique. Réciproquement, la tâche de l'artiste s'apparentait maintenant à celle du scientifique, puisqu'ils avaient en commun ce but : définir un type idéal et le réaliser.

C'est à Bellori, « le précurseur de Winckelmann », que Panofsky attribuait la paternité de l'esthétique néoclassique, avec la publication en 1672 de l'*Idea del Pittore, dello Scultore, e dell'Architetto*. Ce traité d'inspiration néoplatonicienne ne se contentait pas d'affirmer, à la suite des Anciens et de la Renaissance, que l'artiste devait « tirer la beauté des plus belles parties des corps les plus beaux » pour constituer ses figures ; ni non plus de comparer l'artiste « à Dieu afin d'"héroïser" la création artistique ». L'auteur de la nature, disait Bellori, « en regardant profondément en soi-même, a créé les premières formes appelées Idées, de telle sorte que chaque espèce a été exprimée à partir de cette Idée première, et ainsi se forma tout l'admirable tissu des choses créées ». Mais tandis que les corps célestes, au-dessus de la lune, n'étaient pas sujets au changement et demeuraient éternellement beaux et ordonnés, les corps sublunaires au contraire étaient soumis au changement et à la laideur : « À cause de l'inégalité de la matière, les formes s'altèrent, et particulièrement la beauté humaine, comme nous pouvons le voir dans les multiples difformités et disproportions qui sont en nous. » Peintres et sculpteurs devaient donc, « imitant le Premier Ouvrier », former de même dans leur esprit « un modèle de beauté supérieure, et sans le quitter des yeux amend [er] la nature en en corrigeant les couleurs et les lignes ».

Le moment du renversement du (néo)platonisme, souligné par Panofsky, résidait dans cette toute nouvelle définition de l'Idée qui provenait maintenant de l'intuition sensible de la nature : « *Tirant son origine de la nature elle dépasse son origine et devient elle-même origine de l'art.* » L'Idée était devenue *la réalité même* sous une forme purifiée et s'était ainsi, pour la première fois, métamorphosée en « idéal[56] ». Pour le dire autrement, le modèle n'était plus l'essence éternelle qui chez Platon s'offrait à la pensée, mais la forme qui, purifiée de tous les accidents de la contingence, s'imposait au regard. Se répandant en Allemagne, en Angleterre et en France, l'Idée comme idéal s'affirmait plus tard chez Reynolds, qui faisait consister la grandeur de l'art dans l'aptitude à s'élever au-dessus de toute forme singulière, comme « cette forme *centrale* [...] dont les individus ne dévient que pour tomber dans la difformité[57] ». Commentant l'*Essai* de Quatremère de Quincy sur l'imitation dans les beaux-arts, Jean-Claude Lebensztejn a fait observer que sa théorie de l'idéal, d'origine empirique, emportait avec elle une théorie de la nature : « Tout individu naturel est une déviation accidentelle, un écart particulier par rapport au centre idéal de la nature, à son dessein originel, à sa loi. » C'est ainsi que Quatremère pouvait écrire que « les individus doivent être [...] des moyens d'étudier l'espèce ; et c'est par l'espèce qu'il faut apprendre à rectifier l'individu[58] ». La tâche de l'artiste était toujours de « corriger la nature » ou de « rectifier l'individu » à partir d'un idéal qui s'identifiait maintenant à la loi de la nature, figurée dans le *type*.

Plus que sur l'« irrationalisme » qu'il revendiquait hautement et qu'on lui attribue si facilement, le nazisme se fondait, dans son projet racial, sur cette rationalité-là. S'il y avait une part d'irrationnel, elle ne résidait pas dans la méthode, mais dans la volonté de l'appliquer au « matériel humain », à partir de la définition de l'homme comme être de désir, se modelant sur son idéal. La croyance que ces règles de l'art issues du néoclassicisme pouvaient se transposer à l'art de l'« élevage humain » avait, on s'en souvient, trouvé à la fin du XIXe siècle son expression paradoxale chez Oscar Wilde : « Un grand artiste invente un type que la vie, comme un éditeur ingénieux, s'efforce de copier et de reproduire sous une forme populaire[59]. » Pour le nazisme qui donnait corps à toutes les métaphores, l'artiste avait pour tâche de sonder l'Esprit du peuple germanique, d'en observer sur son corps les diverses manifestations visibles et d'en extraire le précieux type idéal qui servirait de modèle dans un processus de reproduction. Reconnaissant en Hitler leur maître et le meilleur connaisseur de l'Esprit du peuple, les artistes nazis, « travaillant dans le sens du Führer » et « répondant au désir du Führer », mirent au jour non pas le type *völkisch* mais le type « hellénique », celui que le Führer percevait toujours dans son peuple, à travers les stratifications historiques et les métissages successifs.

Après avoir, dans son discours de Nuremberg en 1934, ridiculisé cet art *völkisch* défendu par certains rétrogrades, Hitler exposait le

« lien interne » qui justifiait l'incarnation des Allemands d'aujourd'hui selon le type et l'idéal grecs :

> « Quand l'hellénisme a trouvé pour l'homme et la femme une reproduction artistique déterminée, alors celle-ci doit être considérée comme étant non seulement de manière grecque, comme est africaine une représentation de l'homme et de la femme par une tribu nègre, mais elle doit de plus être considérée, abstraitement parlant, comme claire, c'est-à-dire juste. Car dans cette représentation ne s'exprime pas seulement une certaine particularité conditionnée par la race, mais aussi la compréhension propre de cette race dans la justesse absolue de la mise en forme du corps de la femme et du corps de l'homme. C'est ainsi et pas autrement qu'ils doivent être l'un et l'autre pour satisfaire, au moins anatomiquement, à leurs tâches suprêmes. Comme l'image de l'homme est l'expression de la plus grande force virile, se montrant par là conforme à son essence et à sa vocation naturelle, de même l'image de la femme magnifie la vie mûre et la mère sacrée, conformément à son but le plus haut. Dans cette conformité au but *(Zweckmässigkeit)* bien comprise et reproduite réside l'ultime mesure de la beauté. Si d'autres peuples ne comprennent pas cette beauté, la raison en est seulement que tout aperçu de la plus haute conformité au but leur est fermé[60]. »

Si la pensée néoclassique achevait l'identification de l'Idée à la forme idéale, avec la pensée nazie commençait l'identification de l'idéal mis en forme à la réalité[61]. Hitler confondait les figures de l'art avec son peuple vivant parce qu'il était, lui aussi, convaincu de la puissance du type : dans la figure idéale de l'art, les signes de la fertilité *étaient* fertiles, comme les signes du combat *combattaient*. Ce que le XIXe siècle avait énoncé de l'idéal dans l'art devenait vrai dans la vie : il était avant tout potentialité et puissance. Ce dogme de l'immanence était une autre façon de renouer avec le dogme chrétien de la *présence réelle* dans l'hostie : la puissance agissante pouvait bien être nommée *genius* ou *Idée*, sa présence dans la forme du *type* ou de l'*idéal* n'était plus pensée comme étant symbolique mais réelle. Ou pour le dire avec Jan Patočka analysant notre modernité : « Le possible n'est plus ce qui *précède* le réel ; il devient plutôt le réel lui-même dans son processus créateur[62]. »

Dans son discours d'ouverture de la Grande Exposition de 1937, Hitler s'en prenait à ces artistes qui se contentaient d'affirmer verbalement leur « solide vouloir » et leur « expérience intérieure *(inneres Erlebnis)* » : « Et par-dessus tout, ce qu'on appelle le vouloir nous intéresse beaucoup moins que le pouvoir. » Cette citation presque textuelle de Wagner introduisait un remarquable passage, insistant longuement sur le fait que « *l'époque nouvelle travaill[ait] à un nouveau type d'homme* » : jamais, disait-il en évoquant les corps radieux qui s'étaient exposés l'année précédente aux Jeux olympiques de Berlin, « jamais l'humanité n'a été aussi proche des Anciens qu'aujourd'hui, dans son apparence et dans son sentiment[63] ». Le type originaire n'était plus en réserve dans l'art, il commençait de s'imprimer dans la vie.

Prodiges et monstres

Lors de son voyage en Italie en 1938, Hitler fut tellement saisi à la vue d'une copie romaine en marbre du *Discobole* de Myron que Mussolini décida de lui en faire cadeau. À son tour, le Führer l'« offrit » au peuple allemand en le déposant à la Glyptothèque de Munich. Inaugurant cette même année 1938 la deuxième Grande Exposition d'art allemand, Hitler acheva son discours par l'évocation de cette « belle œuvre immortelle » *[fig.71]* :

« Puissiez-vous tous ne pas manquer d'aller à la Glyptothèque, et puissiez-vous alors reconnaître combien l'homme était autrefois

71. Hitler lors de la remise
du *Discobole* d'après
Myron à la Glyptothèque
de Munich, juillet 1938.

splendide dans la beauté de son corps, et combien nous ne pour-
rons parler de progrès que lorsque nous aurons, non pas seulement
atteint, mais si possible dépassé cette beauté ! Puissent aussi les
artistes mesurer à cela comme se révèlent aujourd'hui à nous mira-
culeusement le regard et le pouvoir de ce Grec Myron, ce Grec qui
a créé cette œuvre, voici près de deux millénaires et demi, devant
la copie romaine de laquelle nous nous tenons aujourd'hui dans
une admiration profonde ! Et puissiez-vous trouver là la mesure
des tâches et des accomplissements *(Leistungen)* de notre temps !
Puissiez-vous tous aspirer au beau et au sublime pour faire face,
dans le peuple comme dans l'art, à l'évaluation critique des millénaires à venir[64] ! »

C'était donc *dans le peuple comme dans l'art* que devaient se per-
pétuer le regard et le pouvoir grecs. Et si le Führer avait condamné
l'art qui lui était contemporain, c'était parce qu'à l'inverse ce dernier
s'efforçait de « soustraire le passé au regard du présent[65] ». L'« idéal de
beauté nordique », identifié à son modèle grec, demeurait l'obsession
de Hitler, de Himmler et de Walther Darré, comme elle était celle de
Schultze-Naumburg[66] (qui voyait ressurgir cet idéal dans *Le Cavalier
de Bamberg*) et de tous les artistes les plus engagés « dans le sens du
Führer ». Même Rosenberg et Goebbels, dont les goûts initiaux
allaient plutôt vers le *völkisch* pour le premier, vers l'expressionnisme
pour le second, durent s'y rallier à partir de 1934 en raison du *Führerprinzip*. L'une des certitudes qui s'étaient le plus fortement ancrées
en Hitler était que « les idéaux les plus hauts correspondent toujours à
de profondes nécessités vitales, tout comme les canons de la beauté la
plus parfaite découlent logiquement, en dernière analyse, de l'utilité[67] ». S'il partageait avec son époque néoclassique une évidente fascination pour l'art grec, il en partageait aussi, à sa manière, le vita-
lisme fonctionnaliste : la vie, comprise comme la fonction suprême,
déterminait dans son développement la forme idéale de beauté qui lui

était le plus utile, c'est-à-dire qui assurait le mieux sa reproduction et sa perpétuation. Hitler avait donc posé « en axiome que non seulement l'homme vit pour servir l'idéal le plus élevé, mais aussi que cet idéal parfait constitue à son tour pour l'homme une condition de son existence. Ainsi se ferme le cercle. » Dans ce cercle se nouaient, depuis l'aube de la culture nordique-aryenne, les relations de réciprocité de l'art et de la vie de la race, leur engendrement mutuel pour l'éternité. Toute intrusion, dans ce processus circulaire, d'un corps étranger à cette race et à cet art, en menaçait nécessairement l'éternité, que ce corps « racialement étranger *(artfremd)* » fût idéal ou vivant.

Ce fut l'un des aspects les plus singuliers du nazisme qu'il réserva, tout au long de son règne, un traitement similaire aux hommes et aux œuvres jugés « débiles et vermoulus » – ce que Hitler nommait « *das Schwache* » –, depuis l'exclusion jusqu'à la crémation. Inversement, toutes les mesures de « protection de la race » se doublaient sous le Troisième Reich de mesures de protection de l'art. Ainsi l'année 1933, celle des premières mesures anti-juives et de la loi de stérilisation, fut aussi celle des premières expositions d'« art dégénéré *(entartete Kunst)* », organisées dès avril 1933 à Mannheim, puis à Karlsruhe, Nuremberg, Chemnitz, Stuttgart, Dessau, Ulm et Dresde. Seule la dernière s'intitulait « *Entartete Kunst* », ouverte après que Hitler, dans le premier discours sur l'art tenu à Nuremberg, eut répété que « l'humanité dégénérerait *(würde entarten)* » et que la *Kultur* rétrograderait pour peu qu'elle fût laissée aux mains des « éléments décadents ou étrangers à la race ».

Quant à l'interdiction d'exercer faite aux artistes juifs, elle avait d'abord été juridiquement distincte de celle qui visait les artistes « dégénérés ». Mais la veille même de l'ouverture de la grande exposition d'« art dégénéré » de Munich en 1937, où artistes juifs et non juifs étaient unis dans la même condamnation, la stérilisation pour des motifs raciaux commença de s'exercer sur les *Rheinlandbastarde* (bâtards de Rhénanie), ces enfants issus de l'union de « mères alle-

mandes » et de soldats noirs durant l'occupation de la Ruhr par l'armée française. Préparée de longue date, cette stérilisation fut inaugu-
rée le 30 juin 1937 à l'hôpital protestant de Cologne et fut suivie
d'environ cinq cents autres opérations[68]. Si la « stérilisation » artistique était si importante aux yeux des nazis, c'était bien parce qu'ils
avaient la conviction que l'« art nègre », produit par les artistes juifs et
« dégénérés », faisait peser sur l'avenir de la race germano-nordique la
même menace que ces « bâtards de Rhénanie ».

Schultze-Naumburg le professait depuis la publication en 1928 de
son ouvrage *L'Art et la Race* : il ne fallait pas seulement craindre l'effet destructeur du mélange des races sur l'art, mais également l'inverse : un art dégénéré engendrait une humanité monstrueuse. Le
cercle se refermait toujours, quel que fût l'idéal – de rédemption ou de
corruption – dont il recevait l'impulsion. Les planches célèbres qui
illustraient son propos *[fig.72 à 75]* ne prétendaient nullement prouver
que les artistes modernistes avaient pris pour modèles des monstres de
chair[69], bien au contraire : « Il va de soi qu'il ne faut pas supposer que
de tels patients ont servi de modèle aux peintres. Il s'agit, avec notre
parallèle, non pas de trouver chaque fois une concordance fidèle, mais
de montrer une vérité correspondant à peu près à ce que représentent
ces images[70]. » De quelle nature était donc cette vérité ?

Bien moins naïf et stupide qu'on ne le laisse entendre aujourd'hui
par commodité, Schultze-Naumburg affirmait que, jusqu'à la mort de
Goethe environ (1832), dominait une *Weltanschauung* qui assignait à
la morale et au divin la tâche de « refouler le mal [...] processus sur
lequel reposait le devenir de l'homme et de la *Kultur* ». Le mal n'était
certes pas liquidé ainsi, mais « seulement expulsé de la conscience »
et, selon la force de la personnalité morale, « la conscience l'emportait
sur l'inconscience et ses sombres pulsions ». Celles-ci reparaissaient
bien sûr de temps à autre, mais il suffisait d'un petit « coup sur le
nez » pour les faire retourner dans leur tanière. Mais voilà que soudain d'innombrables démagogues professaient : « Vous n'avez plus à

Abb. 118.

Abb. 119.

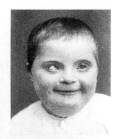

Abb. 120.

Abb. 121.

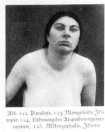

Abb. 122, Paralyse, 123 Mongoloide Idiotpie, 124, Lähmung der Augenbewegungsnerven, 125. Mikrozephalie, Idiotie

überstellung nicht darum, jeweils eine genaue Übereinstimmung zu finden, sondern eine Wirklichkeit zu zeigen, die den Vorstellungen jener Bilder ungefähr entspricht.

Abb. 127.

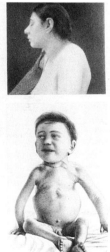

72 à 75. Paul Schultze-Naumburg, planches de *L'Art et la Race*, 1928.

Abb. 132.

Abb. 133.

Abb. 132—134. Ausschnitte aus Bildern der „modernen" Schule

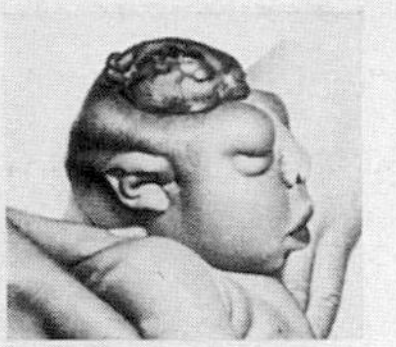

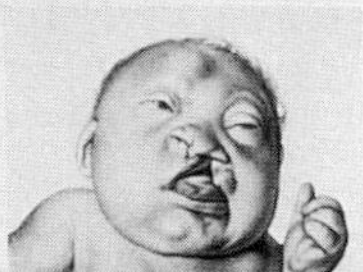

Abb. 135. Anenzephalie

Abb. 136. Akromegalie der Hände un-
teren Gesichtsteile

Abb. 137. Hochgradige Hasenscharte

galt, zum mindesten soweit es seine geistig führende Schicht betrifft, und dessen körperliche und geistige Gesundheit doch noch immer verhältnismäßig hoch gewertet wurde. Tritt der nordische Mensch wirklich so als Anteil der Bevölkerung Deutschlands zurück, wie es nach der Kunst den Anschein hat? Und zum zweiten und hier fast noch wichtigeren: tritt die Schicht der Gesundenen mit all ihren Begleiterscheinungen: dem häßlichen verbildeten Leib, den Merkmalen der Krankheit, des Lasters und der seelischen Minderwertigkeit so in den Vordergrund unseres Volkslebens, daß es bestimmend für

die Kunst unserer Tage in der Tat ein getreues Bild von dem Zustand seres Volkskörpers und den Zuständen seiner Umwelt, so gäbe es ein Wort, das das Grauenhafte dieses Prüfungsergebnisses deutlich ge zu bezeichnen vermöchte. Es bestehen hier drei Möglichkeiten:

Entweder war das, was als Kunst auf Märkten und sonst überra in Erscheinung trat, tatsächlich ein Ausdruck des Wesens der Gesa heit des ganzen Volkes. Dann erschiene allerdings unsere Kulturwelt Untergang reif oder doch zum Ausscheiden aus dem Kulturkreis wissen Völker. Oder es ist die Lebensäußerung eines Kreises, der Ursachen, die hier nicht untersucht werden können, sich breiter dars als ihm gebührt, indem er nur einen Teilausschnitt aus dem Gesa wesen zu Worte kommen läßt. Oder endlich: der Volkskörper ist l lich und geistig anders gerichtet und gesünder; nur die Kunst von h befaßte sich in einseitiger Einstellung mit Verfall- und Entartungsers nungen. Dies würde zwar der bisherigen Erfahrung und auch der läufigen Auffassung widersprechen. Denn man nahm im allgemeinen

74

Abb. 142.

Abb. 143.

Abb. 144.

Abb. 145.

Abb. 142—145 sind Ausschnitte aus Bildern
der „modernen" Schule

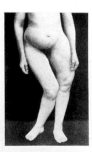

Abb. 146. Gelenkveränderung nach Tabes

Abb. 147. Endemischer Kretinismus

Abb. 148. Metenzephalitis (Hirngrippe)
mit Riger (Muskelstarre)

Abb. 149. Mongoloide Idiotie

75

laisser réprimer vos pulsions par votre conscience moralement contrainte. Car c'est une part de vous-même, et vous devez la "libérer." » Avec ce slogan qui voulait que chacun « s'exprime *(sich ausleben)* », « la boîte de Pandore » était ouverte, laissant se répandre les démons hurlants. Schultze-Naumburg voyait l'art contemporain comme le miroir de ce processus qui ouvrait la voie aux « sous-hommes », incapables de réprimer leurs pulsions destructrices. Dans ce chaos se développaient une « prédilection infantile » pour les déclassés sociaux et un « désir presque pervers » à l'égard des races étrangères et de leur façon d'être[71].

La condamnation nazie de l'art contemporain se fondait donc explicitement sur ce constat : la *Kultur* ne remplissait plus sa fonction traditionnelle de refoulement des pulsions destructrices. Que cet art fût la présentation (parfois critique) et non la mise en œuvre de la barbarie moderne, c'était précisément ce que le nazisme ne pouvait accepter, lui qui récusait toute sublimation et postulait au contraire la capacité de toute image à transformer de fait le réel. Ce qui justifiait la condamnation de l'art contemporain, c'était qu'en laissant le refoulé de la *Kultur* faire retour en son sein, il le produisait en place de l'idéal. Goebbels, comme les autres idéologues du régime, attribuait cette irruption du refoulé aux juifs, qui n'avaient aucun « sens de la beauté » et dont le talent était « plus apte au doute purement intellectuel qu'à l'exposition de la beauté naturelle et de l'harmonie esthétique ». Mais « sous ce rapport négatif », il existait cependant « un art typiquement juif » : « Il pratique la glorification de tous les vices et monstruosités. Il élève au rang d'idéal artistique le non héroïque, la laideur, la maladie et la décomposition. Nous connaissons cette anomalie pathologique de la vie de la culture sous le nom d'art dégénéré[72]. » C'était exactement cette position du refoulé faisant irruption dans l'art en place de l'idéal que dénonçait aussi Hitler à Nuremberg :

« Ce que l'on nomme "culte du primitif" n'est nullement l'expression d'une âme naïve et innocente, mais celle d'une dépravation totalement corrompue et malade. [...] L'art n'a pas pour mission de rappeler aux hommes leurs symptômes de dégénérescence, mais bien plutôt de lutter contre eux en soulignant ce qui est éternellement sain et beau. Si ces corrupteurs de l'art prétendent vouloir exprimer par le "primitif" le sentiment d'un peuple, notre peuple en tout cas est, depuis des siècles déjà, sorti de la primitivité préconisée par ces barbares[73]. »

Certains idéologues tentaient d'élaborer un darwinisme esthétique, comme Ludwig von Senger qui opposait « le sentiment tridimensionnel nordique de l'art » au « sentiment bidimensionnel oriental » que l'on retrouvait bien évidemment dans l'art bolchevique[74]. Mais le succès de tels efforts demeura limité, car l'enjeu véritable se situait dans les effets de l'art, non dans ses causes. Sa mission, continuait Hitler, était de « démontrer la nécessité vitale de ce qui est bien et utile [et non d'] assurer le triomphe de ce qui est nuisible, [...] de fouiller dans l'ordure par amour de l'ordure, de ne peindre l'homme que lorsqu'il est dégénéré, de présenter des femmes atteintes de crétinisme et d'en faire le symbole de la maternité, ou des idiots contrefaits et d'en faire un exemple d'énergie ».

Une fois de plus, Hitler ne différenciait pas la vie de son image. De même que l'idéal de l'art grec devait nécessairement s'incarner dans son peuple, de même fallait-il à tout prix empêcher que l'art dégénéré n'engendrât des monstres. Ainsi le nazisme opposait-il de façon fort conventionnelle les deux pôles du sacré : les expositions d'« art dégénéré » rassemblaient tout ce qui lui semblait relever des puissances de mort et de destruction, tandis que les « Grandes Expositions d'art allemand » regroupaient toutes les puissances positives qui devaient assurer la continuité de la *Kultur* germano-nordique. Ce fantasme d'un partage possible du pur et de l'impur posa bien sûr au pouvoir nazi autant de problèmes devant les objets de l'art que devant le « matériel humain ».

En condamnant cet art nouveau qui faisait place à ce que la *Kultur* avait refoulé jusqu'au début du siècle, Hitler pouvait donc légitimement revendiquer l'héritage des valeurs traditionnelles par lesquelles s'était maintenue cette *Kultur*. En cela, le nazisme refusait bien sûr de reconnaître la nature de la disjonction qui s'était irrémédiablement produite entre les fins de l'art et celles de la *Kultur*, même s'il avait parfaitement su la diagnostiquer. Cette disjonction que *Mein Kampf* situait tantôt en 1910 et tantôt à la fin du siècle précédent, Schultze-Naumburg pour sa part la datait symboliquement de la mort de Goethe. On se souvient qu'à Édouard Manet, qui s'affligeait de l'accueil négatif qu'avait reçu son *Olympia* sacrilège au Salon de 1865, Baudelaire avait répondu ironiquement : « *Vous n'êtes que le premier dans la décrépitude de votre art*[75]. » Aucun de ces diagnostics n'était absolument faux : le miroir que l'art moderne tendait maintenant à une *Kultur* fondée sur le refoulement mettait en effet la critique de cette *Kultur* à la place qu'occupait autrefois l'idéal qui la soutenait ou la fondait. Et si le nazisme condamnait cet art moderne, c'était bien parce que celui-ci se faisait, même malgré lui, le miroir de ce que le nazisme prétendait continuer à refouler jusqu'à le rendre invisible*.

Lorsque Schultze-Naumburg stigmatisait la « prédilection infantile » pour les déclassés sociaux et le « désir presque pervers » à l'égard des races étrangères, il pointait seulement avec perspicacité ce désir d'altérité – un désir incompatible en effet avec l'exigence de reproduction du même, avec la volonté d'autoreproduction et de *Selbst-*

---

* Le juif – ou tout « ennemi » de la communauté – et l'art « judéo-bolchevique » demeurèrent à cet égard soumis, là encore, à des traitements voisins : expositions à des fins pédagogiques – l'exposition « Le Juif éternel » (« *Der ewige Jude* ») ouvrit en 1937 à Munich peu après les deux autres –, expulsion des institutions et lieux publics, enfermement, exploitation du travail (en camp et en usine) ou de la valeur marchande (vente à l'étranger), destruction. Ce n'était évidemment qu'à ce dernier stade que commençait de se réaliser le fantasme d'une totale et pure visibilité aryenne.

gestaltung (autoformation) qui aurait dû fixer enfin les liens de la communauté pour les mille ans à venir.

Tous les idéologues du national-socialisme se fondaient sur ce postulat que l'homme est un être de désir. Fournir à ce désir son objet exclusif et suffisant fut l'effort qu'ils déployèrent tout au long de leur règne. La concurrence que le nazisme entretenait avec l'art moderniste était, à cet égard, de même nature que celle qu'il entretenait avec le christianisme : dans un cas comme dans l'autre, l'enjeu était d'occuper la place de l'objet du désir. Rosenberg répétait que chaque race avait le désir nostalgique *(Sehnsucht)* de son type ou de son dieu, Walther Darré que « le désir secret recevait son image visible » dans le type. Remplacer le Christ par le Führer « racialement semblable *(artgleich)* », substituer à l'image critique des modernes l'image de « l'idéal nordique », c'était chaque fois diriger le désir vers l'objet qui justifierait tous les sacrifices au nom de l'éternité de la race. Dans ses mémoires de jeune Berlinoise catholique gagnée à la cause nazie, Melita Maschmann a raconté comment il lui fallut douze ans après la fin de la guerre pour que lui apparût qu'elle avait servi une « idole avide de sang » : « Nous nous étions enfermés dans une sorte d'idolâtrie de notre peuple, sentiment dont la contrepartie ne pouvait être que mépris et haine pour les autres peuples […]. Nous avions acquis ainsi un esprit borné, digne d'une peuplade sauvage, qui s'imagine que les dieux de sa tribu sont les plus puissants du monde[76]. » Cette auto-idolâtrie, qui s'affirmait autant par la médiation de l'idéal artistique germano-nordique que par celle du Führer Christ et Artiste, impliquait que le désir du peuple fût exclusivement endogame.

Peu de théoriciens du nazisme formulèrent mieux que Carl Schmitt la nature endogame de ce lien amoureux. Son ouvrage qui donnait pour fondement juridique au nouveau régime l'*Artgleichheit* s'achevait par ces mots :

« Nous cherchons un attachement *(Bindung)* qui soit plus sûr, plus vivant et plus profond que l'attachement trompeur à la lettre falsifiable de milliers d'articles de loi. Où pourrait se situer cet attachement, sinon en nous-mêmes et dans notre *Art* (« race », « espèce », « nature », « manière d'être ») propre[77] ? »

Carl Schmitt opposait à la *lettre (Buchstabe)* « notre manière de sentir d'aujourd'hui *(unser heutiges Empfinden)* », plus organique et biologique. C'était pourquoi sans cette *Artgleichheit*, sans cet attachement de la Communauté à sa propre espèce ou race *(Art)*, l'« État total du Führer » ne pourrait « subsister un seul jour[78] ». Et il est vrai que le national-socialisme ne subsista que dans l'extrême fluidité et le changement incessant des textes de loi. La contrepartie en était l'incarnation de la loi dans la race et dans l'image qui lui était immanente – une belle forme identifiée au messie. À l'absence d'une véritable Constitution écrite et stable, établissant des liens lisibles et intelligibles, s'opposait la « présence réelle » de l'image immanente à la race. Créatrice de liens sensibles, cette image incarnait la loi du désir, celle qui commande l'ignorance ou la destruction d'autrui. La loi de l'image délivrait de la Loi ancienne.

L'appariement du désir à la loi pouvait cependant s'énoncer dans les textes de lois eux-mêmes ou dans les directives de discours officiels, qui ainsi se rapprochaient singulièrement des slogans de la propagande. On se souvient que tel décret engageait à « répondre au désir du Führer », que tel dirigeant expliquait que le devoir de chacun était « de chercher à travailler dans le sens du Führer » ; à cela correspondaient les slogans qui ouvraient et fermaient l'espace et le temps du désir en même temps qu'ils lui assignaient son objet : « Donner un enfant au Führer », « Mourir pour le Führer », ou bien encore ce slogan qui ornait chacun des camps des Jeunesses hitlériennes : « Nous sommes nés pour mourir pour l'Allemagne[79]. »

Hannah Arendt affirmait justement que dans leur prétention à tout expliquer, les idéologies totalitaires avaient « tendance à expliquer non ce qui est, mais ce qui devient, ce qui naît et meurt[80] ». En même temps qu'ils donnaient à l'individu les limites où devait s'épuiser son désir, ces slogans rendaient raison de l'infini du désir par l'affirmation d'une perpétuation de la race, au-delà des limites imparties à l'individu. Le culte du Führer s'identifiait ainsi au culte de la race, enfermant celle-ci dans une auto-idolâtrie qui lui faisait en effet servir, comme le disait Melita Maschmann, « une idole avide de sang ».

Accélérateurs

Dans la Maison de l'art allemand, l'appel au sacrifice que lançaient tous les corps *disponibles* et *prêts au combat* exigeait, s'il devait être entendu, que fût renouvelé simultanément le matériel humain *(Menschmaterial)* capable du sacrifice suprême. C'est pourquoi les œuvres qui incitaient à la reproduction de la vie étaient inséparables de celles qui appelaient à « mourir pour le Führer ». La terreur totale, essence du régime totalitaire, disait Hannah Arendt, « est censée fournir aux forces de la nature ou de l'histoire un incomparable moyen d'accélérer leur mouvement », et cela « jusqu'à atteindre une vitesse que, laissées à elles-mêmes, elles n'eussent jamais atteinte[81] ». L'imagerie nazie était une pièce essentielle de cette terreur : elle constituait un véritable *accélérateur des passions*, qui tendait à précipiter le cycle naturel de la naissance et de la mort dans une mobilisation générale du *Volkskörper*. Le caractère industriel de l'extermination, aujourd'hui perçu comme l'un des traits distinctifs de l'horreur nazie, était de fait inséparable de la volonté d'industrialiser la production de l'homme nouveau. La production industrielle de la mort et celle de la vie constituaient les deux faces d'un même processus de sélection selon l'Idée national-socialiste, même si celui-ci répandit évidemment bien davantage la mort qu'il n'engendra la vie.

À cette réalisation industrielle de l'Idée appartenait la fabrication de peintures et de sculptures qui servaient de prototypes dans un processus de reproduction sélective à très grande échelle : catalogues, revues spécialisées, presse quotidienne et hebdomadaire, cartes postales de la Maison de l'art allemand diffusées à plusieurs dizaines ou centaines de milliers d'exemplaires. La reproduction mécanique de l'œuvre d'art était mise au service de la reproduction organique du génie, de sorte qu'en paraphrasant Walter Benjamin on aurait pu dire que le génie semblait avoir atteint l'ère de sa reproductibilité technique.

« À quoi souhaitons-nous voir ressembler notre peuple ? » demandait un spécialiste de l'éducation raciale. Il proposait de mettre en parallèle deux groupes d'images : le premier présentant « des visages et des corps au type nordique prononcé », le second « un groupe de Juifs qui pourraient être des contemporains ordinaires, ou bien des "personnalités juives", comme la plupart des chefs bolcheviques. [...] C'est justement par l'accumulation d'exemples de deux types que l'on obtiendra que l'adhésion instinctive des enfants à l'un des groupes et leur violent refus de l'autre deviennent un réflexe naturel[82]. » Répétant le dispositif des exemples et contre-exemples dont Schultze-Naumburg avait depuis longtemps montré l'efficacité, ce pédagogue disait exactement le but poursuivi par les deux expositions opposées de l'« art dégénéré » et de « l'art allemand » : l'attirance pour le type nordique et la répulsion pour l'anti-peuple *(Gegenvolk)* devaient progressivement devenir des réflexes naturels à tous les membres de la Communauté. L'amélioration de la race par sa purification étant la condition de sa vie éternelle, il fallait reconduire chacun à l'amour réflexe et naturel de son propre type racial et le dégager de toute « inclination perverse » pour les races étrangères. Il va de soi que les corps nus, peints ou sculptés, qui étaient exposés chaque année dans le Temple de l'art allemand, n'étaient intelligibles qu'en fonction de ce programme qu'il leur fallait remplir.

Le type féminin qu'illustrait *Le Repos de Diane* d'Ivo Saliger *[fig.76]* représentait un « idéal de beauté nordique » qui procédait d'un

76. Ivo Saliger, *Le Repos de Diane*, v. 1939-1940, huile sur toile.

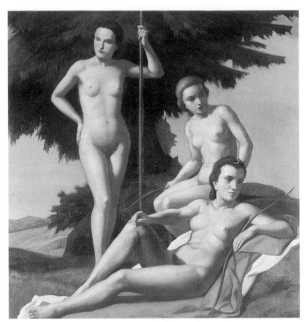

77. Ivo Saliger, *Le Jugement de Pâris*, v. 1938-1939, huile sur toile.

singulier montage. Se détachant sur un paysage de campagne de l'« Allemagne éternelle », trois visages contemporains étaient fichés sur des corps photographiquement nus, mais dont les poses relevaient d'une iconographie classique. Le plus glorieux passé de la race s'unissait ici à la beauté des magazines. Toutefois, une relative virilité des formes répondait souvent dans ces peintures à la féminisation des corps masculins qu'offraient par exemple les statues d'Arno Breker. La distribution conventionnelle des traits sexuels se brouillait alors au profit d'une image de plénitude et de santé, dont le public était supposé s'imprégner jusqu'à la moelle. Du même Ivo Saliger, *Le Jugement de Pâris [fig.77]* transposait de nouveau le mythe grec dans la campagne allemande. Le même montage de visages et de corps féminins s'y donnait à voir, tandis que le fils de Priam se métamorphosait ici en une sorte de membre des Jeunesses hitlériennes en culottes courtes. Bien qu'assis sur un rocher, il semblait esquisser un mouvement de recul devant le corps dénudé d'Aphrodite : s'avançait-elle pour le combat ou pour l'amour ? Sa posture qui pouvait assurément laisser penser, contrairement à la légende, à un accouplement imminent, entretenait aussi une correspondance secrète avec certains corps sculptés *prêts au combat* ou *prêts ou sacrifice [fig.78]*. Tandis que se préparait la lutte sur le « front des naissances », Héra et Athéna, écartées, se rhabillaient déjà sous le chêne germanique qui s'était substitué aux pins de la Méditerranée. Si le spectateur mâle parvenait à s'identifier à Pâris qu'il voyait de dos, l'impossibilité de son accouplement avec la figure peinte d'Aphrodite rétablissait la vérité du mythe. Mais c'était de formation du goût et de réflexe vital qu'il s'agissait, de sorte que le choix de Pâris dans l'image devait désormais se reproduire dans la vie[83].

Le groupe du *Jugement de Pâris* sculpté par Thorak *[fig.79]* était presque toujours photographié du point de vue de Pâris. L'objectif se substituait parfois purement et simplement au héros grec, de sorte que le jugement à porter sur les qualités raciales respectives des trois déesses antiques incombait de fait au spectateur. Himmler s'en

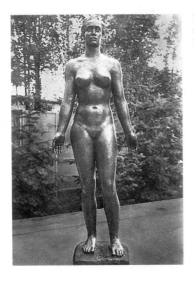

78. Georg Kolbe, grande
statue de femme, 1934,
bronze; H. : 2,15 m.

79. Josef Thorak,
Le Jugement de Pâris, 1941.

80. Ivo Saliger, *Mars et Vénus*,
s. d., huile sur toile.

81. Ivo Saliger, *Léda*, s. d.,
huile sur toile.

82. Paul Mathias Padua,
Léda et le cygne, s. d.,
huile sur toile.

réjouissait en 1936 devant les *Hitlerjugend* : « Les Allemands, et particulièrement la jeunesse allemande, ont réappris [...] à voir les corps et à juger selon sa valeur ou son absence de valeur ce corps que Dieu nous a donné, cette vie que Dieu nous a donnée, ainsi que notre race[84]. » Objet sexuel du désir, la femme transitait dans l'histoire comme le faisait l'homme, éternel combattant de la race. Simultanément présents ou non dans l'image, ils étaient de fait les partenaires inséparables du combat pour la vie éternelle de leur race. Hitler l'avait proclamé dès 1934 : « Le sacrifice que l'homme fournit dans la lutte de son peuple, la femme le fournit en se sacrifiant dans la lutte pour la conservation de ce peuple dans chacune de ses cellules. Ce que l'homme déploie en héroïsme sur le champ de bataille, la femme le déploie en dévouement, en souffrance et en endurance d'une patience éternelle. Chaque enfant qu'elle met au monde est une bataille pour l'être ou le non-être de son peuple dont elle sort victorieuse[85]. »

Quittant parfois leur grécité originaire pour gagner une symbolique Renaissance germanisée (*Mars et Vénus [fig.80]*, d'Ivo Saliger), nos héros la retrouvaient bien vite pour la fécondité de ses mythes : la *Léda* d'Ivo Saliger *[fig.81]*, voluptueusement étendue sur le drap qui la protégeait des aiguilles des sapins allemands, attendait l'arrivée du cygne engendrant les héros. Mais Hitler lui préféra la version de Paul Mathias Padua (*Léda et le cygne [fig.82]*) qu'il fit entrer dans sa collection personnelle : sans doute le cou du cygne en lequel s'était jadis métamorphosé Zeus lui semblait-il plus apte à magnifier sa propre puissance. « Votre corps n'est pas à vous, mais à votre lignée *(Sippe)* et à votre peuple *(Volk)* », répétaient les brochures de la propagande nataliste[86]. Il était clair que le Führer, incarnation virile du peuple, était le père symbolique de tous les enfants des femmes allemandes soucieuses de leur devoir.

Ces nus féminins, représentant plus d'un dixième des œuvres exposées dans le Temple de l'art allemand, non seulement constituaient les modèles du « type » ou de l'« idéal de beauté nordique », mais fournissaient aussi les modèles de comportements sexuels supposés attirer l'élite masculine de la race. Une gestuelle de séduction stéréotypée se répétait d'une peinture et d'une sculpture à l'autre [fig.83 à 85], qui ne devait plus grand-chose à la tradition iconographique du « grand style nordique » mais correspondait bien davantage, comme les visages féminins, aux images des magazines de mode et à leurs publicités. Dans le discours cité plus haut, Himmler se réjouissait d'un changement imminent dans les mœurs : autrefois, « la jeune fille de moindre valeur raciale » mais « plus attirante » était invitée à danser, tandis que « la jeune fille racialement valable faisait toujours tapisserie, parce que l'idéal de notre peuple s'était beaucoup transformé. [...] Actuellement se produit la transformation. Je crois que nous entrons dans une époque où la jeune fille nordique sera épousée, et l'autre non[87]. » Les effets que l'on attendait de ces images modèles étaient bien ceux que décrivait Baudelaire avant Oscar Wilde, lorsqu'il évoquait ces « filles entretenues » qui « s'appliquaient à ressembler aux images de Gavarni[88] ».

En théorie, ces mises en scène de purs objets sexuels ne venaient pas contredire les nombreux portraits de mères honorables, car l'érotisation outrancière du corps féminin et la glorification de la maternité auraient dû coexister dans cet art autrement que dans la morale et dans la vie bourgeoises traditionnelles. Toujours racialement typé, l'objet sexuel ne devait pas constituer une fin en lui-même, mais il devait au contraire rappeler le rôle de transmission et de reproduction du génie aryen qui lui incombait. De même que l'exigence de réalisation de l'Idée nazie s'opposait à toute jouissance sexuelle stérile, de même s'opposait-elle à la jouissance purement esthétique des œuvres d'art. Celles-ci étaient toujours, comme l'État pour Hitler et comme la propagande pour Goebbels, de simples « moyens pour un but ». Cette théorie trouva sa formulation exemplaire dans le journal du Bureau de politique raciale du N.S.D.A.P. : la doctrine de *l'art pour l'art* était dénoncée comme étant « typiquement juive et homosexuelle », comme

83. Josef Thorak,
Avec passion (Hingebung),
1940, plâtre avant bronze.

84. Wilhelm Hempfing,
Nu agenouillé, s. d.

85. Josef Thorak,
Deux êtres humains,
détail, s. d.

le prouvait le fait que ses défenseurs soit s'excluaient d'eux-mêmes de la *Volksgemeinschaft* en tant que juifs, soit s'excluaient du processus de reproduction en tant qu'homosexuels[89]. Himmler d'ailleurs mettait en garde ses généraux S.S. contre les dangers de l'homosexualité qui sévissait dans ses troupes :

« La destruction de l'État commence au moment où intervient un principe érotique – je le dis avec le plus grand sérieux : un principe d'attrait sexuel de l'homme pour l'homme, lorsque, dans cet État d'hommes, la qualification professionnelle, le rendement ne jouent plus leur rôle. […] L'homosexualité fait donc échouer tout rendement *(Leistung)*, tout système fondé sur le rendement ; elle détruit l'État dans ses fondements[90]. »

Mais rien ne permettait de penser pourtant que les soldats hétérosexuels, en emportant au front les cartes postales de nus féminins qu'éditait la Maison de l'art allemand, s'en fussent toujours servi comme de simples guides dans le choix des reproductrices du génie aryen. « Il n'y a pas de tâche qui existe pour elle-même » : tel était malgré tout le mot d'ordre des S.S., qui ne cessaient de répéter avec Himmler « la nécessité absolue de comprendre la futilité de tout ce qui a une fin propre[91] ».

Selon cette logique d'instrumentalisation des corps ou du *Menschmaterial*, toute image de jeune femme désirable aurait dû se présenter comme une anticipation de l'image de la mère et, au-delà, de l'éternité de la race. En réalité, la coupure était manifeste entre les deux statuts de la femme que présentaient les peintures, comme elle l'était aussi dans la vie sous le Troisième Reich. *Future Mère* d'Arthur Ressel *[fig.86]* témoignait de cette immédiate désexualisation de la femme dès lors qu'elle passait du statut d'objet désirable à celui de mère. Cette redoutable transformation physique n'empêchait pas que fût entendu l'appel, lancé en 1936 à Nuremberg par la Reichsfrauenführerin

86. Arthur Ressel,
Future Mère, s. d.

Scholtz-Klink[92], à un « peuple assujetti à la race *(artgebundenes Volk*[93]*)* » : cette année-là, plus de mille jeunes filles revinrent enceintes du congrès[94]. L'encadrement sportif et paramilitaire des jeunes ne détournait pas la libido de ses buts sexuels, comme certains le croient trop facilement[95]. Au contraire, la préparation de la guerre et la politique de *Bevölkerung*, de peuplement vers l'est, qui devait donner réalité à l'« espace vital » allemand, exigeaient ces accouplements en masse d'une jeunesse racialement pure. Ainsi, chaque fois que se préparait un rassemblement d'unités des Jeunesses hitlériennes et du B.D.M. *(Bund Deutscher Mädel)*, la Ligue des jeunes filles allemandes, la Führerin des jeunes filles haranguait ses troupes : « Vous ne pouvez pas toutes trouver un mari, mais vous pouvez toutes devenir mères[96]. » De sorte que le *Bund Deutscher Mädel* fut bientôt surnommé « *Bald Deutsche Mutter* (Bientôt mère allemande) ». La bataille qu'encourageait Hitler sur le « front des naissances » gagnait aussi les campagnes, où les camps du B.D.M. jouxtaient souvent ceux des jeunes gens du Service du travail. Des peintures comme *Le Temps de la maturation (Reifezeit)* de Johannes Beutner *[fig.87]* ou *L'Été* de Wilhelm Hempfing *[fig.88]* pouvaient bien répondre à l'idéologie *Blut und Boden* (sang et sol) de la terre-mère ; mais elles illustraient aussi cette chanson qui rendait hommage à l'organisation des loisirs du Front du travail, la *K.d.F.* (*Kraft durch Freude*, la « Force par la joie ») : « Dans les champs et dans les buissons/Je perds la force par la joie[97]. »

Avec la guerre, le discours nataliste devint nettement plus autoritaire. Le directeur d'une école de filles dans l'Alsace reconquise enjoignait en 1940 à ses élèves de prendre conscience qu'elles étaient de « vraies Allemandes, et que le devoir principal de la femme allemande [était] de donner le plus possible d'enfants au Führer, un par an s'il le commande ». Le mariage étant l'affaire des peuples décadents, elles ne devaient pas repousser les avances des jeunes aryens, mais avaient au contraire le « devoir le plus strict » d'avoir « le plus souvent possible des rapports intimes avec eux[98] ». C'était ce qu'un décret du

87. Johannes
Beutner,
*Le Temps de la
maturation*, s. d.

88. Wilhelm
Hempfing,
L'Été, s. d.

28 octobre 1935 nommait le « mariage biologique », qui était de façon significative intégré au *Führerdienst*, au service du Führer. Quant à l'institution du *Lebensborn* (la Source de vie), fondée par Himmler cette même année 1935, elle était censée couronner le dispositif de production de l'homme nouveau. Ces Sources de vie étaient des lieux où l'on sélectionnait pour leurs capacités reproductrices les « meilleurs spécimens de femmes nordiques » afin de les unir à l'élite de la S.S. et d'assurer ensuite l'« élevage » rationnel des *SS-Kinder*, des enfants S.S. Himmler, qui veillait personnellement aux destinées de ces institutions, s'était indigné, un jour de janvier 1941, du laisser-aller qui y régnait. Il résolut donc « de faire installer, devant chaque foyer, la statue de "la mère et l'enfant" afin de mettre en évidence le rôle du Lebensborn [et d'] accrocher tout de suite, dans un endroit propice », un tableau de *La Mère allaitant*[99]. Himmler croyait assurément comme Wilde que « la vie imite l'art bien plus que l'art n'imite la vie ». Mais ce n'était après tout qu'user des vieilles vertus de l'*exemple*, celles que Baldur von Schirach invoquait lorsque, devant les Jeunesses hitlériennes dont il était le Führer, il disait sa foi en « la puissance du modèle qui marque tout de son empreinte[100] ». Quel que fût le caractère en général étroitement doctrinaire des formulations nazies, il est clair qu'elles ne purent si bien rassembler qu'en raison du très large fonds idéologique auquel elles s'alimentaient.

Tandis que tous les idéologues affirmaient que l'art devait redevenir la « puissance vitale » qu'il était autrefois, c'est avec Wolfgang Willrich, l'un des peintres que protégeaient Himmler et Walther Darré, que l'« élevage » selon l'idéal type fut porté à sa phase critique. À lire son ouvrage sur *La Purification du temple de l'art*[101], publié quelques mois avant l'ouverture en 1937 de la « Grande Exposition d'art allemand » et de celle de l'« Art dégénéré », il semble que l'homme nouveau du national-socialisme ne pouvait être engendré que par l'art – et par l'art le plus pur. L'art, disait-il en substance, serait capable de rompre l'enchaînement des causes naturelles de dégénérescence si l'on parvenait à implanter dans le corps germano-nordique le greffon, conservé dans l'art comme dans certains spécimens d'Allemands, du pur idéal des Anciens. Comme si, la médecine raciale étant encore inopérante dans la fabrication bio-génétique de l'homme nouveau, il incombait à l'art de procéder à une greffe sur l'imaginaire de la race.

Willrich estimait que définir « l'homme sain de race nordique » était « la tâche la plus noble de la création artistique ». Contre l'art dégénéré qu'il fallait expulser du Temple parce qu'il « donnait en modèle une caricature au lieu de l'idéal[102] », il cherchait, dans les œuvres de l'art des Anciens ou du Moyen Âge – dans « l'art créateur de types » *et* dans les corps de ses compatriotes – « le visage allemand idéal » qui servirait de type. Rappelant que la doctrine raciale aspirait « à la santé du peuple, à la pureté de la race et à l'éternité de l'espèce *(Art)* du peuple allemand », il affirmait que l'image était plus apte que les mots à la propager. Il développait alors, à partir des doctrines de Darré, sa propre version du mythe de l'engendrement par l'image :

> « La doctrine raciale s'efforce de créer, par la sélection des meilleurs au plan de l'hérédité se soumettant librement à l'élevage de la race, la nouvelle noblesse allemande qui guide exemplairement le peuple dans l'espèce et dans l'action par sa volonté supérieure et son exemple valeureux. Éveiller le désir nostalgique du peuple allemand à l'égard d'une telle noblesse, poser clairement et graver en lui de façon contraignante le beau et le sublime, non pas simplement comme le privilège de dieux auxquels on ne peut croire, mais comme une possibilité humaine et comme le but ultime de la régénération *(Aufartung)*... quelle tâche sublime pour l'art[103] ! »

Redevenir des dieux : l'art, qui guidait les hommes sains vers leur propre divinité, était aussi capable de leur permettre de surmonter la mort. Fondé sur la connaissance des lois naturelles de la mort, de la vie et de l'hérédité, l'art permettait, disait Willrich, d'en finir avec la vieille représentation d'une vie personnelle après la mort, de « supprimer définitivement l'angoisse des châtiments ou des récompenses personnelles ». C'était en fait la vieille doctrine « romaine » du génie, telle que l'avait décrite Otto, qui était à nouveau convoquée : la doctrine raciale enseignait, selon Willrich, la nécessité d'« aller au-devant de la mort personnelle avec la volonté d'une survie supra-personnelle – non dans un au-delà, mais dans ses enfants, dans les enfants de ses enfants et dans les réalisations *(Leistungen)* créatrices sur notre terre elle-même[104] ». Et c'était en effet l'une des constantes du nazisme que d'invoquer un salut ici-bas, accessible grâce aux œuvres de la race. Par l'art, il était donc possible d'agir sur les puissances du destin en guidant et en orientant le jugement. Qu'était-ce que ce caractère divin des lois de la nature, sinon « une puissance, un secret plein de promesses, destiné à sonder la raison de l'homme jusqu'à ses limites propres » ? Aux limites de la raison se trouvaient non seulement les mots, mais aussi les images de la photographie, trop attachées à ce qui est pour pouvoir guider la race sur le chemin de sa régénération à venir. C'était pourquoi la doctrine raciale exigeait davantage que les mots et les photographies de ses manuels pour se propager concrètement : « Ni le mot ni la photographie ne sont en mesure d'éveiller à la fois les représentations les plus claires et la participation enthousiaste. Cela n'appartient qu'aux arts plastiques. » La mise en mouvement enthousiaste du corps de la race exigeait que l'objet proposé à son désir le suscitât en quelque sorte automatiquement : « Pour ce qui est du sentiment, avant tout pour le jugement de l'œil quant à la noblesse ou la bassesse d'un trait, les mots et les concepts sont des maîtres bien trop frustes. Au contraire, l'art du peintre ou du sculpteur peut transmettre directement au subconscient ce qui est à adorer ou non, avec une pénétration insistante[105]. »

Le frontispice de son ouvrage *[fig.89]* donnait assez clairement à voir l'objet qu'il offrait à l'adoration automatique du peuple. C'était

89. Wolfgang Willrich,
La Gardienne de l'espèce,
frontispice de *Säuberung
des Kunstempels*,
Munich/Berlin, 1937.

90. Wolfgang Willrich,
*La Gardienne
de l'espèce*, v. 1937.
« Est moral ce qui est utile
à la conservation de l'espèce
allemande. Est immoral
ce qui va à son encontre »,
Walther Darré.

l'une de ses propres œuvres, intitulée *Die Hüterin der Art* (La Gardienne de l'espèce) qu'il devait mettre un an plus tard à la disposition de Himmler pour « la décoration d'un quelconque espace qui en serait digne[106] ». Willrich, qui prônait la rénovation des anciennes figures de la mythologie en symboles *crédibles*, restaurait donc la figure virginale de Marie par son tableau destiné à l'autel moderne de la foi nazie. De même que la *Madonna del parto*, peinte par Piero della Francesca à Monterchi, portait encore en son sein l'enfant qui viendrait délivrer les hommes du péché, la Gardienne de l'espèce, rayonnante au centre du tableau, joignait ses mains sur le ventre qui allait donner un enfant au Führer. La loi nouvelle prétendait conserver et relever l'ancienne : de même que, parmi les nazis les plus hostiles au christianisme, certains comme Kerrl reconnaissaient qu'ils n'avaient rien à « mettre à la place de la morale chrétienne », de même, parmi les chrétiens, certains comme le cardinal Faulhaber avouaient n'avoir « rien à objecter contre une étude honnête de la race ni contre une politique de sauvegarde de la race[107] ». Cependant, si *La Gardienne de la race* restaurait la figure virginale de Marie mère de Dieu, ce corps productif se dédoublait aussi en un corps maternel armé. Sous le même titre, une seconde version *[fig.90]* transformait la figure en gardienne du « foyer germanique », de sorte que la même mère était ressuscitée dans ses deux fonctions d'engendrement du dieu et de vestale du Temple qui enfermait le génie de la race, symbolisant ainsi l'autopurification de ce Temple de l'art qu'elle-même représentait. Ce Temple, que Hitler avait dédié à « la déesse de l'Art » pour qu'y fussent déposées « les semences d'une nouvelle et haute culture[108] », était bien la divinité maternelle au sein de laquelle le peuple allemand pouvait trouver refuge, mais aussi se purifier jusqu'à « être un avec soi-même ».

Gottfried Benn ou l'image endogène[109]

Symptomatique de l'esprit de concurrence qui régnait parmi les fanatiques de la purification fut le fait que Willrich, l'un des artistes les
plus farouchement attachés à la pureté de l'image maternelle, ait aussi
été le plus acharné détracteur du poète qui pourtant s'employa le
mieux à restaurer cette image[110].

« L'expressionnisme fut donc un art, le dernier art de l'Europe »,
écrivait le poète et médecin Gottfried Benn, dont le ralliement au
nazisme en 1933 ébranla toute la classe intellectuelle. Cette année-là,
dans un mélange d'extrême lucidité et d'exaltation visionnaire, il pro-
clama que ce qui commençait maintenant, avec le nouveau régime, ce
n'était « plus de l'art », dont il ne parlerait plus que comme d'« un phénomène du passé » (selon la formule de Hegel). Répondant aux attaques
contre l'expressionnisme – auquel il avait appartenu – que lançaient
Rosenberg et les groupes *völkisch*, Benn décrivait ce mouvement comme
« un style européen », issu d'« un grand front uni d'artistes d'hérédité
exclusivement européenne et aryenne ». Toutes ses manifestations
avaient eu en commun la « destruction de la réalité » (alors perçue
comme une « notion capitaliste ») et un retour de l'esprit « vers sa réalité
intérieure, son être, sa biologie, sa structure, ses interférences de nature
physiologique et psychologique, sa création, son rayonnement ». L'intime conviction de Benn était qu'après l'expressionnisme, plus jamais il
n'y aurait d'art « au sens des cinq derniers siècles ». C'était maintenant
de « métamorphose » qu'il s'agissait : « une nouvelle race va naître à
l'Europe ». Bien que finalement rejeté par plusieurs autorités du nazisme
auquel il avait apporté sa caution avec éclat, Gottfried Benn aura été
l'un des plus « authentiques » parmi les intellectuels nazis par la force
avec laquelle il affirma la nature génétique des liens unissant l'art à la
race. Aux « amis » du national-socialisme qui considéraient les questions
de sélection raciale « avec scepticisme », il n'hésitait pas à répondre :

« *La propagande atteint les gènes, la parole touche les glandes sexuelles*, il est hors de doute que la réalité la plus dure de la nature est dans ce fait que la vie cérébrale fait sentir ses efforts sur la constitution du plasma cellulaire, que l'esprit est un élément dynamique et créateur de formes dans le processus de l'évolution historique, ici il y a unité : *ce qui est empreint par la politique, l'organisme le produit.*

Ce qui sera empreint par la politique, ce ne sera pas l'art, mais une race d'une espèce nouvelle, déjà clairement reconnaissable[111]. »

Rarement ce qui fait le fond du national-socialisme aura été si clairement énoncé qu'ici, où Gottfried Benn non seulement anticipait sur tous les idéologues appointés par le nazisme, mais les distançait par l'ampleur de ce que Hitler vantait comme étant « l'implacable logique de l'Idée ». On trouvait certes chez tous de semblables formules : « Car l'art, dans son événement, n'est pas une affaire esthétique, mais biologique », écrivait par exemple en octobre 1933 Wilhelm Rüdiger[112]. Et lorsqu'il affirmait que « l'art est la conservation d'un peuple dans son espèce, sa définitive continuité héréditaire », Benn ne faisait sans doute que répéter Hitler ; mais seul l'écrivain-médecin qu'il était pouvait, à partir de la définition par Novalis de « l'art comme anthropologie progressive », chercher à retracer la grandiose épopée qui, de l'animal, menait à cette espèce que l'on appelle humaine :

« Les ères finissent par l'art, et la race humaine finira par l'art. D'abord les sauriens, les lézards, puis l'espèce dotée d'art. Faim et amour, c'est de la paléontologie, il y a même chez les insectes toute sorte de domination et de division du travail, mais *ceux-là* firent des dieux et de l'art, puis de l'art seulement[113]. »

L'engagement nazi de Benn, complexe et non dépourvu de contradictions, reposait sur sa conviction de l'absolue nécessité, historique et biologique à la fois, d'une mutation proprement physique de l'espèce humaine. La question de savoir quel est en l'homme le sujet de son rêve traversait, en 1930, son essai sur les problèmes de la création poétique. À cette question : « Qui rêve le rêve ? » il répondait : le corps – « Il y a, venu de très loin, un rêve en lui... » La nécessité historique d'une mutation de l'espèce trouvait son fondement dans un corps dont la propriété était de rêver, qui ne se définissait que comme substance rêveuse : « Le corps est la dernière contrainte et la profondeur de la nécessité, il porte le pressentiment, il rêve le rêve. » Mais cette union du rêve à la substance, Benn ne l'énonçait alors que sous l'espèce de la solitude du corps pensant, celui de l'individu singulier délié de toute la compacité du corps politique ou mystique : « Il n'existe que le solitaire et ses images depuis qu'aucun manitou n'apporte plus la délivrance au sein du clan. Finie, la participation mystique grâce à laquelle la réalité était absorbée, sucée à la manière d'une boisson et rendue en rêves et en extases ; mais éternel, le souvenir de sa totalisation. Il n'existe que lui : soumis sous les contraintes de la répétition à la loi individuellement décrétée du devenir dans le jeu de la nécessité, il est seul au service de ce rêve immanent[114]. » Près d'un siècle plus tôt, Edgar Allan Poe avait métaphorisé l'attraction universelle de Newton par la tendance de chacun des atomes à se rallier, non pas à un *lieu* concret ou abstrait, mais à un principe : « Leur source est dans le principe Unité. C'est là le père qu'ils ont perdu. C'est là *ce qu'ils cherchent* toujours, immédiatement, dans toutes les directions, partout où ils peuvent le trouver, même partiellement ; apaisant ainsi, dans une certaine mesure, leur indestructible tendance, tout en faisant route vers leur absolue satisfaction finale[115]. » Gottfried Benn partageait encore en 1930 le sentiment d'appartenir à cette époque post-monarchique, où aucune tête ne maîtrisait plus de corps politique mystiquement soudé dans toutes ses parties, où aucun *manitou* ne totalisait aucun rêve salvateur. Mais, cette même année 1930, la « structure de la personnalité » lui semblait cependant soumise à « la loi d'une inimaginable métamorphose[116] ». Deux ans plus tard, une méditation sur Goethe et les sciences naturelles le conduisait à rattacher l'image à un corps plus vaste et plus originaire : « La visée est le *gène*, l'idioplasma, ce sont les Mères, les Ancêtres, c'est le phénomène primordial, il s'en dégage une image inhérente[117]. » Dans son discours radiodiffusé du 24 avril 1933, le corps enfin n'était plus désigné comme « le solitaire », mais comme une masse protoplasmique lançant dans le temps ses pseudopodes les plus avancés. Benn annonçait « l'apparition d'une variété typologique nouvelle », qui était le « seul critère de la valeur historique ». Et de même que Hitler confiera bientôt à Rauschning que l'homme nouveau était *déjà là*, Gottfried Benn ajoutait : « Ce type, il faut le dire, est présent. » Mais c'était l'histoire qui créait ce type nouveau selon sa nécessité interne, et non le type qui générait une rupture dans l'histoire : « L'Histoire ne procède pas démocratiquement, mais élémentairement, toujours élémentairement à ses tournants. Elle ne passe pas aux urnes, elle envoie en avant son nouveau type biologique[118]. » La même argumentation ressurgissait dans sa réponse à Klaus Mann qui, de son exil, lui avait demandé publiquement quel motif l'avait amené à se mettre « à la disposition d'individus dont la nullité est absolument sans exemple dans l'histoire et dont l'ignominie morale provoque le dégoût du monde entier ». Ici, Benn identifiait de façon implicite formes nouvelles d'art et types biologiques nouveaux : « Comment imaginez-vous donc que se meut l'histoire ? [...] Comment vous représentez-vous, par exemple, le XIIe siècle, le passage de la sensibilité romane à la sensibilité gothique ? Pensez-vous que la chose ait été discutée ? Pensez-vous [...] qu'on ait *voté* pour l'art roman ou l'art gothique ? qu'on ait *débattu* des absides : soit rondes, soit polygonales ? » Contre cette

conception « littéraire » de l'histoire, il voulait « voir en elle un phénomène élémentaire, inévitable, de poussée ». L'histoire, rétorquait-
il à Klaus Mann,

> « ne vous doit rien ! C'est vous qui lui devez tout ! Elle ne connaît
> pas votre démocratie, ni le rationalisme que vous avez peut-être si
> péniblement révéré, elle n'a d'autre méthode, d'autre style que
> d'envoyer à chacun de ses tournants un nouveau type humain
> puisé dans l'inépuisable sein de la race, type qui devra faire son
> chemin en luttant, bâtir dans la matière du temps l'idée de son
> espèce et de sa génération, sans reculer, peinant, souffrant comme
> l'ordonne la loi de la vie[119]. »

Ainsi donc l'histoire produisait les styles ou formes d'art comme
elle produisait les types humains : sans discussion, sans vote, sans
recourir à cette démocratie qu'elle ignorait, mais seulement en obéis-
sant à la loi de la vie. Est-il besoin de souligner que ce n'était qu'en
niant, contre toute évidence, la fantastique ampleur de tous les débats
qui avaient précédé et accompagné chaque fois l'émergence des formes
nouvelles dans l'art de l'Occident, que Gottfried Benn pouvait ainsi
réduire l'histoire à un processus purement organique, à l'activité productrice d'une matrice ; que ce n'était de même qu'en niant soudain
tout débat intérieur à l'artiste, en niant que chaque mot ou chaque
touche posée à côté d'une autre résultât chaque fois d'une aspiration à
résoudre une tension, une question, un conflit, qu'il pouvait identifier
la naissance d'un « style » à la naissance d'un type biologique, selon
un processus continu d'engendrements violents et nécessaires.

En 1943, à l'heure où chacun en Allemagne commençait à comprendre que la guerre serait perdue et que le rêve nazi ne se réaliserait
pas, Benn écrivait *Vie provoquée*, un texte étrange, habité par une évidente déception à l'égard du nazisme. Il se rétractait à demi : les
images du grand rêve primordial pouvaient parfois devenir art et se

frayer un espace dans ce monde, mais aussi parfois demeurer simples pensées et extases. Heureux les peuples primitifs, dont les transes collectives et les drogues faisaient naître une « vie provoquée », « *une réalité sortie toute pure du cortex* ». En 1943, nulle loi pourtant ne lui semblait trancher dans la masse de ce qu'il nommait alors les *images endogènes*, « dernière possibilité qui nous reste de bonheur », entre celles qui étaient appelées à se réaliser et les autres. Il prétendait se situer à un niveau spirituel qui « n'admet de réalité que ce soit, non plus que d'histoire : à certains intervalles de temps, voilà tout, certains cerveaux réalisent par réminiscence leurs rêves, qui sont des images du grand rêve primordial[120] ». « Voilà tout » : c'était comme si nulle instance ne décidait jamais quelles images prendraient durablement corps, ni lesquelles devraient demeurer latentes, comme en deçà de toute surface visible. Il devait voir plus clair après la guerre, lorsque cette loi lui parut être celle, naturelle et historique, de la violence.

Car la nécessité de la violence fut bien son ultime justification, lorsqu'en écrivant *Double Vie* en 1950 il rappelait la lettre accusatrice de Klaus Mann et sa propre réponse tranchante. Dix-sept ans plus tard, c'était encore la réponse donnée à la question de savoir « comment l'histoire s'y prend » qui pouvait justifier son adhésion au nazisme : « Il faut bien le dire, en un mot et dans le vocabulaire du jour : l'histoire ne procède pas démocratiquement, elle procède par la violence. Mais nous voilà encore ramenés en face d'une question insoluble : qu'est-ce exactement que la violence ? Où commence-t-elle ? Qu'est-ce qui fait son essence ? Naître aussi c'est violence ! Violence, l'époque glaciaire ! Et les batailles d'animaux ! Et l'extermination du crime ! Tout sergent de ville est violence. Tout ordre aussi. » En fin de compte, si l'on songeait que le christianisme – « religion de l'humilité » – a fait plus de victimes, « avec ses guerres de religion, de Papes, d'Empereurs, de Trente Ans, ses inquisitions, ses procès de sorcellerie, ses édits » que deux conflits mondiaux, « ... alors quoi ? C'est chose insoluble. *Comprendre n'est plus question de pensée*[121]. »

Cinq ans après la chute du régime nazi, la même négation fondamentale était donc à l'œuvre : le fait que la violence commençât avec la naissance et s'achevât dans toute espèce d'ordre *n'était pas une question adressée à la pensée*. Par là Benn précisait mieux encore que dans les années trente la nature de la religiosité du nazisme – la sienne –, pour laquelle *comprendre* n'était pas une affaire de la pensée, mais était éprouver dans son corps et dans son âme sa propre appartenance au type d'un corps originaire, à une substance rêveuse vouée à la lutte pour la réalisation de sa vision.

Benn avait voulu voir dans l'expressionnisme le déplacement de la question de Kant : comment la connaissance est-elle possible ? Cette question, disait-il, avait été reprise dans le champ esthétique : « Comment la création de formes est-elle possible ? [...] Cela voulait dire : quelle énigme, quel mystère, que l'homme fasse de l'art, qu'il ait besoin d'art, quel événement unique au cœur du nihilisme européen ! » Le nazisme lui avait soufflé une double réponse : « Toujours l'art fut naissance[122] », ce qui supposait la violence, mais aussi : « Toute éternité veut l'art. L'art absolu, la forme[123] », ce qui apportait le repos. Le besoin d'art était simple besoin d'éternité et de repos, et l'histoire entière devenait histoire d'une lutte pour gagner une tranquille éternité. Cette lutte était toujours celle d'un corps au travail, qu'il fût à la guerre, à l'usine, sur la table d'écriture ou sur la table d'accouchement. Car le travail des mots était lui-même tout entier au service de cet immense labeur, de sorte que tout corps producteur de mots participait de la production d'un nouveau corps selon le type originairement rêvé.

Cette réduction du langage à un phénomène de production et de reproduction biologique, Benn n'avait pas attendu l'accession au pouvoir du nazisme pour la formuler, lui qui voulait, dès 1930, comprendre la poésie « comme phénomène de caractère primaire à l'intérieur du processus biologique[124] ». Fidèle à lui-même, il invoquait trois ans plus tard Pavlov pour affirmer que « le mot est le stimulus physiologique le plus fort que connaisse l'organisme, et, faut-il ajouter, le plus imprévisible[125] ». C'était en raison de cette *imprévisibilité* que Benn justifiait le contrôle et la censure que devait exercer l'État nouveau sur le langage : la liberté de pensée était l'un des « grands fantasmes de l'ère bourgeoise », parce qu'elle faisait fi de l'imprévisibilité inhérente aux effets du langage sur le corps. Ainsi, en affirmant : « La propagande atteint les cellules reproductrices, la parole touche les glandes sexuelles », il énonçait le cœur de son engagement nazi, de son engagement d'écrivain conscient d'appartenir à un corps primordial, et conscient de lui devoir tout. Lorsqu'il disait qu'« au fond, il n'y a jamais eu pour penser que l'Histoire, et elle seule[126] », c'était alors qu'il pensait *le fond* : il n'y avait jamais eu d'histoire d'aucun *débat* parce qu'on ne saurait débattre à l'intérieur d'un processus biologique ; il n'y avait en somme d'histoire que de la nature, parce que l'histoire elle-même était un corps naturel, un corps protoplasmique voué à la reproduction, pensant ou rêvant sa propre reproduction. « L'Être, la Nature : il n'y a pas d'explications à lui arracher, elle est tout, je m'en remets à elle, qu'elle fasse de moi ce qu'elle veut, je la loue dans toutes ses œuvres[127]. » L'Histoire, selon Benn, était le processus de la reproduction naturelle se rêvant – et dont il était lui-même, non le sujet, mais le rêve et l'instrument.

Les images sous les mots : la purification

Ce désir d'un langage se confondant avec la matière organique dont il serait le rêve – un rêve par lequel cette matière se régénérerait elle-même -, il s'énonçait clairement chez Hans Friedrich Blunck, le président de la Chambre de littérature du Reich, comme désir d'en finir avec l'impureté *non organique* de la langue maternelle. De l'introduction de mots étrangers, de notions étrangères par lesquelles on avait prétendu instituer l'égalité au sein du peuple allemand, Blunck disait :

« L'essai a raté. À l'avenir, nous tâcherons de choisir une autre voie : revenir à la pureté des images qui sont sous les mots, accessibles à tout le monde, et qui doivent aider – elles le peuvent de manière décisive – à empêcher que ne se forme de nouveau un prolétariat dans les générations ultérieures[128]. »

C'était faire de l'inévitable défaillance du langage articulé à se déprendre du corps la justification de sa destruction, au nom de l'efficacité supérieure des images qui lui sont sous-jacentes. Une même pensée traversait et reliait l'un à l'autre les motifs du type, de l'organique et d'une langue qui serait enfin restituée à son corps, qui serait enfin *naturelle*. « La pureté des images sous les mots » devenait ainsi une garantie contre toute dégénérescence prolétarienne, c'est-à-dire contre nature. L'image sous les mots était finalement convoquée contre la rationalité du discours critique pour les mêmes motifs que la visibilité pure était toujours préférée au lisible : le mot, avait dit Benn, ce stimulus physiologique le plus fort que connaisse l'organisme, était aussi *le plus imprévisible* et était pour cela passible de censure. L'image au contraire ne présentait pas ce défaut inhérent au langage : affectant mimétiquement les corps, elle agissait sur eux par contamination visible et les ordonnait par conséquent toujours dans l'espace du prévisible et de la prévision. Modèle de l'anticipation contrôlée et de l'engendrement du même par le même, elle était le langage par excellence du gouvernement des corps. Chacun l'avait dit à sa manière, de Gottfried Benn à Carl Schmitt, Hitler ou Schultze-Naumburg qui, dans le moment où il fondait sa « culture du visible », insistait sur ce fait que « l'œil n'a pas besoin de tirer son jugement de la pensée langagière, dans laquelle nous sommes habitués à découvrir la seule pensée "logique"[129] ». Restaurer la pureté de l'image sous les mots, cela signifiait réduire le langage à sa fonction assertive la plus sommaire, de sorte que chacun de ses jugements parût énoncer une réalité indiscutable. Cela signifiait surtout réduire le langage à sa dimension archéologique et étymologique, n'en faire qu'une exhumation de l'*etumos*, d'une vérité enfouie dans le langage lui-même. C'était pourquoi cette langue que Victor Klemperer nomma la *LTI (Lingua Tertii Imperii)*[130] se présentait comme la langue de la réminiscence. Elle devait ramener les Allemands aux images de leur rêve commun – celles que Benn désignait comme les « images du grand rêve primordial » –, aux images de ce rêve dont Rosenberg disait que s'y était défini pour toujours le destin allemand. L'*etumos* du Troisième Reich, sa part la plus vraie, la plus authentique et la plus réelle résidait dans l'« *Uralter Traum, den wir geträumt* (le très ancien rêve que nous avons rêvé)[131] ». Pour devenir « destinale », il fallait que cette langue demeurât au plus près du point mythique où rêves et visions adhéraient au corps primitif : alors seulement elle réinstallait le peuple dans son *Uralter Traum* – et dans le mouvement qui le portait à en réaliser les images. Que l'*etumos* caractérisât un état et un usage de la langue qui ne sont plus en vie s'accordait pleinement avec cette compulsion du nazisme à ressusciter le passé.

Dans la nature du lien qui unissait fantasmatiquement le mot à l'image dans une originaire substance rêveuse et maternelle, quelque chose d'essentiel à la structure du national-socialisme se donne à comprendre : sa constante négation de toute perte de l'objet aimé. À l'inverse du « pessimisme culturel *(Kulturpessimismus)* » qui *croyait* cet objet perdu et affirmait, comme Spengler, le caractère irréversible du déclin de l'Occident, le nazisme affirmait son *savoir* que l'objet aimé était conservé dans la langue, dans le sang et le sol, dans l'art et surtout dans l'espèce *(Art)* ; la « science » nazie n'avait pas d'autre rôle que d'apporter les preuves que cet objet, loin d'appartenir seulement au passé, n'était jamais qu'en sommeil. Comme le disait Baldur von Schirach : « Il n'y a rien de plus vivant en Allemagne que nos morts[132]. » L'immense travail de réalisation (*Leistung* et *Verwirklichung*) qui emportait un peuple vers son Troisième Reich idéal était assurément tout le contraire d'un travail du deuil. C'était un travail d'anamnèse qui s'affirmait comme la « foi » dans son propre pouvoir de réveiller l'objet perdu. Pour caractériser le fascisme de Benn qui participait d'un tel travail, Werner Hamacher a forgé le terme parfaitement adéquat de « nécro-matérialisme[133] ». Faire surgir dans le réel cet objet défunt qui ne se trouve que dans le *Wunschtraum*, dans le rêve et le désir de ressusciter le mort, le nazisme aura nommé cela la réalisation concrète de l'Idée, dans un mouvement dont la visée était, comme le disait Rosenberg citant Maître Eckhart, d'« être un avec soi-même ». Aucun des nombreux rites funéraires du nazisme, depuis celui du 9 novembre à la Feldherrnhalle avec son « appel des morts » jusqu'aux cérémonies annuelles du congrès de Nuremberg, ne visait jamais à faire le deuil d'une quelconque part du « peuple », mais visait tout au contraire à sa constante restauration spectrale. L'enjeu n'était pas de s'acquitter d'une dette envers les morts afin qu'ils ne revinssent pas troubler le monde des vivants, il s'agissait pour la Communauté de supprimer sa dette elle-même en redonnant vie à ses morts, exactement comme Gottfried Benn cherchait à faire revivre la « masse protoplasmique ». La force de la mise en scène se concentrait dans l'« appel » des morts par les vivants : là se réalisait l'*autonomie* de la Communauté. C'était un rituel d'auto-appropriation par lequel la Communauté se donnait à elle-même sa loi : la loi de restauration et de résurrection de la « substance du peuple », de sa reproduction dans sa réincarnation. Himmler le formulait sans équivoque : « Un peuple qui croit à la renaissance et qui honore ses ancêtres – et s'honore donc lui-même – a toujours des enfants et vit donc éternellement[134]. » C'est pourquoi chacune des cérémonies funéraires du nazisme se présentait comme l'autorémémoration et l'auto-idolâtrie de la Communauté.

Si l'union de « soi » avec ce qui s'en était détaché requérait davantage la vue que tout autre sens, c'est qu'elle seule semblait pouvoir accréditer la « présence réelle » de l'objet perdu, sa rigoureuse contemporanéité dans les retrouvailles du peuple avec l'Idée incorporée et devenue visible. Les mots au contraire pouvaient toujours brouiller la restitution *présente* de l'espace et du temps, faisant écran au visible qu'ils maintenaient à distance, autorisant le doute sur sa réalité, réintroduisant la distance temporelle que l'image annulait.

À l'intérieur même de la *Lingua Tertii Imperii*, il fallait donc trancher entre les mots capables de donner à voir l'objet perdu maintenant retrouvé, et ceux qui restaient impuissants à le faire. Alfred Bäumler, l'un des philosophes attitrés du régime, fit merveille en ce sens :

> « Il n'est absolument pas indifférent de dire « Hitler » ou « l'Idée ». Partout où l'on dit tout simplement « Esprit » ou « Idée », nous pouvons en conclure à la philosophie de l'idéalisme sans image *(des bildlosen Idealismus)*, cette philosophie qui prétend que l'Idée en soi serait plus qu'un homme, plus qu'une réalisation *(Verwirklichung)*. [...] Hitler n'est pas moins que l'Idée – il est plus que l'Idée, parce qu'il est réel *(wirklich)*[135]. »

Cette censure des mots qu'appelait Gottfried Benn en raison de leur caractère *imprévisible*, Bäumler prétendait l'exercer par l'exclusion, hors de la *L.T.I.*, des mots « sans image », qui renvoyaient à l'invisibilité de l'Idée au lieu de réduire la distance au réel, de permettre pour ainsi dire de *toucher* le réel dans son immédiateté. La supériorité de Hitler sur l'Idée était la supériorité de l'idéal concret, à la fois symbolique *et* réel : elle tenait à sa visibilité qui en faisait une « phallophanie » concrète[136], manifestant la puissance restaurée.

Que le Führer fût communément nommé le Sauveur, dont l'apparition fut préparée et saluée par la résurrection de tous les mythes de « l'empereur dormant », cela en faisait la négation vivante de la perte de l'objet aimé. Qu'il fût désigné comme l'artiste des artistes, capable entre tous de restituer à son peuple une « Allemagne » que l'on croyait défunte, cela le plaçait d'emblée au cœur de la tradition occidentale qui assignait à l'art la fonction décisive entre toutes de réparer la perte de l'objet en le représentant, c'est-à-dire en le rendant à la présence. La peinture, écrivait Alberti,

> « a en elle une force tout à fait divine qui lui permet non seulement de rendre présents, comme on le dit de l'amitié, ceux qui sont absents, mais aussi de montrer après plusieurs siècles les morts aux vivants, de façon à les faire reconnaître pour le plus grand plaisir de ceux qui regardent, et pour la plus grande gloire de l'artiste. [...] Et que la peinture ait représenté les dieux que les hommes vénèrent, il faut reconnaître que c'est un des plus grands dons faits aux mortels, car la peinture a ainsi notablement servi la piété qui nous attache aux dieux en retenant les esprits par le moyen d'une religion intacte[137]. »

Le pas supplémentaire franchi par le nazisme, jamais satisfait de ce mode de présence seulement symbolique de l'objet perdu dans l'œuvre d'art, fut la mise en œuvre de tous les moyens de la rationalité technique pour lui donner corps et vie dans la figure de l'homme nouveau. Corrélativement, il déploya une violence décuplée par la technique envers tous ceux qui étaient susceptibles de mettre en doute cette résurrection, dans la race et dans l'art, de l'objet perdu.

« Malheur à celui qui n'a pas la foi[138] ! » n'était pas une vaine imprécation, mais une sentence de mort prononcée à l'encontre de quiconque, en refusant de confesser sa foi en l'image, n'entrait pas dans le processus d'autosuggestion qui devait restaurer l'unité perdue du *Volk* avec lui-même. Hitler, qui visait une culture « fondée sur l'esprit grec et la technique allemande », avait rappelé dans *Mein Kampf* que le but du nazisme n'était pas, « comme chez les partis bourgeois, la restauration mécanique du passé, mais l'érection à la place du mécanisme absurde de l'État actuel d'un État organique raciste ». Pour accomplir ce projet de restauration *organique* du passé, le Mouvement, disait-il, avait dès sa naissance adopté « le point de vue que son Idée devait être propagée spirituellement, mais que la protection de cette propagande devait être assurée, si nécessaire, par la force brutale ». Il définissait ce projet comme la réplique au (du) bolchevisme, qualifié de « *Weltanschauung* appuyée par la terreur[139] ».

La terreur national-socialiste s'exerçait donc à l'encontre de tous ceux qui, dans le réel comme dans l'imaginaire, s'opposaient à sa *Weltanschauung*, à sa compulsion à réaliser l'Idée, soit à l'érection artistique de la figure incarnant l'objet perdu. « Toutes choses s'inversent, écrivait Gottfried Benn, toutes les notions et catégories changent de caractère à l'instant même où on les considère du point de vue de l'art, où c'est lui qui les dispose, où c'est à sa disposition qu'elles se mettent[140]. » De toutes les inversions générées par la primauté du « point de vue de l'art », la croyance en une réversibilité possible du temps fut peut-être la plus essentielle, puisqu'en elle résidait la condition d'un bonheur retrouvé.

Un an avant l'accession du nazisme au pouvoir, Ernst Jünger avait compris que ces effets d'inversion surgiraient dès lors que « le monde du travail » serait mis consciemment sous la tutelle de l'art : « À l'instant même où nous prendrons conscience de notre force productrice particulière et nourrie à des sources d'une autre nature, un renversement complet de la vision de l'histoire, de l'appréciation et de l'administration des performances historiques deviendra possible[141]. » La « prise de conscience » dont parlait Jünger se confondait de fait avec l'instant de la prise du pouvoir qu'il sentait imminente. Elle s'identifiait ainsi à l'emprise de l'art, non seulement sur le monde du travail, mais sur la conscience du temps et de l'histoire : « Il faut [...] savoir, ajoutait Jünger, que le vainqueur écrit l'histoire et détermine son arbre généalogique[142]. »

L'art vainqueur dictant sa propre loi : tel fut aussi le sens de l'interdiction de la critique d'art *(Kunstkritik)*, par ordonnance de Goebbels en date du 27 novembre 1936, et son remplacement par le « compte-rendu artistique *(Kunstbericht)* » : les mots devaient conserver intacte la pureté de l'œuvre qui « travaillait dans le sens du Führer », afin de « laisser au public la possibilité de se former son propre jugement[143] ». Cela signifiait que l'« imprévisibilité » des mots ne devait jamais faire écran aux effets d'identification attendus (« On ne sait jamais, à propos d'un écrit, dans quelles mains il va tomber », avait *écrit* Hitler[144].) Du reste, expliquait un idéologue, la critique dans son sens moderne était une invention juive : son critère de jugement n'était que la subjectivité, jamais l'intérêt supérieur de la race. Puisque « l'intérêt général primait l'intérêt particulier », il fallait en finir avec la *Ich-Tyrannei des Kritikers*, la « tyrannie du moi du critique », cette puissance dissolvante qui désagrège l'image de la Communauté et fait douter celle-ci d'elle-même*[145].

Comme Hitler avait confié à Rauschning que « la conscience est une invention juive[146] », il opposait aussi à cette conscience critique, portée par les mots, la souveraineté de l'art qui impose le silence : « Rien n'est plus propre à réduire au silence le petit critiqueur que la langue éternelle du grand art. Devant ses manifestations, les siècles s'inclinent dans un silence respectueux[147] ». Ou bien encore : « Le beau doit exercer son empire sur l'homme, le tenir sous sa contrainte[148]. »

Tel était donc aussi le sens de cette inversion radicale dont parlait Gottfried Benn ou Jünger : la puissance de faire taire était présentée maintenant comme immanente à l'œuvre d'art elle-même, dont la loi propre se déployait dans la destruction du « moi du critique ». Le recours à la force était évidemment le signe et l'aveu de l'incapacité de l'œuvre à identifier intégralement la Communauté, à lui procurer la jouissance promise, dans un silence qui l'aurait signifiée. Mais la faiblesse de l'œuvre était palliée par la force des hommes. Ainsi se refer-

---

* Quant à Goebbels, il était plus direct : « Qui a le droit de critiquer ? Les membres du Parti ? Non. Le reste des Allemands ? Ils devraient se considérer heureux d'être encore en vie. Ce serait un peu trop beau, si ceux qui vivent à notre merci avaient le droit de critiquer », cité par H. Arendt, *Le Système totalitaire*, p. 260, n. 52.

mait le cercle de la terreur : ceux qui confessaient leur « foi » en l'Artiste et en l'art qui devaient les régénérer étaient les mêmes qui faisaient taire les mécréants et les dégénérés. De sorte qu'eux aussi, comme l'Artiste lui-même, détachaient au marteau la « part débile et vermoulue » du peuple pour que s'élevât enfin, dépouillée des mots de la conscience critique, la figure splendide de la Communauté.

On se souvient de ce texte, dicté à certains écoliers de Munich, qui mettait en parallèle la Passion du Christ et celle du Führer : « Tandis que Jésus a été crucifié, Hitler a été promu Chancelier » ; à l'inefficacité du sacrifice et de la mort du premier s'opposaient la survie et le triomphe du second. Hitler lui-même énonçait avec précision le fondement de sa supériorité salvatrice : « Je supprime le dogme du rachat des hommes par la mort d'un Sauveur divin et propose un dogme nouveau [...] : le rachat des individus par la vie et l'action du nouveau Législateur-Führer, qui vient soulager les masses du fardeau de la liberté[149]. » On ne pouvait mieux formuler le lien qui unissait la liberté à la perte de l'objet aimé. Le pacte qu'offrait Hitler était clair : ce n'était qu'au prix du renoncement à la liberté individuelle que l'objet perdu pouvait être restauré, restitué et réinstitué comme loi.

En 1927, Hugo von Hofmannsthal avait clairement défini ce qui animait les membres de la révolution conservatrice : « Ce n'est pas la liberté qu'ils sont partis chercher, mais les liens [...]. Jamais la lutte germanique pour la liberté n'a été plus ardente et par conséquent plus tenace que la lutte qui anima des milliers d'âmes de la nation pour la véritable contrainte, que ce refus de se rendre à la contrainte qui n'était pas assez contraignante[150]. » Un siècle plus tôt, Guizot déjà avait stigmatisé, au nom de la raison, ce désir de l'homme de trouver « un pouvoir qui eût, à son obéissance, un droit immuable et certain », cette « espérance d'obtenir enfin le maître qui ne pourrait déchoir, qu'on n'aurait jamais besoin ni droit de renier[151] ». De même Carlyle, plus tard, voyait-il dans la Révolution française « une révolte invincible contre les souverains de mensonge et les maîtres de mensonge », ce qu'il interprétait « en philanthrope comme une recherche, une recherche très inconsciente mais pourtant très sérieuse, de *vrais* souverains et de vrais maîtres[152] ».

C'était parce qu'il percevait lui-même cette « recherche » comme le moteur de la plupart des actions humaines que Hitler pouvait prétendre « soulager les masses du fardeau de la liberté ». Il le formulait parfois simplement, en des termes auxquels Freud lui-même aurait pu souscrire : « Pas de culture sans contrainte ni renoncement de l'individu à la liberté individuelle[153]. » Ou bien encore : « La vie tout entière n'est qu'une renonciation perpétuelle à la liberté individuelle[154]. » Cela signifiait aussi la condamnation à mort de quiconque préférait supporter « le fardeau de la liberté », s'exposer au doute en renonçant à la restauration de l'objet. À l'inverse, quiconque parmi le « peuple élu » confessait sa « foi » en Hitler gagnait aussitôt la satisfaction de la certitude retrouvée. Comme le disait Robert Ley, le chef du Front du travail, la fondation *(das Fundament)* de l'édifice national-socialiste était la foi, parce que la foi en Hitler donnait la foi en soi-même et en son peuple[155]. Mais ce fut à Nuremberg que Ley exposa le plus clairement comment la foi soulageait de la liberté : « Nous avons foi en Adolf Hitler et en son Idée. Cette foi se convertit en obéissance. Qui n'obéit pas, n'a pas la foi[156] ! » C'était encore une réplique du *Léviathan*, qui avait fait de la foi dans le Christ et de l'obéissance aux lois les deux vertus nécessaires au salut[157]. Ce processus se condensait aussi dans la formule célèbre de Goering : « Je n'ai pas de conscience ! Ma conscience s'appelle Adolf Hitler[158] », qui disait exactement comment la loi nazie était instaurée par cette « foi ». C'est ainsi qu'une nouvelle version de « l'impératif catégorique dans le Troisième Reich » fut élaborée dès 1936 par Hans Frank, chef du Droit du Reich : « À chaque décision que vous prenez, dites-vous : "Comment le Führer trancherait-il à ma place ?" » Hans Frank devait la reformuler en 1942 : « Agissez de telle manière que le Führer, s'il avait connaissance de vos actes, les approuverait[159]. »

Le christianisme, qui retraçait dans la Passion la perte de l'objet par laquelle l'homme est abandonné à sa liberté, avait cherché à rendre supportables et cette perte et cette liberté par la *certitudo salutis*[160], la certitude présente d'un salut au-delà. Plus tard se constitua la doctrine de l'image comme nouvelle incarnation du Logos, restauratrice et réparatrice, qui renouvelait la promesse et montrait le chemin. Alors que le monde avait été déserté par la certitude du salut promis par un dieu mort, la foi en un dieu vivant et visible – en sa vie et en ses œuvres *présentes* apportant le salut ici et maintenant – pouvait décharger soudain chacun des membres de la Communauté de sa liberté de juger, le soulager d'un choix qui revenait à la « décision » permanente du Führer.

Mais pour prix de son soulagement, chacun devait travailler à produire la résurrection du passé idéal, identifié au *Volksgeist* ou au rêve primordial incarné par Hitler. Chacun se transformait ainsi en « soldat du Führer », réalisant par et dans son travail une communauté rédimée par son guide. C'était un processus continu de déculpabilisation, d'effacement de toute dette et de toute responsabilité individuelles, un processus par lequel devait se constituer un peuple dont aucun des membres ne serait plus divisé, ni socialement, ni par le temps, ni par l'espace, ni surtout par la conscience. La production de l'homme nouveau était bien un processus d'autopurification, en charge de réaliser le fantasme d'un homme total, enfin délivré de la culpabilité qui seule l'empêchait jusqu'alors d'accéder au divin.

V

Images du temps nazi :
accélérations et immobilisations

> *Il y a deux péchés capitaux humains dont tous les autres dérivent : l'impatience et la paresse. Ils ont été chassés du Paradis à cause de leur impatience, ils n'y rentrent pas à cause de leur paresse. Mais peut-être n'y a-t-il qu'un péché capital : l'impatience. Ils ont été chassés à cause de leur impatience, à cause de leur impatience ils ne rentrent pas.*
>
> Franz Kafka[1]

La *Weltanschauung* national-socialiste se présentait, on l'a vu, comme une structure d'anticipation constante de la fin, que son Mouvement avait pour mission de réaliser. C'est pourquoi il serait trompeur de ne voir dans son usage permanent du vocabulaire religieux et, corrélativement, de l'image rédemptrice, que la simple exploitation cynique d'un fonds chrétien toujours disponible.

Plus profondément, le nazisme semble avoir répété la même articulation, centrale au christianisme, de la foi à la vue, au sein d'une même structure d'anticipation qui constituait l'eschatologie chrétienne. Que Hitler ait pu affirmer un jour que « la foi » avait « rendu la vue » au peuple allemand, cela ne saurait être simplement mis sur le compte du « blasphème conscient » : il semblait bien plutôt répondre alors à la pression croissante d'un mouvement eschatologique qu'il avait certes contribué à susciter, mais qui le dépassait largement. Il n'est pas exagéré de dire que le nazisme réalisait presque exactement la situation qu'avait souhaitée, décrite et théorisée Georges Sorel lorsque, dès avant la Grande Guerre, il en appelait à un mythe qui, à l'instar du mythe chrétien du salut, serait capable de produire, par les images plus que par les mots, l'accélération de la marche des masses à la délivrance.

Image et anticipation

Dietrich Bonhoeffer avait su reconnaître pour le dénoncer, dès le 1er février 1933, la fonction de Messie qu'assumait un Führer prétendant incarner l'Esprit du peuple *(Volksgeist)*, apporter avec lui un Reich « proche du royaume éternel » et commencer à accomplir l'ultime espoir de chacun. Mais il faut rappeler qu'une fois au pouvoir, le nazisme ne devait plus cesser ni d'affirmer qu'il avait *déjà* apporté aux Allemands le salut attendu, ni de promettre simultanément un salut qui restait *à venir*. Le Troisième Reich s'affirmait éternel dès l'instant de sa naissance, mais il exigeait du *Volkskörper* la construction de sa vie éternelle. En la personne du Führer, il offrait au peuple la restitution de son Esprit et l'incarnation de l'« âme éternelle de sa race », mais il lui enjoignait de participer à l'édification du Reich éternel. Il lui offrait le salut, mais toujours le salut restait à gagner. Le paradoxe n'était pas neuf, et l'exposition de la valeur paradigmatique du christianisme à cet égard rend nécessaire ici une certaine réduction.

Bien que le Christ eût obtenu pour les hommes « une rédemption éternelle » (He 9.13) et qu'il fût « devenu pour tous ceux qui lui obéissent l'auteur d'un salut éternel » (He 5.9), les hommes, après la mort du Christ, vivaient encore dans l'attente du salut : « Car c'est en espérance que nous sommes sauvés » (Rm 8.24). La venue du Messie, événement visible dans l'histoire, avait pourtant apporté le salut individuel à l'homme intérieur : « Voici maintenant le temps favorable, voici maintenant le jour du salut » (2 Co 6.2). Rudolf Bultmann n'a cessé de souligner ce paradoxe des premières communautés chrétiennes : « L'authentique, la véritable vie est déjà présente », mais l'existence chrétienne est avant tout eschatologique, « puisqu'elle consiste à vivre du futur », de la seconde venue du Christ qui détermine le temps présent comme un « temps entre-deux », entre « ne plus » et « pas encore[2] ». L'histoire s'absorbait alors dans l'eschatologie. Le salut, que la Loi ancienne avait promise pour la fin de l'histoire, voici que la foi l'accordait *maintenant* au croyant : la foi, et elle seule, pouvait affranchir de cette Loi qui s'était toujours montrée impuissante à assurer le salut (Ga 3). Cependant, que la seconde venue du Christ, tant attendue, ne se soit pas réalisée aussi rapidement qu'elle avait été prédite, cela provoqua à l'évidence chez les premiers chrétiens, dit Bultmann, « un grand désappointement et le doute ». Si la déception ne fut ni soudaine ni universelle, elle rendit toutefois nécessaire de repousser le moment de la parousie dans un avenir indéterminé, d'exhorter à la patience et d'affirmer toujours plus fortement la puissance de la foi. Commencé avec Paul, ce mouvement s'amplifia jusqu'à transformer profondément l'Église qui, de communauté eschatologique, devint une institution de salut où le culte affirmait la présence du Christ, où les sacrements anticipaient l'événement eschatologique et garantissaient le salut à venir[3].

Entre la première et la seconde venue du Messie, Paul demandait « beaucoup de patience » dans les détresses (2 Co 6.4) pour soutenir l'espérance, « car nous marchons par la foi et non par la vue » (2 Co 5.7). D'inspiration paulinienne, l'Épître aux Hébreux allait cependant infléchir ce rapport d'opposition de la foi à la vue. Ce qui se présentait chez Paul dans un rapport de disjonction radicale se trouvait en effet mis ici dans une relation de dépendance temporelle marquée : « La foi est une ferme assurance des choses qu'on espère, une démonstration de celles qu'on ne voit pas. Pour l'avoir possédée, les anciens ont obtenu un témoignage favorable » (He 11.1-2). La foi, confiante anticipation de l'avenir, donnait toujours à voir par avance ce qui n'était pas encore : Abel, Énoch, Noé, Abraham et Sarah, « C'est dans la foi qu'ils sont tous morts, sans avoir obtenu les choses promises ; mais ils les ont vues et saluées de loin » (He 11.13). La foi enfin était ce qui faisait agir « en vue des choses à venir » (He 11. 20).

Dans un monde libéré de la Loi ancienne mais toujours en attente de la seconde venue du Christ, le vecteur temporel qui reliait la foi à la vue connut une modification importante, dont Bultmann a remarqué l'inscription lexicale dès le début du IIᵉ siècle : les mots *epiphaneia* (apparition) et *parousia* (venue), qui avaient primitivement désigné la venue future du Christ, commencèrent à désigner aussi sa venue sur la terre dans le passé[4]. C'était une réponse au doute qui, après avoir touché l'épiphanie promise, s'étendait maintenant à l'épiphanie passée. La réassurance du moment fondateur était devenue aussi nécessaire que celle de l'avenir.

La même ambivalence du vecteur temporel allait bientôt affecter les premières images chrétiennes, qui tantôt réactivaient le passé, et tantôt anticipaient le moment du salut. Leur prolifération subite sous les Sévères, contemporaine ou immédiatement postérieure à la naissance de l'iconographie juive, fut l'indice d'une compétition entre les deux religions du salut qui étaient jusqu'alors demeurées aniconiques. Toutes deux cherchaient à fortifier le croyant dans sa foi, à le guider dans la pratique de sa religion. La communauté juive était tolérée mais dispersée, la communauté chrétienne était sous la menace de la persécution : l'une et l'autre, a-t-on supposé avec assez de vraisemblance, eurent recours aux images pour assurer et préserver l'identité de leur foi dans un monde païen fortement « iconisé ». S'il n'est pas nécessaire d'examiner ici les différences qui, malgré les échanges et les influences réciproques, affectèrent plus tard les programmes iconographiques des lieux de culte juifs et chrétiens, il convient toutefois d'en signaler une, qui paraît essentielle. Les programmes chrétiens envisageaient « la vie présente comme une offrande au Seigneur en réponse au salut accordé, dont l'accomplissement était prophétisé pour le royaume paradisiaque ». Avec leur contenu narratif, les mosaïques provenaient de l'autel situé dans l'abside comme le temps historique provenait de la parole de Dieu[5]. Là, les images du paradis évoluèrent vers un symbolisme eucharistique, de sorte que le temps déjà présent du salut individuel fut confondu avec le temps messianique à venir. Les programmes des synagogues par contre, qui n'étaient jamais narratifs, ne visaient conformément à la Tora que la seule attente messianique[6]. Si les uns comme les autres s'orientaient vers l'avenir messianique, l'iconographie juive présentait celui-ci comme un événement collectif concernant la vie terrestre au terme de l'histoire, tandis que les images chrétiennes tendaient à identifier le salut individuel présent, accordé autrefois par l'incarnation du Logos et répété maintenant par les sacrements, avec le salut final, lors de la parousie et du Jugement dernier qui donneraient accès à la vie éternelle. Cette contraction des temps trouva à Byzance une autre expression visible, que Grabar signale comme l'une des réussites majeures de l'iconographie byzantine et l'une des plus stables : sur les coupoles, plus tard aux tympans des églises d'Occident, le Christ Pantocrator figurait simultanément le Fils et le Père[7]. Dans cette mise en image de la parole du Christ (« Celui qui m'a vu a vu le Père » [Jn 12.45]) s'affirmait toute la puissance d'anticipation de la figuration. Tandis que l'icône du Christ avait été comprise, à partir du VIe siècle, comme la réactivation de l'Incarnation passée qui la rendait au présent, le Christ Pantocrator projetait aussi le spectateur dans l'avenir, au terme de sa vie terrestre : il le mettait, à travers l'Incarnation représentée, en présence du Dieu réputé invisible avant le Jugement dernier[8]. Par l'image, le christianisme rassemblait donc ce qui était séparé : en confondant le médiateur avec le Dieu terrible, le visible avec l'invisible, il conciliait l'objet d'amour avec l'objet de crainte. L'image ici contractait la remémoration d'un passé bienheureux et l'anticipation d'un futur redouté, rassemblées dans sa pure présence d'image salvatrice. Sans récit, elle s'opposait aux images narratives comme l'éternité s'opposait à l'histoire. Elle paraissait douée d'un pouvoir d'extension infini du présent. Parce qu'elle contenait la menace de mort qu'elle paraissait suspendre ou différer, elle affirmait sa puissance protectrice ; elle était un *nunc stans* qui surmontait la mort, hors du temps, comme un huitième jour ou « un dimanche éternel[9] ».

Si la fonction que le christianisme attribua à l'image conserva sa valeur de paradigme, ce fut dans la mesure où il sut trouver en elle une solution incomparable à la tension d'une existence écartelée entre un salut déjà donné et un salut qui restait à gagner[10], entre le souvenir défaillant d'une félicité passée et l'aspiration au bonheur futur. Ce n'était plus la foi qui suscitait l'image de ce qui n'était pas encore, c'était l'image qui soutenait la foi. Le temple était la fabrique de l'homme nouveau, plongeant le fidèle au sein d'une liturgie qui lui faisait revivre la totalité de l'histoire du Salut, depuis la remémoration de l'Incarnation du Fils jusqu'à la vision du Père. Alors les choses promises, dont Paul disait que la foi les donnait à voir, mais de loin et sans qu'elles fussent obtenues, l'image chrétienne les rendait déjà présentes et montrait simultanément le chemin qui devait y mener. Ainsi la vie selon l'image était-elle déjà une vie dans l'image. L'homme nouveau était à venir, mais il était déjà présent.

Accélérations

Au sein de cette structure de remémoration et d'anticipation, le désir d'accélérer le mouvement conduisant à la béatitude éternelle ne fut évidemment pas propre au nazisme, dont on s'accorde à dire qu'il n'a innové en rien, ou que très peu. Ce désir, qui était bien plutôt constitutif de la structure elle-même, fut toujours lié au renversement de l'ordre établi, dont le caractère « mensonger » ou d'« imposture » était perçu comme un obstacle à l'accomplissement prophétique.

Mais la plupart des millénarismes révolutionnaires – et l'on sait que le nazisme en fut un avatar (jusque dans l'ascétisme affiché du Führer), par la marginalité de son recrutement social originaire et par la charge mystique qui s'attachait au terme de « Troisième Reich » – eurent cependant bien moins recours à l'image qu'à la force et à la violence pour accélérer le mouvement de l'histoire du salut et instaurer plus vite le règne de Dieu sur terre[11]. La destruction des images y était au contraire souvent commandée par le désir d'en finir avec l'imposture de l'ordre qu'elles représentaient et soutenaient.

La coexistence de l'image avec la force qui en assurait la puissance avait bien davantage caractérisé jusqu'alors les monarchies et les empires européens ; mais alliés ou confondus, les pouvoirs spirituel et temporel s'étaient généralement efforcés, par ces deux moyens conjugués, de retarder au contraire tout changement historique et d'assurer leur propre stabilité. Cependant, un sentiment nouveau s'empara de la conscience européenne au lendemain de la Révolution française et de l'annonce de la « mort de Dieu » : « Ce qui allait jadis au pas, marche aujourd'hui au galop », écrivait Arndt dès 1807[12]. C'était d'elle-même que l'histoire paraissait accélérer son rythme. « J'écrivais l'histoire ancienne, notait Chateaubriand en 1831, et l'histoire moderne frappait à ma porte ; en vain je lui criais : "Attendez, je vais à vous." Elle passait au bruit du canon, en emportant trois générations de rois[13]. » Le XIXᵉ siècle a lui-même décrit sa « toute nouvelle expérience historique de l'accélération » : les relations entre l'ancien et le nouveau semblant se modifier avec une « incroyable rapidité », le présent fut jugé « trop rapide et provisoire », non seulement pour fournir un point de vue stable sur les événements récents, mais davantage encore pour éclairer l'avenir qui paraissait d'autant plus insaisissable[14]. Ce moment fut aussi celui où la foi déclinante en la Providence, cette économie qui était prévoyance divine, trouvait son relais dans la foi en un progrès qui serait immanent à la nature, et que la connaissance pouvait accélérer encore pour accroître le bonheur terrestre jusqu'à sa perfection accomplie.

Mais la combinaison de l'image et du mouvement de la force utilisés comme accélérateurs historiques, ce fut la fin du XIXᵉ siècle qui en eut l'intuition véritable, lorsque les premières théories d'une gestion des masses par l'image apparurent durant les années 1890. Cette formalisation théorique du lien des masses à l'image s'effectua en France surtout, dont Zeev Sternhell a montré qu'elle fut le vrai laboratoire des fascismes du XXᵉ siècle. Gustave Le Bon dans sa *Psychologie des foules* (1895) et Georges Sorel dans ses *Réflexions sur la violence* (1907) virent l'un et l'autre dans l'image la plus puissante source de mobilisation des masses. S'ils combattaient tous deux la démocratie parlementaire, le premier le fit au nom du conservatisme autoritaire, refusant de voir dans une assemblée parlementaire autre chose qu'une foule suggestible à l'ordre des images et au « simplisme des idées » ; le second au nom du syndicalisme révolutionnaire qui, par l'image mobilisatrice d'un « mythe catastrophique » analogue à celui des premiers chrétiens, parviendrait à « supprimer le socialisme parlementaire » qui retardait le mouvement de l'histoire. En eux se reconnurent, de Mussolini à Hitler ou de Wyndham Lewis à Carl Schmitt, tous ceux qui accordaient plus de poids à l'image qu'aux mots pour susciter le mouvement accéléré des masses. C'est ce fil qu'il faut suivre un instant, sans se préoccuper des liens qu'il entretient avec le racisme et le nationalisme de leurs auteurs[15].

Le Bon assurait que les foules, « partout féminines », « ne pouvant penser que par images, ne se laissent impressionner que par des images. Seules les images les terrifient ou les séduisent, et deviennent des mobiles d'action[16] ». Mais il était difficile de savoir s'il entendait que dans l'image résidait le principe immanent capable de mettre la foule en mouvement, ou bien s'il pensait que la foule, étant par nature toujours « impulsive et mobile », n'attendait de l'image que la direction de son propre mouvement. Cependant, soutenant que les images et les « mots-images » des orateurs ou des « meneurs » avaient la faculté de réveiller les désirs inconscients de la foule, Le Bon affirmait d'abord que ce réveil était un passage à l'acte qui induisait la violence : « Comme le sauvage, [la foule] n'admet pas que quelque chose puisse s'interposer entre son désir et la réalisation de ce désir. Elle le comprend d'autant moins que le nombre lui donne le sentiment d'une puissance irrésistible[17]. »

Entre la foule et la réalisation de son désir inconscient, l'image qui le rendait conscient creusait donc un insoutenable écart. Si l'image était génératrice de violence, c'était parce qu'elle suscitait, comme un automatisme, le désir de combler cet écart. Ainsi la foule devenait-elle l'agent du mouvement d'autoréalisation effectif et violent de l'image elle-même. Cette extrême sensibilité de la foule à l'ordre de l'image la rendait socialement menaçante, puisque toute image reflétant son désir était susceptible de déclencher immédiatement ce processus violent de réalisation. Pour la première fois sans doute l'image était conçue comme le plus efficace accélérateur de passions correspondant à « l'ère des foules ».

C'est très exactement sur ces thèses que Georges Sorel allait fonder, dix ans plus tard, sa théorie des « mythes sociaux », capables de générer la violence qu'il pensait nécessaire à l'accession plus rapide de l'Occident européen au socialisme véritable.

« Le langage ne saurait suffire pour produire de tels résultats d'une manière assurée ; il faut faire appel à des ensembles d'images capables d'évoquer *en bloc et par la seule intuition*, avant toute analyse réfléchie, la masse des sentiments qui correspondent aux diverses manifestations de la guerre engagée par le socialisme contre la société moderne[18]. »

On retrouvait chez Sorel la même fascination que chez Le Bon pour la réduction de la pensée langagière à l'image. Mais ce qui restait pour celui-ci source d'effroi et de mépris à l'endroit de la foule, devenait pour Sorel une ruse de la raison : c'était la « vertu secrète » qui animait les masses et faisait progresser l'histoire. Le « mythe socialiste » était donc pour Sorel une « organisation d'images » dont la valeur était d'abord instrumentale ; elle se présentait comme « un moyen d'agir sur le présent[19] ». Lui qui ne parlait du mythe qu'en termes d'« images motrices » reconnaissait volontiers sa dette à l'égard de Bergson. C'était à son école qu'il avait appris que la perception ne visait nullement à la connaissance désintéressée, à une quelconque contemplation, mais qu'elle était déjà de nature proprement active. L'actualité de notre perception, disait Bergson, consiste « dans les mouvements qui la prolongent » : « le passé n'est qu'idée », mais « le présent est idéo-moteur[20] ».

C'était sur cette motricité propre au présent de l'image que Sorel se fondait pour produire « la marche à la délivrance » des masses[21]. Mais il importait fort peu à ses yeux « de savoir ce que les mythes renferment de détails destinés à apparaître réellement sur le plan de l'histoire future ; ce ne sont pas des almanachs astrologiques ; il peut même arriver que rien de ce qu'ils renferment ne se produise, – comme ce fut le cas pour la catastrophe attendue par les premiers chrétiens[22] ». Si cet écart entre les fins annoncées et les fins réalisées était sans importance, c'est parce que la fin du mythe était d'« agir sur le présent ».

Partageant l'admiration de Sorel pour le « pessimisme pleinement développé et complètement armé » du christianisme primitif[23], le fascisme de Mussolini s'inspira consciemment de sa conception du mythe apocalyptique constitué d'« images motrices » mettant en mouvement les masses vers la délivrance promise. Dans le discours qu'il fit à l'automne de 1922, peu avant la Marche sur Rome, Mussolini déclarait : « Nous avons forgé un mythe, le mythe est une foi, un noble enthousiasme, il n'a nul besoin d'être une réalité, c'est une impulsion et une espérance, une foi et un courage. Notre mythe, c'est la nation, la grande nation dont nous voulons faire une réalité concrète[24]. » Citant ces phrases dans un chapitre de *Parlementarisme et Démocratie* (1923 et 1926) qu'il consacrait aux « Théories irrationnelles de l'emploi immédiat de la violence », Carl Schmitt analysait longuement les *Réflexions sur la violence* de Sorel. Il donnait raison à Wyndham Lewis qui voyait en lui « la clef de toute pensée politique aujourd'hui », avant de conclure que « le mythe le plus puissant résid[ait] dans le mythe national », celui qui se fondait sur « les représentations de la race et de la descendance », sur la langue, la tradition, la conscience d'une culture commune et d'une communauté de destin. Tout cela lui semblait devoir générer l'opposition de nations mues chacune par son propre mythe, et ces religions nationales constituaient peut-être, pour la théologie politique qu'il défendait, le danger d'un nouveau polythéisme. Mais le mythe était une réalité que l'on ne pouvait ignorer, d'autant qu'il attestait que « l'ère de la discussion » était passée[25].

Quant au nazisme, il faut rappeler comment, aux débuts du régime, Rosenberg se réjouissait que la nation allemande eût enfin trouvé « son style de vie » : « C'est le style d'une colonne en marche, et peu importe vers quelle destination et pour quelle fin cette colonne est en marche[26]. » Ce qui s'exprimait ici appartenait évidemment encore au moment « révolutionnaire » du Mouvement, celui qui s'assignait comme but immédiat le « réveil » de l'Allemagne. Mais le mythe nazi n'était pas celui de la nation, dont la réalisation concrète n'entraînait pas nécessairement la destruction de l'autre ; c'était le mythe de l'unique race incarnant le « génie créateur », s'effectuant bientôt dans l'autopurification meurtrière. La nature eschatologique du processus enclenché conduisait ici non pas à une éternelle mise en marche, mais à la mise en marche accélérée du *Volk* jusqu'à son immobilisation dans l'éternelle pureté attendue, et que Hitler nommait « l'immortalité visible de la nation[27] ».

Le Führer ne cessa jamais d'exprimer son sentiment que le temps lui était compté pour réaliser la mission dont il se sentait investi. Au printemps de 1932, raconte Fest, Hitler déclarait « qu'il n'avait plus le temps d'attendre, qu'il n'avait pas une année à perdre. Il faut que je prenne très rapidement le pouvoir pour être à même d'accomplir dans le temps qui me reste le gigantesque travail qui m'incombe. Il le faut ! Il le faut[28] !" » Il se plaignait sans cesse de n'avoir « plus beaucoup de temps » et craignait de « bientôt disparaître ». Il pouvait aussi s'émerveiller des progrès de la science médicale qui rendaient plus rapides les soins capables de prolonger la vie. Ayant cru un moment qu'il avait un cancer du larynx, il s'intéressait particulièrement au traitement de cette maladie. « Le radium, assurait-il un jour, est devenu complètement inutile pour son traitement à cause d'une remarquable invention qui emploie une sorte de rayon X ; une application de dix à quinze minutes sur le foyer du mal suffit[29]. » Une autre fois, il se montrait agacé par la résistance que l'Église opposait à l'évolution par ses dogmes : « L'humanité progresse avec une lenteur dont on a honte. » Suivait cette remarque, où se lisait aussi toute son angoisse de ne jamais voir ce qu'il nommait « l'accomplissement de son Œuvre » : « On se prend souvent à déplorer de vivre en un temps où l'on n'aperçoit pas très bien la forme du monde futur[30]. »

La *Weltanschauung* de Hitler et ses « visions » préréalisées dans l'imagerie nazie ne faisaient pas qu'anticiper « la forme du monde futur » et en soulager l'attente, elles devaient aussi en accélérer la réalisation sur le mode qui était celui qu'il reconnaissait lui-même à l'image de la publicité, comme il le confiait à son entourage un soir de 1942 :

« Le Führer parle ensuite des vertus de la réclame. Pendant toute une année, la maison *Odol* afficha son nom seul [sous l'image d'un flacon], sans commentaire, sur les murs de sa petite ville – et chacun, intrigué, se demanda ce qu'il signifiait. Puis, quand ce nom et le flacon sous lequel il se trouvait, furent devenus très familiers, le commentaire parut : "*Odol*, la meilleure eau dentifrice". Le succès fut foudroyant. Une telle réclame ne doit pas être interdite comme juive. En imposant un article très utile en soi, elle épargne le travail de toute une génération[31]. »

Dans cet apologue dérisoire et peut-être inventé, Hitler exposait pourtant quelques principes majeurs de sa vision du monde, toujours déterminée par la fascination du « succès foudroyant ». Aussi est-ce pour sa valeur symbolique qu'il mérite qu'on s'y arrête un instant. Décrivant la fabrication de l'« attention expectante[32] », d'une situation d'attente productrice de mouvement, il disait d'abord comment la propagande publicitaire et commerciale agissait exactement comme le « mythe social » qu'avait décrit Sorel. Il disait en second lieu comment l'image, éveillant le désir, engendrait l'homme nouveau prenant corps dans le passage à l'acte d'achat, dans l'appropriation d'un objet et d'un nom. Il soulignait enfin *l'épargne de travail* qui résultait du processus de suggestion lui-même.

Ce dernier point a son importance : l'épargne ne concernait évidemment pas le travail nécessaire à l'acquisition du produit, mais celui qu'aurait dû fournir l'entreprise pour le vendre, si elle n'avait pas eu recours au pouvoir de l'image. Le point de vue économique que développait Hitler devant les membres de son quartier général était celui du chef d'entreprise, soucieux d'en accroître la puissance avec un investissement d'énergie minimal qui correspondait bien à sa propre paresse. Mais si l'image pouvait produire la plus grande plus-value, c'était, précisait-il, en épargnant le travail « de toute une génération ». Le pouvoir miraculeux de l'image tenait donc aussi à cette accélération du temps humain : entre l'instant séminal de l'apparition de l'image et la naissance de l'homme nouveau, la fonction productrice de la médiation maternelle devenait inutile. (Oscar Wilde semblait avoir raison : l'art créait un type que la vie, « comme un éditeur ingénieux », s'efforçait de reproduire sous une forme populaire.) C'est que l'image publicitaire devenait elle-même la médiation productrice qui assurait, en même temps que la transmission du nom, sa propre perpétuation.

Mais c'était de motivation des masses qu'il s'agissait d'abord : sans leur mise en mouvement, rien ne pouvait advenir. Après la période d'attention expectante, le désir éveillé en elles était, ici aussi, de purification : *Odol* promettait de mieux laver de ses impuretés quiconque s'adonnerait aux ablutions sacrées effectuées en son nom. Du point de vue des masses mises en mouvement par l'image, le principe d'économie n'était pas indifférent non plus. Très banalement, Hitler considérait que « l'image sous toutes ses formes, jusqu'au film », avait plus de pouvoir de persuasion qu'un texte écrit, même réduit à la proclamation par affiche :

> « Là, l'homme doit encore moins faire intervenir sa raison ; il lui suffit de regarder, et de lire tout au plus les textes les plus courts ; nombreux seront ceux qui seront plutôt prêts à s'assimiler une démonstration par l'image qu'à lire un écrit plus ou moins long. L'image apporte à l'homme dans un temps beaucoup plus court, je voudrais presque dire d'un seul coup, la démonstration qu'il ne pourrait retirer d'un écrit que par une lecture fatigante[33]. »

Aux masses désireuses d'accéder à la connaissance d'un monde meilleur, l'image apportait donc l'évident bénéfice de leur épargner travail et fatigue intellectuels. L'immédiateté de la démonstration apportait d'autre part un incomparable gain de temps, suscitant facilement et rapidement la foi en ce monde annoncé. « Voilà ce que j'appelle de la publicité ! » s'était exclamé Hitler à Vienne, devant l'image d'une femme « à la très longue chevelure de Lorelei » et vantant sa pommade miraculeuse. « La propagande, avait-il ajouté, il faut arriver à en faire

une foi, afin que l'on ne distingue plus ce qui est du ressort de l'imagination et ce qui est réalité. [...] La propagande est la base essentielle de
toute religion, qu'il s'agisse du ciel ou de pommade capillaire[34]. » À
cette époque, il s'était essayé lui-même à l'affiche publicitaire : pour
susciter la foi dans les vertus du cirage *Nigrin*, il avait su n'user des
mots que pour prolonger l'éclat d'une botte étincelante *.

Ici aussi, la foi maintenait donc éveillé le désir de l'objet donnant
accès à ce monde autre. Cependant, le propre du désir étant de ne
jamais trouver son entière satisfaction dans l'acquisition immédiate,
une certaine déception était inévitable. Le mouvement des masses
qu'avait suscité l'image-mythe pouvait alors se convertir soit en
révolte, soit en travail. Sous le Troisième Reich, ou bien la force et la
contrainte orientaient la violence de la révolte vers ceux qui était dési-
gnés comme faisant obstacle à la réalisation achevée du désir, ou bien
elles réprimaient le mouvement qui n'était pas converti en travail,
assurant ainsi la toute-puissance de l'image.

Le mouvement du travail rendait certes possible l'accès au monde
tout-puissant de l'image, mais il le différait dans le temps. Si le salut
était déjà accordé par le sang à la race créatrice, la sanctification du
« travail créateur » par le national-socialisme en fit l'instrument et le
garant du salut à venir. Assez rapidement toutefois, l'entrée dans
l'image ne fut réservée qu'à quelques rares élus. Dès 1933, la politique de la performance et du rendement *(Leistung)* dans le travail
instaurait les concours professionnels du Reich *(Reichsberufswett-
kampf)*, dont « les lauréats étaient traités comme les champions des
Jeux olympiques ou comme les grands acteurs de cinéma, conduits en
grande pompe à Berlin et photographiés aux côtés de Ley et de Hitler
en personne[35] ». Dans le système de sélection et de compétition mis en
place, le travail le plus intensif pouvait donc accélérer l'entrée dans le
monde de l'image, le monde des dieux vivants. Là, le Führer du parti

* Cf. B. F. Price, *Adolf Hitler, The Unknown Artist*, nᵒ 320.

et de l'Allemagne apparaissait aussi comme le Führer de la Communauté de travail *(Arbeitsgemeinschaft)* des Allemands. La propagande ne construisait donc pas un monde différent du monde réel : elle en était au contraire l'essence, en révélait la structure et en donnait l'image purifiée.

Ce « modernisme réactionnaire » se présentait explicitement chez Jünger comme un processus d'accélération. Mais c'était un mouvement qui devait s'annuler et reconduire à l'état de repos qui lui était immanent : « Plus nous nous vouons au mouvement, plus nous devons être intimement persuadés que se cache derrière lui un Être calme, et que toute accélération de la vitesse n'est que la traduction d'une langue originelle impérissable[36]. »

À la veille de l'accession des nazis au pouvoir, ce mouvement lui paraissait être celui d'un combat qui ne pouvait « être interrompu à volonté », mais possédait « ses buts fermement délimités ». Toutefois, seule une élite avait selon lui la conscience claire de ces limites rigoureuses, de sorte que la puissance du courant qui emportait les masses aveugles dans la « mobilisation totale » justifiait que la responsabilité de ce mouvement sans retour n'incombât qu'à l'élite : « Plus les "individus" et les masses sont lassés, plus s'accroît la responsabilité qui n'échoit qu'à quelques-uns. Il n'y a pas d'issue, pas de chemin de traverse ni de retour en arrière ; il importe plutôt d'intensifier la force et la vitesse du processus où nous sommes pris. Il est bon, alors, de pressentir que sous l'excès dynamique du temps se cache un centre immobile[37]. »

Jünger aurait souhaité porter sur ses semblables le regard de l'entomologiste sur les espèces disparues. Sa haine froide provenait de l'impossibilité humaine où il se trouvait de « contempler son temps avec les yeux d'un archéologue auquel son sens secret se manifeste ». Il désirait « un regard libéré par son recul cosmique du jeu contradictoire des mouvements » ; mais un tel regard n'était accessible qu'au « réalisme héroïque » qui pouvait seul permettre de « ne pas être seulement un matériau mais aussi le porteur du destin ». Se concevoir soi-même comme « représentant de la Figure du Travailleur », seule vraie forme de la volonté de puissance, c'était comprendre que « toute exigence de liberté au sein du monde du travail n'est donc possible que si elle apparaît comme exigence de travail ». Contre ceux qui, en transposant « la malédiction biblique dans le rapport matériel entre exploiteurs et exploités », ne cherchaient qu'à se délivrer d'un mal et ne concevaient ainsi qu'une liberté négative, il en appelait à une conception plus haute, digne de l'« âge du Travailleur » où, sous la détermination de l'art,

> « [...] il ne peut rien exister qui ne se conçoive comme travail. Travail est le rythme du poing, des pensées, du cœur, la vie de jour et de nuit, la science, l'amour, l'art, la foi, le culte, la guerre ; travail est la vibration de l'atome et la force qui meut les étoiles et les systèmes solaires. »

Conscient de se trouver « à la charnière de transformations telles qu'aucun rédempteur n'osa jamais en rêver », Jünger rêvait d'un espace « où le travail occupe un rang cultuel », et que la performance *(Leistung)* exprimerait dans sa totalité. Alors se ferait jour ce qu'annonçait déjà le désir de perfection dans la technique : « la relève d'un espace dynamique et révolutionnaire par un espace statique et extrêmement ordonné », accomplissant « un passage du changement à la constance[38] ». Ce fut exactement le rêve que tenta de réaliser le nazisme.

Artistes, travailleurs et soldats : la mobilisation totale

La notion de « travail créateur » se situait assurément au cœur du système national-socialiste dans son entier. D'un côté, elle prétendait fonder le racisme nazi par l'opposition de l'aryen « créateur de culture » au juif « destructeur de culture » ; de l'autre, elle formulait la transformation profonde de la notion même du travail que le nazisme tentait d'opérer. Car le régime ne cessait de s'en glorifier : grâce à lui, le travail se délestait enfin du poids de la malédiction biblique pour s'identifier pleinement à l'activité artistique. Toute activité laborieuse s'inscrivait dès lors dans le vaste processus d'autorédemption de la race, effaçant la faute et la culpabilité dans le même mouvement qui construisait sur terre la cité de Dieu. Entre ces deux termes de la faute et de la rédemption, le peuple dans son mouvement se constituait comme *Arbeitsgemeinchaft*, « Communauté de travail » se formant elle-même, dessinant ses propres contours par sa propre activité.

Ce fut peut-être une fois encore Gottfried Benn qui formula le plus clairement comment un travail identifié à l'art contenait une incomparable puissance de « libération » à l'égard de la Loi ancienne. Le 1er mai 1933, lors de la première Fête du travail qui fut immédiatement suivie de la dissolution des syndicats, Benn annonçait la bonne nouvelle :

> « La Fête du Travail national et l'art, quoi de commun entre eux ? Les vibrants élans de cette journée, se peut-il qu'ils actualisent l'art, l'art aux lois sévères, aux lentes maturations ? L'art se sent actualisé toujours, stimulé partout où il perçoit la grandeur, que ce soit dans la nature ou dans l'histoire, et voici bien un grand moment historique : le travail va se voir enlever cette souillure d'être un joug, ce caractère de châtiment, de mal prolétarien qui l'a affecté ces dernières décennies, et on célèbre en lui l'alliance du peuple, le pacte d'une Communauté en train de naître, on célèbre en lui cette vertu créatrice qui, à travers la série entière de toutes les transformations des peuples, n'a cessé de forger la société humaine en unités culturelles toujours nouvelles, arrachées à l'histoire par le travail[39]. »

Moment historique en effet si, de par sa *vertu créatrice*, le travail pouvait enfin racheter le mal prolétarien et « actualiser » l'art en arrachant à l'histoire la naissance d'une Communauté nouvelle, débarras-sée de toute souillure.

Dès son programme de 1920, le Parti national-socialiste des tra-vailleurs allemands avait purement et simplement assimilé tout travail à une activité créatrice : « La première obligation de chaque citoyen est de *créer*, par l'esprit ou par le corps[40]. » Et Hitler, dans son discours du 1er Mai 1933, assigna au travail les mêmes tâches qu'il devait assigner à l'art dans les mois qui suivirent : l'autoformation, l'autopurification et l'autolibération du peuple allemand. « Nous savons aussi que tout travail humain sera finalement vain s'il n'est pas illuminé par la béné-diction de la Providence. Mais nous ne sommes pas de ceux qui s'en remettent paresseusement à l'au-delà. [...] Le peuple allemand est advenu à lui-même. Il ne tolérera plus en lui ceux qui ne sont pas pour l'Allemagne. [...] Nous n'implorons pas le Tout-Puissant en disant : Seigneur, libère nous. Nous voulons agir, travailler [...][41]. »

Comme l'art, le travail se transformait en un processus d'autopu-rification et d'autolibération du peuple allemand, *hic et nunc*. Il deve-nait un mouvement continu d'*Entscheidung*, de « décision » tran-chante par laquelle il se séparait au présent de la malédiction passée et dessinait sa figure à venir. Le 24 octobre 1934, Hitler donnait pour but au Front du travail, à la tête duquel il avait placé Robert Ley, « la formation d'une véritable *Volks- und Leistungsgemeinschaft* (Com-munauté de peuple et de performance) de tous les Allemands[42] ». S'il avait écrit dans *Mein Kampf* que « l'idée du travail créateur a tou-jours été et sera toujours antisémite[43] », cela signifiait d'abord que le mouvement du « travail créateur » assurait au peuple la libération de la Loi ancienne et la conquête de son autonomie. Mais « *Arbeit macht frei* (Le travail rend libre) », l'inscription qui surmontait l'entrée du camp d'Auschwitz, signifiait non seulement la destruction des juifs qui incarnaient cette Loi – « *Arbeit macht Judenfrei* (Le travail élimine les juifs) » –, mais aussi, puisque « le Juif réside toujours en nous[44] », puisque « aussi longtemps que nous n'aurons pas anéanti le Juif en nous-mêmes, notre survie sera en cause[45] », cela signifiait à terme « *Arbeit macht Menschenfrei* (Le travail élimine les hommes) », l'autodestruction des Allemands dans la pureté de l'Idée réalisée.

Lors d'un discours intitulé « Notre Communauté doit être nette, propre et bien disposée ! » Robert Ley soulignait combien « le travail et l'art appartiennent l'un à l'autre », parce qu'« ils proviennent d'une seule racine : de la race[46] ». Plus tard, quand il s'agira de « défendre la Communauté de race », Goebbels insistera sur l'identité de combat du soldat, du travailleur et du « créateur de culture » : « L'art n'est pas un divertissement du temps de paix, mais il est lui aussi une arme spirituelle et tranchante pour la guerre[47]. »

Le 15 octobre 1933, la pose de la première pierre de la Maison de l'art allemand de Munich était saluée en des termes qui signifiaient clairement que le parti était autant celui de l'art allemand que celui des travailleurs allemands : « Le Jour de l'art allemand, avait déclaré le Gauleiter adjoint Nippold, servira à restaurer la vie culturelle de la Communauté et notre sentiment de la Communauté. C'est pourquoi sa valeur idéale ne le situe pas après le Jour du travail allemand [1er mai], mais elle doit en faire et elle en fait le complément nécessaire[48]. » Le national-socialisme faisait cependant bien plus que seulement « compléter » la glorification du travail national par celle de l'art national : il les unissait en un seul et même culte dont les servants étaient d'abord soldats, qu'ils fussent militaires, artistes ou travailleurs. « Pour voir le mot "travail" dans sa signification modifiée, avait écrit Jünger, il faut disposer de nouveaux yeux[49]. » Ces yeux étaient ceux des artistes capables de fournir au peuple un regard qui tiendrait à la fois du « réalisme héroïque » et du « romantisme d'acier » de Goebbels.

« Le travail ennoblit *(Arbeit adelt)* » était l'un des slogans du régime auxquels peintres et sculpteurs pouvaient le plus aisément donner corps. À l'exception de quelques figures paysannes solitaires comme celles du laboureur de Werner Peiner sculptant la *Terre alle-*

mande avec laquelle il fait corps *[fig.91]* ou du *Faneur* de Heinrich Berann *[fig.92]*, dominant par son effort sublime le paysage allemand, les peintres préféraient généralement donner des images du travail collectif des familles ou des communautés paysannes. C'était vrai aussi des autres formes de l'activité laborieuse, où la répétition rythmique, d'un corps à l'autre, des gestes du travail figurait la « typification » de la Communauté à l'œuvre. *Force unifiée* de Ria Picco-Rückert *[fig.93]* montrait ainsi la construction d'une voie ferrée par la conjonction d'énergies de corps mis en faisceaux. Le « romantisme d'acier » devenait évidemment plus manifeste avec *Laminoir* d'Arthur Kampf *[fig.94]*, dont Werner Rittich disait qu'il révélait un « nouveau rapport au travail ». « [...] Autant par la force puissante des travailleurs que par l'atmosphère environnant l'ouvrage, c'est un symbole concentrant la volonté de travail et la haute performance *(Leistung)*[50]. » Le combat victorieux contre la matière en fusion tenait tout à la fois du saint Georges terrassant le dragon et du drame wagnérien.

Mais c'était dans la représentation des paysages industriels que la peinture, par-delà toute mythologie empruntée au passé, produisait la véritable image que le nazisme, à partir de 1939 surtout, entendait donner au mythe moderne du travail. Ce que montraient *Bateau en construction* de Curt Winckler *[fig.95]*, *L'Usine Hermann-Göring en construction* de Franz Gerwin *[fig.96]*, *La Raffinerie de carburant* de Richard Gessner *[fig.97]* ou *La Grande Cokerie avec ses installations annexes* de Dirk Van Hees *[fig.98]*, ce n'était pas tant que « le travail concret demeurait invisible[51] », c'était bien davantage la disparition des travailleurs eux-mêmes – soit qu'ils fussent engloutis par un milieu technique aux dimensions gigantesques, soit qu'ils en fussent totalement absents. Une fois de plus, l'image dissimulait moins la réalité qu'elle ne disait la vérité du rêve nazi. En 1937, la revue *Kunst und Volk* (Art et Peuple) faisait ainsi l'éloge de l'« ouvrage humain dans lequel les moindres recoins parlent du travail sans que tu ne

91. Werner Peiner,
Terre allemande,
1933

92. Heinrich Berann,
Le Faneur, v. 1943,
huile sur toile.

93. Ria Picco-Rückert,
Force unifiée,
1944, huile sur toile,
160 x 200 cm.

94. Arthur Kampf,
Laminoir, 1939,
huile sur toile.

95. Curt Winckler, *Bateau en construction*, s. d., lithographie.

96. Franz Gerwin, *L'Usine Hermann-Göring en construction*, 1940, huile sur toile, 180 x 155 cm.

97. Richard Gessner,
*La Raffinerie
de carburant*,
1941.

98. Dirk Van Hees,
*La Grande Cokerie
avec ses installations annexes*,
s. d., pointe sèche.

voies le travailleur[52] ». L'idéal que visait le culte national-socialiste du travail était bien celui d'une totale absorption des travailleurs dans l'Œuvre productive qui parlerait au nom de la Communauté.

Les « soldats du travail » de Robert Ley portaient l'empreinte du « type », si cher à Wolfgang Willrich, Walther Darré ou Ernst Jünger, dans le tableau de Ferdinand Staeger qui avait pour titre *Wir sind die Werksoldaten* (Nous sommes les soldats de l'ouvrage) *[fig.99AB]*. Dans sa marche ascendante et rythmée se détachant sur le ciel du Troisième Reich, la « nouvelle noblesse du travail » portait la pelle comme on porte un fusil : le Front du travail engageait le même combat que les camarades soldats pour l'Allemagne éternelle. À travers ce combat se forgeait l'anonymat des visages et des corps, attestant combien « l'art progresse de l'individuel au typique[53] ».

Le sculpteur Fritz Koelle s'était spécialisé dans la représentation de la figure du travailleur. Depuis la fin des années vingt, il portait sur la classe ouvrière un regard toujours plus héroïque. Mineurs, travailleurs des hauts-fourneaux, des aciéries et des laminoirs n'avaient pas tous le même visage mais étaient tous taillés avec la même détermination. « Ils parlent du sérieux du travail », écrivait Ernst Kammerer :

> « Les hommes de Koelle sont comme imprégnés du travail. Il est certain que sans le travail, ils auraient d'autres visages et d'autres formes. À longueur de jours, de mois et d'années, ils ont été modelés par le travail [...]. Ils sont devenus des hommes de fer. La ténacité, l'endurance, l'inflexibilité sont leurs vertus. Ils montrent ce que peut faire l'homme. Ce sont des géants. Un visage vaut pour beaucoup d'autres *(Ein Gesicht steht für viele)*. C'est la même volonté dure qui vit dans tous les visages[54]. »

Mais l'expression de cette « dure volonté » grandissait avec les années : ses *Mineurs* des années vingt ne dépassaient guère un mètre de hauteur ; en 1932 son *Maître de forge* atteignait deux mètres, en

99A. Ferdinand Staeger,
*Nous sommes
les soldats de l'ouvrage*,
1938, huile sur toile.
Probablement inspiré de
la photographie ci-dessous.

99B. « La jeune génération
se met en rangs
et forme une gigantesque
armée pacifique »,
v. 1935, photographie.

100. Fritz Koelle,
au fond : *Le Travailleur
des hauts-fourneaux*,
v. 1939 (bronze ; H. : 3 m) ;
au premier plan :
Le Flotteur de l'Isar,
1939 (plâtre ; H. : 3,60 m).

101. Ferdinand Stager,
Front politique, s. d.,
huile sur toile.

1937, le *Mineur de la Sarre* trois ; il fut supplanté en 1939 par un *Flotteur de l'Isar* haut de trois mètres soixante *[fig.100]*. Plus le corps du travailleur était monumental et mieux il signifiait l'effacement des travailleurs dans leur combat pour l'Œuvre : « Car c'est d'un combat que parlent ces figures, ajoutait Kammerer. Comme il y a le Soldat inconnu, il y a aussi le Travailleur inconnu. Le sculpteur Fritz Koelle a voué sa vie à rendre honneur au Travailleur inconnu[55]. » Le culte du travail s'identifiait ici à celui des héros déjà morts au combat dans la même édification du Reich éternel. La surpuissance que symbolisaient ces œuvres n'était donc pas celle du travail ni du travailleur, mais celle d'une mort anticipée par le regard de l'artiste. Fritz Koelle montrait exactement comment le dynamisme de la mobilisation totale trouvait son assomption dans ces sculptures monumentales. Leur très réelle perfection technique rendait visible ce que Jünger avait nommé « la relève d'un espace dynamique et révolutionnaire par un espace statique et extrêmement ordonné », accomplissant le désir d'« un passage du changement à la constance ».

Effectuer ce passage du mouvement dynamique à l'ordre statique, c'était d'abord faire émerger le type qui en serait l'instrument en affirmant sa domination. La guerre demeurait aux yeux de Jünger le modèle de tout espace et de tout processus de travail où « l'effort national débouche sur une nouvelle image : la construction organique du monde ». « Le héros de ce processus, le Soldat inconnu », montrait déjà les qualités qui devaient être celles de la Figure du Travailleur : « Sa vertu réside dans le fait qu'on puisse le remplacer et que derrière chaque tué la relève se trouve déjà en réserve. Son critère de référence est celui de la performance *(Leistung)* objective, de la performance sans beaux discours ; aussi est-il en un sens éminent porteur de la révolution *sans phrase*[56]. » Comme du travailleur muet de Koelle, Jünger aurait pu dire du sien : « *Ein Gesicht steht für viele* (Un visage vaut pour beaucoup d'autres) », véritable slogan dont Ferdinand Staeger donnait l'image achevée dans *Front politique [fig.101]*.

La conception jüngerienne de la « construction organique » était tout le contraire de l'utopie : elle était suffisamment simple pour être réalisable par le Front du travail de Robert Ley. À la tête du Bureau de la Beauté du travail *(Amt Schönheit der Arbeit)* – dont le slogan était : « La journée allemande sera toujours belle[57] » –, Albert Speer annonçait la venue d'« un nouveau visage de l'usine allemande ». Il s'agissait certes de convaincre le travailleur que les réalisations de la Beauté du travail « libéraient le travail physique de la malédiction, de la damnation et de l'infériorité qui lui étaient inhérentes depuis des siècles[58] », mais il s'agissait d'abord de créer un environnement sain, moderne, lumineux, propre et « beau » afin d'augmenter dans la joie le rendement productif. « *Je höher die Leistung, um so grösser die Arbeitsfreude* (Plus haute est la performance et plus grande est la joie au travail)[59]. »

À la suite d'un accord de 1936 entre la Chambre des arts plastiques du Reich et le Bureau, les artistes furent invités dans les entreprises : « Le contact quotidien avec l'artiste et le fait de vivre sa création[60] » devaient éveiller les travailleurs à la beauté de leur propre travail. Les expositions d'art se multiplièrent au sein des entreprises, les fresques et les décorations envahirent non seulement les espaces annexes, mais aussi les ateliers eux-mêmes[61], de sorte que le travailleur, comme déjà l'avait souhaité Sorel, pût comprendre que « l'art est une anticipation du travail tel qu'il doit être pratiqué dans un régime de très haute production[62] ».

Cependant, la pénurie de main-d'œuvre qui suivit la rapide résorption du chômage[63] à la fin de la crise incita Ley à préserver le bon fonctionnement du travailleur lui-même, puisque toute défaillance individuelle risquait de mettre en péril la marche de l'ensemble. Chaque « soldat du travail » était donc envisagé lui aussi comme un organisme technique dont chaque élément devait être remplaçable, à partir d'un stock qui garantirait la continuité du processus :

« Nous donnerons au *Volk* la puissance. Nous ferons médicalement, à des périodes fixes, une révision de chaque Allemand comme on révise un moteur. On remet à neuf un moteur, mais on laisse un homme malade. Jusqu'à présent, personne ne s'en est soucié. Mais qui peut encore assumer ça, alors qu'à 40 ans les hommes sont hors d'usage ? Où devrions-nous prendre les hommes ? Ce n'est pas le manque de matière première qui peut nous être fatal, mais le manque d'hommes. La manière dont chacun vit n'est pas une affaire privée. Chacun est un Soldat du Führer et doit surveiller sa santé et ses performances dans l'intérêt du *Volk*[64]. »

Prononcés au moment où était mis en place le nouveau plan de quatre ans qui instaurait l'économie de guerre, ces propos de Ley coïncidaient aussi avec les essais des premiers prototypes de la *Volkswagen* (voiture du peuple) qui répondait au désir exprimé par le Führer, dès 1933, d'engager « la motorisation du peuple allemand[65] ». Hitler, qui avait demandé à Ferdinand Porsche que la « voiture du peuple » ressemblât à « une coccinelle », en avait aussi dessiné le modèle au restaurant de l'*Osteria Bavaria* de Munich, dès le mois d'août 1932 [*fig.103*][66]. Si la mobilisation totale du peuple allemand ne fut pas sa motorisation totale, puisque la VW ne fut jamais produite en série avant la chute du régime, Hitler aura cependant toujours lié le sort du peuple allemand à celui de ses moteurs. Dans une interview donnée en juillet 1933 au *New York Times*, il déclarait vouloir faire sortir l'Allemagne de sa paralysie, raviver l'industrie et développer un nouvel esprit en motorisant d'abord la nation. S'il admirait Henry Ford, ce n'était pas parce qu'il avait été un pionnier de la production standardisée, mais parce qu'il produisait pour les masses : sa petite voiture avait fait merveille pour « détruire les différences de classes[67] ». Ainsi la VW devait-elle redonner au *Volkskörper* son unité perdue. Si la théâtralisation de la vie quotidienne faisait de la *Volksgemeinschaft* une « expérience vécue *(Erlebnis)* », la voiture du peuple

102. Adolf Hitler, *Esquisse pour une voiture en forme de « coccinelle »*, 1932.

en serait l'instrument technologique le plus avancé : chacun pourrait bientôt vivre « l'Allemagne éternelle », s'enfoncer dans ses forêts profondes, faire corps avec le sol allemand enfin rassemblé dans toutes ses parties, avec une terre mère réveillée par son irrigation nouvelle. La VW n'était donc pas hétérogène à l'idéologie *Blut und Boden* (sang et sol) : elle la réalisait techniquement.

Le 1er mars, Hitler avait affirmé qu'il ne suffisait pas de faire redémarrer *(anzukurbeln)* la production, mais qu'il fallait aussi développer la capacité de consommation. « Tant de sang avait été pompé par l'étranger à la vie économique allemande ces dernières années que la circulation s'était arrêtée[68] ». Le 23 septembre, inaugurant le chantier de l'autoroute Francfort-Heidelberg, il se réjouissait de cette « création de nouvelles artères pour le trafic » : « Cet instant n'est pas seulement celui où nous commençons la construction du plus grand réseau routier du monde, c'est aussi la pierre milliaire sur la route qui mène au rassemblement de la *Volksgemeinschaft* allemande. » Car l'automobile appartenait en vérité à la substance allemande : « L'automobile a été inventée en Allemagne. » « Il y a cinquante ans, un Allemand réalisait le vieux rêve d'une voiture se mouvant de ses propres forces », déclarait-il en février 1936, à l'ouverture du Salon de l'automobile de Berlin. Assurément, le destin de la substance allemande était de réaliser ce rêve de se mouvoir elle-même. En 1938, il vantait – summum de l'autosuggestion pour l'auto-mise-en-marche et l'auto-démarrage – les effets dynamiques de la propagande en faveur des moteurs, des courses automobiles, de la construction des routes et pensait introduire bientôt un insigne pour le sport automobile qui, distribué chaque année, agirait comme un aiguillon sur la jeunesse allemande motorisée[69]. Alors s'accomplirait cette vision que Hitler avait donnée trois ans plus tôt de l'homme nouveau : « Le garçon allemand de l'avenir doit être vif et habile, rapide comme le lévrier, résistant comme le cuir, dur comme l'acier de Krupp. Pour que notre peuple ne disparaisse pas sous les symptômes de dégénérescence de notre temps, nous devons élever un homme nouveau[70]. » La voiture du peuple en avait les matériaux, elle en présentait les qualités.

La « construction organique » était le concept où le passé s'unissait au futur dans une mobilisation présente qui devait assurer l'homogénéité temporelle du Reich. Au début du siècle, le protofascisme du premier futurisme de Marinetti prétendait rompre avec le poids écrasant du passé. Il célébrait « la beauté de la vitesse » comme une accélération dans l'espace et dans le temps, capable d'arracher l'homme aux pesanteurs de l'histoire : « Une automobile de course avec son coffre orné de gros tuyaux tels des serpents à l'haleine explosive... une automobile rugissante, qui a l'air de courir sur de la mitraille, est plus belle que la *Victoire de Samothrace*[71]. » Mais le national-socialisme ne visait pas le mouvement pour lui-même ; comme le reste, le mouvement accéléré de l'histoire n'était pour les nazis qu'« un moyen pour un but ». Ainsi que l'expliquait l'ingénieur Karl Arnhold à la jeunesse allemande, « ce sont les vieux, les très anciens rêves que la technique a accomplis » : les bottes de sept lieues, le boulet du baron de Münchhausen, le rêve d'Icare, « tout ce qui fut jadis désir et rêve est aujourd'hui réalisé par la technique ! » Mais il prenait soin de le préciser : « La technique créatrice ne fonctionne que lorsqu'elle réside dans le sang[72] ! »

Si la jeunesse allemande devait être la plus rapide du monde, c'était pour qu'elle fût la première à gagner la délivrance promise, à réaliser le rêve originaire de la race, à construire enfin l'éternité organique de cette *Kultur* aryenne fondée sur « l'esprit grec et [la] technique allemande[73] ». Ce modernisme réactionnaire s'exprimait exemplairement dans l'affiche de l'Exposition internationale de l'automobile et de la motocyclette, qui se tint à Berlin en 1939 : comme issues d'un édifice néoclassique, deux voitures de course rugissantes s'apprêtaient à conquérir le globe *[fig.103]*.

« La jeunesse doit être guidée par la jeunesse » : ce slogan des *Hitler Jugend* de Baldur von Schirach signifiait que si le génie aryen, éter-

103. Affiche de
l'Exposition internationale
de l'automobile et de la
motocyclette, Berlin, 1939.

nellement jeune, était essentiellement *automoteur*, il pouvait demeurer en mouvement dans l'immobilité, au sein d'un « mode de vie allemand déterminé avec précision pour les mille ans à venir[74] ».

Un présent pur

En un moment où les promesses de bonheur faites par les zélateurs d'un progrès technique rapide contrastaient si violemment avec l'incertitude qui pesait sur l'avenir le plus proche, la *Weltanschauung* nazie se donnait donc comme la conciliation possible du mouvement le plus rapide avec la stabilité la plus assurée. Ce fut surtout à partir de l'année 1934, lorsqu'un coup d'arrêt fut donné au mouvement « révolutionnaire » et que le mode de vie allemand fut « déterminé avec précision pour les mille ans à venir », que le mouvement sembla devoir coexister avec la pause, la violence avec le calme, et la vie avec la mort. Et cette coexistence était, comme on l'a vu, inséparable de l'autopurification du peuple et du Reich allemands, que la *Weltanschauung* national-socialiste cherchait à obtenir par la contrainte et la mise en mouvement réglée sur une image éternelle.

Dans le discours qu'il tint à Nuremberg le 11 septembre 1935, Hitler développa l'une de ses thèses sur l'art qui lui tenait certainement le plus à cœur : jamais un peuple et son art n'étaient assujettis à la même finitude temporelle. Traversant les siècles et les millénaires avec l'emphase qui lui était habituelle, la leçon qu'il tirait de la méditation des ruines n'était pas celle de l'historien ni celle du philosophe sur le déclin des empires et la vanité de toute puissance, mais bien plutôt celle d'un artiste cherchant à évaluer ses propres chances de survie dans l'immortalité de son Œuvre :

« Que seraient les Égyptiens sans leurs pyramides et leurs temples, [...] les Grecs sans Athènes et sans l'Acropole, Rome sans ses monuments, nos générations d'empereurs germains sans les cathédrales [...]? Qu'il y eût un jour un peuple de Mayas, nous ne le saurions pas ou le négligerions si de puissantes ruines de villes et des vestiges de peuples légendaires ne s'imposaient à l'attention des esprits et à l'investigation des savants. Aucun peuple ne vit plus longtemps que les documents de sa culture *(Kein Volk lebt länger als die Dokumente seiner Kultur)*[75] ! »

S'étant autoséduit par cette dernière formule, il la fit graver deux ans plus tard sur une plaque de bronze, destinée à surmonter l'entrée de la Maison de l'art allemand. Par le bronze qui devait lui survivre, Hitler attestait la vérité « éternelle » de sa parole où la presse sut reconnaître « les fondements de la création artistique national-socialiste[76] ». Cette phrase du Führer recelait assurément autre chose que la simple injonction faite à son peuple de jouir des œuvres nouvelles du Reich millénaire. Certes, en se soumettant aux images qui incitaient à l'accouplement producteur et au sacrifice héroïque, le visiteur qui pénétrait dans le sanctuaire de l'art allemand s'exposait à l'épreuve de ces accélérateurs de passions, qui devaient renouveler le matériel humain *(Menschmaterial)* et assurer l'immortalité de son peuple. Mais, inscrite à l'entrée même du Temple, cette phrase interpellait chacun dans son appartenance à une communauté mortelle, qui ne se survivrait que collectivement et dans son art. Elle laissait toutefois supposer une transsubstantiation véritable de la Communauté, audelà de sa disparition en masse et de sa résurrection en masse dans l'art, lorsqu'un peuple issu du même sang pourrait à nouveau la comprendre. Chacun devait donc apprendre à faire face à ce destin commun, à anticiper sa propre mort individuelle pour construire une *vita nova*, la vie supérieure et éternelle qui animerait l'art de la Communauté.

À elle seule, la phrase du Führer donnait tout son poids à la thèse fameuse de Walter Benjamin sur les liens qu'entretenait avec la théorie de *l'art pour l'art* « l'esthétisation de la politique » pratiquée par le fascisme. Celle-ci ne signifiait évidemment pas le simple asservissement de l'art à des fins politiques : il serait bien difficile de distinguer par là le fascisme de tous les régimes – et l'histoire en connaît de nombreux – qui ont usé et usent aujourd'hui pareillement de l'art. Benjamin visait une *certaine* esthétisation de la politique : il stigmatisait une humanité « devenue assez étrangère à elle-même pour réussir à vivre sa propre destruction comme une jouissance esthétique de premier ordre. Voilà, ajoutait-il, quelle esthétisation de la politique pratique le fascisme[77]. » C'était cependant le fascisme italien que visait Benjamin, celui qui, par la bouche de Marinetti son héraut, attendait « de la guerre la satisfaction artistique d'une perception sensible modifiée par la technique ». Dans *cette* esthétisation futuriste et fasciste de la politique se réalisant dans la guerre, Benjamin reconnaissait « l'accomplissement achevé de l'art pour l'art ».

Mais le national-socialisme n'aura jamais, pour sa part, directement identifié l'état de guerre au Reich éternel réalisé. La guerre n'avait pas sa fin en elle-même ; elle demeurait toujours pour lui, comme la propagande, l'art ou la politique, un « moyen pour un but ». La guerre s'identifiait bien davantage au processus menant à la « réalisation de l'Idée », de sorte qu'elle occupait dans la *Weltanschauung* nazie la même fonction que tous les « combats ». Comme le « combat pour l'art », le « combat sur le front des naissances » ou le « combat pour la production », elle s'intégrait au « combat pour la vie » qui devait réaliser l'essence du peuple allemand. La guerre jouait donc, elle aussi, le rôle d'un accélérateur des passions, autorisant l'accomplissement plus rapide du rêve primordial. Après le *Blitzkrieg*, la guerre éclair de 1939-1940 menée par la concentration des moyens motorisés les plus modernes sur un seul point du front, un repos triomphal semblait encore possible. Car par-delà ses tumultes, la guerre devait d'abord permettre de restaurer la vision calme et radieuse du Reich éternel que contenait le *Volksgeist* en son rêve.

« L'idée de la paix éternelle, avait écrit Moeller van den Bruck, est certainement l'idée du troisième Reich. Mais sa réalisation exige d'être obtenue par le combat et le troisième Reich veut être affermi[78]. » Cette vieille vérité augustinienne que « tout homme, en faisant la guerre, cherche la paix », ne serait-ce que pour la changer selon sa volonté[79], n'était pas étrangère à Hitler non plus. Au plus fort des combats, il se plaisait à évoquer ses visions d'une Europe qu'il aurait pacifiée : « Les guerres passent. Seules les œuvres de la culture ne passent pas. D'où mon amour de l'art[80]. » Avec la tranquille assurance de ceux qui voient dans la culture la plus haute réalisation de l'homme, il estimait toujours que la vie d'un peuple ne se justifiait que dans son art.

Dans un premier temps cependant, ce fut la révolution national-socialiste qui ne pouvait, selon lui, justifier son droit d'interrompre le déclin de l'histoire autrement qu'en réalisant visiblement, dans l'art, l'Idée qui la guidait. Tel était bien le sens des propos qu'il tint à Nuremberg en 1933, alors qu'il s'apprêtait à remodeler, après la Königsplatz de Munich, l'architecture de l'Allemagne entière :

« Même si un peuple s'éteint et si les hommes se taisent, les pierres parleront [...]. C'est pourquoi chaque grande époque politique dans l'histoire du monde établira le droit de son existence par les pièces justificatives *(Urkunde)* les plus visibles qui soient de sa valeur : *par ses réalisations (Leistungen) culturelles*[81]. »

Mais deux ans plus tard, ce n'était plus seulement un droit politique dans l'histoire, c'était le droit de la race ou du peuple, restauré par cette politique, qui trouvait sa légitimité dans l'art. Certes, Hitler affirmait de nouveau que « le mouvement national-socialiste [...] doit s'efforcer par tous les moyens de transformer sa *prétention* en *exigence légitime* par une réalisation *(Leistung)* culturelle créatrice ». Il s'agissait en effet de poursuivre d'abord le mouvement d'autosuggestion par l'art, c'est-à-dire d'« amener le peuple à croire avec conviction à sa mission en général et à la mission particulière du parti, par la démonstration de son don culturel supérieur et de ses effets visibles[82] ». Mais la suggestion avait également d'autres objets. Hitler visait bien sûr les nations alentours mais aussi, par-delà le regard de ses contemporains, le regard de l'histoire :

> « Plus les exigences vitales et naturelles d'une nation sont méconnues, réprimées ou simplement contestées, plus il importe de donner à ces exigences naturelles le caractère d'un droit supérieur par les démonstrations visibles des plus hautes valeurs d'un peuple, qui sont, comme le montre l'expérience de l'histoire, ce qui demeure, même après des siècles, le témoin indestructible non seulement de la grandeur d'un peuple, mais par là aussi de son droit de vivre *(Lebensrecht)* moral. Oui, même si les derniers témoins vivants d'un peuple infortuné devaient se taire, les pierres alors se mettraient à parler. L'Histoire ne le trouve guère digne d'être mentionné, le peuple qui n'a pas placé la construction de son propre monument parmi les valeurs de sa Culture[83]. »

Il attendait de l'histoire qu'elle portât sur l'Œuvre national-socialiste – sur son Œuvre – le même regard qu'il portait lui-même sur le passé grec, égyptien ou romain. Car le Führer tenait assurément en très haute estime ces monuments qui témoignaient de la grandeur des peuples du passé, justifiant ainsi *a posteriori* leur existence. Pour mériter à son tour le regard attentif de l'histoire, le peuple allemand devait se montrer capable d'anticiper lui aussi sa propre mort dans le monument qui saurait l'incarner dignement. Mais puisque ce n'était qu'une fois mort qu'un peuple, par ses monuments, attestait sa grandeur, il lui fallait se résorber tout entier dans ce que Hitler nommait *das Wort aus Stein* – la parole de pierre.

C'était en cela que le nazisme, plus que le fascisme italien, s'affirmait – en dépit de ses dénégations – comme la parfaite réalisation de *l'art pour l'art*. Car si le Troisième Reich pouvait se déclarer éternel, ce n'était qu'à la condition de porter sur soi-même un regard d'artiste, un regard d'outre-tombe. Tel était exactement le mouvement d'anticipation que Théophile Gautier, qui avait été un siècle plus tôt le premier théoricien de *l'art pour l'art*, réclamait de l'artiste :

> « Tout passe - L'art robuste
> Seul a l'éternité,
> Le buste
> Survit à la cité[84]. »

Assurément, la théorie de *l'art pour l'art* était aussi, ou peut-être d'abord, une théorie de l'immortalité de l'artiste par l'art et dans son œuvre. Mais Théophile Gautier opposait encore les fureurs de la guerre à la calme éternité de l'art, qui se fabrique à l'écart de cette guerre :

> « Pendant les guerres de l'empire,
> Goethe, au bruit du canon brutal,
> Fit *le Divan occidental*,
> Fraîche oasis où l'art respire.
> [...]
> Sans prendre garde à l'ouragan
> Qui fouettait mes vitres fermées,
> Moi, j'ai fait *Émaux et Camées*[85]. »

Loin d'opposer l'artiste au soldat comme l'avait fait Gautier, le national-socialisme conférait à tous les combattants de la *Volksgemeinschaft*, qu'ils fussent sur le front militaire, du travail, de l'art ou des naissances, la dignité de l'artiste. À tous incombait la plus noble des tâches : se survivre à soi-même dans les pierres parlantes du Reich éternel. Cela exigeait la mobilisation générale du *Volkskorper* entier, confiant en la Providence *(Vorsehung)* et dont la fin était de donner corps à la « vision du Führer ».

Mais, par-delà la mode du néoclassicisme qui envahissait l'architecture officielle des années trente en Europe comme aux États-Unis, ces édifices étaient à l'imitation non pas d'un seul, mais de nombreux styles du passé. Tandis que le style vernaculaire était réservé aux fermes modèles et le fonctionnalisme aux usines, la communauté s'incarnait dans la pierre en imitant Athènes ou Babylone, la forteresse de Castel del Monte construite par Frédéric II ou le Colisée de Rome. Ce n'était pas seulement pour permettre à la *Volksgemeinschaft* de s'identifier elle-même en s'appropriant les fragments de l'âme éternelle de sa race que l'histoire avait dispersés. Imiter les styles du passé, c'était aussi et surtout faire *passé* pour faire *passer*. C'était donner, *hic et nunc*, la preuve visible et tangible de la grandeur de la Communauté devenue œuvre d'art. C'était donner la preuve de la puissance déjà là et simultanément déjà historique de la Communauté incarnée comme étant *passée*. Comme le regard de l'artiste, qui n'attend de jugement que de la postérité, anticipe sa propre mort et considère son œuvre du point de vue de l'histoire, le regard que le Führer portait sur son peuple était celui de l'artiste sur son œuvre *finie*.

> « Sculpte, lime, cisèle ;
> Que ton rêve flottant
> Se scelle
> Dans le bloc résistant[86] ! »

L'architecture humaine qu'avait décrite Hubert Schrade en 1933, celle que formaient les masses ordonnées de Nuremberg, il la voyait en 1939 plus intimement liée à la pierre, maintenant que l'esplanade Zeppelin était construite, avec la « place du Führer » au centre de la tribune principale :

« Tous, dans une *même* attitude, avec le *même* costume, alignés vers *un* but, doivent éprouver la stricte disposition des piliers comme l'expression de l'ordre sous lequel ils se sont placés ; par la pierre *(am Steine)*, il doivent se rendre compte de la même volonté de mise en forme qui les a saisis, eux, les hommes vivants. Entre eux-mêmes et l'architecture, ils sentent un accord complet. Et dans cet accord, l'art apparaît comme il le doit : à la fois comme un service et comme ce qui intensifie. [...] Qui veut construire comme le national-socialisme doit s'assurer la durée. Seul peut réellement prétendre être construit ce qui est calculé pour des siècles[87]. »

Ainsi la mobilisation des masses avait-elle pour fin leur propre pétrification sublime. Sublime d'abord au sens que donnait Hitler à ce mot, lorsqu'il faisait de l'art « une mission sublime et qui exige le fanatisme ». Mais sublime au sens de Hegel aussi, puisque l'Idée national-socialiste, se phénoménalisant dans la pierre, n'y trouvait pas son achèvement mais en rongeait au contraire la matière jusqu'à la ruine : la sublimité, disait Hegel[88], « fait disparaître la matière en laquelle apparaît le sublime. La matière est expressément conçue comme n'étant pas conforme ».

Un architecte aura compris que jamais la matière « mise en forme » ne pouvait être conforme ni à l'Idée national-socialiste, ni au désir de sublime d'un Führer s'identifiant au temps. Devenu le maître d'œuvre favori de Hitler après la mort de Troost, Albert Speer fit un jour dynamiter des hangars de béton armé sur l'emplacement où devait s'édifier la grande tribune de Nuremberg. C'est en voyant « ce fouillis métallique pendant dans tous les sens en commençant à rouiller » que lui vint à l'esprit sa fameuse « théorie de la valeur des ruines » :

« Des édifices construits selon les techniques modernes étaient sans aucun doute peu appropriés à jeter vers les générations futures ce "pont de la tradition" qu'exigeait Hitler. Il était impensable que des amas de décombres rouillés puissent inspirer, un jour, des pensées héroïques comme le faisaient si bien ces monuments du passé que Hitler admirait tant. C'est à ce dilemme que ma théorie voulait répondre. En utilisant certains matériaux ou en respectant certaines règles de physique statique, on pourrait construire des édifices qui, après des centaines ou, comme nous aimions à le croire, des milliers d'années, ressembleraient à peu près aux modèles romains.

Pour donner à mes pensées une forme concrète et visible, je fis réaliser une planche dans le style romantique représentant la tribune de l'esplanade Zeppelin après des siècles d'abandon : recouverte de lierre, la masse principale du mur effondrée par endroits, elle était encore clairement reconnaissable dans ses contours généraux[89]. »

Enthousiasmé par la « logique lumineuse » de cette esquisse, Hitler ordonna qu'à l'avenir les plus importants édifices du Reich soient construits selon la « loi des ruines ». Speer avait visé juste en répondant ainsi « au désir du Führer », anticipant à sa place le moment où « les hommes se taisent ». C'était le moment où, longtemps après que le mouvement des combattants de la Communauté se fut figé et immobilisé dans la pierre, l'histoire les reconnaissait enfin comme un peuple d'artistes et de fondateurs de culture *(Kulturbegründer)* ayant construit son propre monument.

Ce désir d'accélérer la rédemption finale du peuple se laissait voir aussi dans les gigantesques cités des morts que projetait dès 1940 l'architecte Wilhelm Kreis. Devant border, de l'Atlantique à l'Oural et de la Norvège à la Grèce, les frontières de l'Europe nouvelle, ces cités n'étaient pas de simples « sites pour honorer les morts », disait Kreis, mais les symboles qui donnaient au « grand tournant historique » son sens et constituaient le « rappel éternel [...] de l'unification de

104. Wilhelm Kreis,
Grand Mémorial en Russie,
v. 1942, dessin à la plume.

l'Europe sous la direction de son peuple-cœur, les Allemands ». Ces monuments comprenaient « les tombeaux de la génération des guerriers de sang allemand qui, comme ils l'ont si souvent fait depuis deux mille ans, ont défendu l'existence du monde culturel de l'Occident » ; ils parlaient « une langue que compren[ait] celui qui était du même sang versé ici[90] » *[fig. 104]*.

À Nuremberg, c'était comme si le Führer visionnait en accéléré le film entier de son peuple, depuis son entrée dans l'histoire et jusqu'à sa sortie :

> « Qui n'est pas ému en songeant que ces milliers d'hommes défilant à cette heure sous nos yeux ne sont pas seulement des individus se mouvant dans le présent, mais l'expression éternelle de la vitalité de notre peuple, aussi bien dans le passé que dans l'avenir ? [...] Le chemin qu'ils suivent, notre peuple l'a suivi depuis des siècles, et il nous suffit de fermer les yeux un instant pour nous imaginer entendre la marche en avant de tous les ancêtres de notre race[91]. »

La *Gleichschaltung* n'était pas que la synchronisation des corps en mouvement, c'était aussi la synchronisation des temps : l'avenir marchait avec le passé dans l'éternel présent de la race, et le mouvement tendait vers l'immobilité de la pierre.

Depuis les premiers temples des Héros, grand ouverts sur la place de la capitale bavaroise rebaptisée capitale du Mouvement, la Communauté se hâtait, par le combat de son « travail créateur », de gagner les cités des morts qui borneraient l'« espace vital *(Lebensraum)* » futur. Par sa mise en mouvement accélérée vers la consécration ultime, elle sortait *visiblement* de l'histoire pour y entrer vraiment.

Sa motorisation rapide, apportant continûment le sang nécessaire à marquer les frontières, faisait maintenant prendre corps au *Lebenstraum* (rêve vital) primordial qui se réalisait en *Lebensraum*. La même

105. Josef Thorak et son *Monument au travail des autoroutes du Reich*, 1938, maquette en plâtre.

106. Josef Thorak, *Esquisse pour un monument au travail des autoroutes du Reich*, 1938.

atemporalité qui était celle du rêve imprégnait cet espace du Reich éternel : les autoroutes qui en reliaient les points avec la promptitude désirée franchissaient les obstacles avec des ponts de pierre ou d'acier, tantôt semblables aux édifices romains et tantôt futuristes. L'immense travail de l'organisation Todt, responsable des routes du Führer, construisait « pour l'éternité » ces monuments qui seraient « les pyramides du Reich ». Josef Thorak sculptait la maquette de son Monument au travail *[fig.105]* qui prendrait place sur l'une des autoroutes du Reich : un antique peuple de seigneurs dégageait les rocs ; nus et colossaux, ces génies ouvraient au peuple du moteur les chemins de l'éternité. Le temps semblait s'être arrêté pour se convertir en espace *[fig.106]*. Mais voir le but, comme le disait Fritz Todt, c'était concentrer et déjà se soumettre et le temps et l'espace : « La nouvelle route Adolf Hitler, l'*Autobahn*, correspond à notre nature national-socialiste. Nous voulons voir notre but loin devant nous, nous voulons y parvenir rapidement et directement[92]. »

Au demeurant, une exposition donnait la preuve que toutes les routes menaient à présent au Führer comme autrefois à Rome *[fig.107]*. Et Inge Capra le chantait elle aussi : « Mon Führer, Toi seul Tu es le chemin et le but[93] ! » Éternellement à la pointe de la technique qui réalisait son essence créatrice, le national-christianisme savait aussi annuler les distances qui séparaient de son Christ chacun des membres de la communauté : « L'heure est maintenant venue pour nous de commencer à implanter dans tous les cœurs allemands Votre Image, Mon Führer, de façon profonde et ineffaçable par la télévision national-socialiste[94]. » Ingénieurs et propagandistes jubilaient ensemble : « Si nous le voulons, demain tous les Allemands pourront regarder vers Nuremberg ! » N'était-ce pas le désir du Führer qui se trouvait exaucé ? « Si aujourd'hui, avait-il dit lors du dernier congrès, le peuple allemand tout entier vous voyait, je crois que même les derniers des sceptiques se convertiraient et seraient convaincus que la fondation d'une nation nouvelle, de la Communauté de notre peuple,

107. « Toutes les routes
mènent à Hitler » :
exposition consacrée
aux routes Adolf Hitler.

n'est pas simple parole mais réalité. » C'était pourquoi ingénieurs et propagandistes rayonnaient maintenant de joie :

> « S'il existe quelque chose d'encore plus persuasif que la parole, c'est bien de voir avec ses propres yeux ! [...] Travaillez pour le lancement de la télévision, et vous travaillerez pour la victoire complète et sans retour de l'Idée national-socialiste ! Portez l'Image du Führer dans tous les cœurs allemands ! [...] Vive le Führer ! Vive notre cher Mouvement ! Vive l'Allemagne réveillée et devenue voyante[95] ! »

Si l'espace avait pu se contracter par la communion de tous dans l'image, alors le temps se serait dilaté comme un « dimanche éternel ». Et lorsque l'espace affirmait l'extension de son *Lebensraum*, il paraissait absorber l'histoire en instaurant un présent purifié.

Mais le travail de purification demeurait incessant, car le combat pour une vie et un art éternels était en vérité une lutte contre le temps. Deux éternités s'affrontaient sans relâche : celle de la *Kultur* aryenne et celle de l'*ewige Jude*, du « Juif éternel » qui rongeait par avance toute figure messianique. Si l'éternité aryenne s'était montrée capable d'absorber son passé avec son avenir, il lui fallait encore les purger de toute souillure afin d'assurer la pérennité de son présent. Ce fut, du début à sa fin, la raison d'être du Reich éternel.

Lors de l'autodafé du 10 mai 1933, Goebbels s'était écrié devant les livres en flammes : « L'époque de l'intellectualisme juif paroxystique est maintenant terminée [...]. Vous avez bien raison, au plus profond de cette nuit, de confier aux flammes le mauvais esprit du passé[96]. » Mais à la fin de la guerre encore, le passé ne cessait de contaminer le présent. En août 1944, une correspondance et des photographies étaient échangées entre les services de l'Institut de recherche sur la question juive et ceux de Rosenberg : on avait découvert au musée de Wasserburg am Inn un vieux Christ de bois dont les traits accusaient une forte judéité[97]. Le 21 octobre 1944, un bureau de l'Einsatzstab Rosenberg envoyait une pressante demande d'éclaircissements au Bureau central des « forces supranationales » de Berlin : Ludwig van Beethoven avait envoyé certaines lettres à un éditeur de Vienne en commençant par la formule « Estimé frère ». C'était une « importante question » de savoir si Beethoven avait été francmaçon[98].

Un peu plus tôt, l'éminent professeur d'histoire de l'art Josef Strzygowski, dont les premiers travaux font encore autorité aujourd'hui, purifiait toutes les images présentes d'un passé « enjuivé ». Il s'en prenait d'abord au mausolée de Galla Placidia à Ravenne : la mosaïque de l'entrée qui représentait « Le Roi des Juifs en Bon Pasteur » était une perversion manifeste du Yima iranien. Un montage photographique lui permettait de mettre fin à l'imposture, de restaurer le trône d'une figure parsie et de rendre le paradis à son aryanité primitive *[fig.108AB]*. Il attaquait ensuite un tableau anonyme du XVe siècle allemand *[fig.109A]* parce qu'il peignait mensongèrement « le destin du Christ entre l'enfance et la mort » dans un *Jardin du paradis*. Armé de ciseaux, Strzygowski soulageait l'image de sa Vierge et de son Christ judéo-chrétien *[fig.109B]* ; puis, recueillant l'« héritage des ancêtres », il plantait au centre du tableau une fontaine de Jouvence empruntée aux très « nordiques » *Heures de Chantilly* *[fig.109C]* pour reconstituer l'image authentique et pure d'un Bois sacré *(Schicksalshain)* où se jouait le « destin » aryen[99].

Mais l'écriture gothique elle-même allait bientôt devenir un vecteur de contamination. En juin 1933 pourtant, le *Berliner Lokal-Anzeiger* se félicitait que le « caractère dit allemand » soit « incomparablement plus riche et plus beau que le caractère dit romain ! » Pour qui était mis sans préjugé devant des alphabets runique, allemand et romain côte à côte, un seul coup d'œil suffisait à discerner l'intrus. Mais la vigilance s'imposait sur le front de la presse, où l'emploi fréquent des caractères romains montrait l'étendue de l'influence

108A. Le Bon Pasteur,
mausolée de Galla
Placidia, Ravenne.

108B. Le professeur Josef
Strzygowski remplace
« Le Roi des Juifs » par un
Yima d'origine « aryenne ».

109A. Anonyme, *Le Jardin du paradis*, Francfort, Städelsches Kunstinstitut, v. 1420.

109B. Le professeur Josef Strzygowski découpe la Vierge et l'Enfant... **109C.** ... et ajoute une fontaine de vie « nordique ».

B

C

juive[100]. En 1937, la situation sur ce front était indécise, mais il n'était pas encore dit que le caractère romain triompherait dans le monde, réduisant à l'esclavage tout ce qui entrait dans son champ. Car c'était bien de la liberté de l'Allemagne éternelle qu'il s'agissait : « Pour nous, le caractère allemand signifie bien davantage que le caractère romain pour les autres. *Il est pour nous l'expression de notre être propre et particulier, de notre être allemand même, que les mots ne suffisent pas à décrire*[101]. »

On se souvient que Carl Schmitt opposait au *Buchstabe*, la « lettre », *unser heutiges Empfinden*, « notre sentir d'aujourd'hui », plus organique et biologique, pour fonder un nouveau droit allemand. Mais c'était ici l'écriture gothique qui, dans et par sa matérialité visible, assurait l'être-ensemble et l'identité de la Communauté de sentiment. La part intelligible de l'écriture importait peu au regard de sa puissance sensible. La vieille opposition du *muthos* au *logos* se trouvait révoquée : le mythe avait enfin absorbé le langage.

Des concours de calligraphie étaient organisés dans les écoles, et les lauréats voyaient leurs essais publiés dans les magazines *[fig.110]*, les calendriers et la presse spécialisée. « Sens allemand, pense allemand, parle allemand, sois allemand dans l'écriture aussi. » Oubliant les origines internationales de l'écriture gothique, la ville de Nuremberg fêtait en 1940 le cinq centième anniversaire de l'invention de Gutenberg par une exposition intitulée : « L'Écriture, un art allemand[102] ». Soudain, le 3 janvier 1941, une lettre confidentielle de Martin Bormann donnait l'alerte :

« Ce qui suit est porté à l'attention générale par ordre du Führer : il est faux de considérer ou de désigner l'écriture dite gothique comme allemande. En réalité, ce qu'on appelle l'écriture gothique est un caractère juif dit de Schwabach. Exactement comme ils prendront plus tard possession de la presse, les Juifs d'Allemagne se sont emparés des imprimeries [après l'invention du procédé] et

Deutsche Schrift

ist für die Auslandsdeutschen eine
unentbehrliche Schutzwehr gegen
die drohende Entdeutschung

Fühl **deutsch**

Denk **deutsch**

Sprich **deutsch**

Sei **deutsch**

auch in der **Schrift**

Deutsche Schrift

ist Ausdruck und Teil
deutschen Volkstums

**Laß Tür- und Firmenschilder
nur deutsch beschriften,
Geschäfts- u. Familienanzeigen
nur in deutscher Schrift drucken.**

110. « L'écriture allemande
est l'expression
du peuple allemand,
elle en est une part. »

c'est ainsi que s'est produite l'introduction massive des caractères juifs de Schwabach en Allemagne[103]. »

Il fallait donc, ordonnait Bormann depuis l'Obersalzberg, changer immédiatement le caractère de la presse allemande circulant déjà à l'étranger. Il s'ensuivit une dure controverse, où l'histoire de la typographie entrait en conflit avec les intérêts de la propagande. Mais, à dater de ce jour, même les discours du Führer furent imprimés en caractèrcs romains. Ce fut sans doute Goebbels qui demanda que ce changement fût promptement opéré : il s'agissait d'abord d'assurer la propagation de l'Idée national-socialiste au-delà des frontières de la Grande Allemagne. Mais ce changement n'était pas sans signification : l'extension du Reich éternel à tant de pays où les caractères gothiques passaient pour être illisibles contraignait à la rationalisation de l'écriture.

L'écriture « autoportrait » n'était évidemment pas minée de l'intérieur par le « Juif éternel » : elle s'effritait d'elle-même, comme rongée par l'absorption d'un dehors supposé « d'espèce étrangère *(artfremd)* » mais qui semblait ici imposer sa loi. En vérité, la même exigence de communication performante qui avait permis le succès du Troisième Reich en produisait le déclin. Nécessaire à sa constitution d'abord, à son extension ensuite, puis à la circulation dans l'éternité conquise, la communication performante altérait maintenant le « Reich allemand » dans sa germanité. Au nom de l'efficacité et de la *Leistung*, il fallait renoncer à l'autoréférence de la *Kultur* allemande, à la germanité visible de l'écriture pour adopter les instruments de la « civilisation » qualifiée de romaine, libérale-ploutocrate ou bolchevique. Plus elle était victorieuse, et plus la performance réintroduisait ce qu'elle devait chasser ; plus elle était efficace, et plus s'éloignait le moment attendu d'« être un avec soi-même ».

La même exigence de communication performante était formulée par Hitler, qu'il s'agisse de natalité, de moteurs ou d'architecture. La communication d'une vie nombreuse était pour lui un gage de mouvement, d'extension et de supériorité. « L'enfant sera notre salut ! » s'exclamait-il dans le train de Berlin en janvier 1942. « Le fait d'avoir toujours un excédent de naissances constituera notre chance, car cela crée des nécessités, et la nécessité contraint à se remuer. Nous ne courons pas le danger de nous arrêter au stade de développement qui nous oblige à nous tenir constamment à la pointe du progrès technique. À elle seule elle assure notre avance[104]. » Deux mois plus tard, il se réjouissait que la guerre provoquât « une vaste normalisation dans le domaine technique ». L'actuelle prolifération des modèles de moteurs en Allemagne nécessitait « une grande diversité de pièces détachées, alors qu'elles sont largement standardisées aux États-Unis ». Le Führer souhaitait donc la création d'un *moteur unique* et *facilement interchangeable*, qui conviendrait à tous les véhicules se déplaçant sur terre et dans les airs[105].

Mais le caractère performant de la communication par l'architecture était certainement ce qui l'enflammait le plus, lui qui aurait souhaité être le plus grand architecte de tous les temps. À seize ans, il voulait rallonger de cent mètres la frise du musée de Linz qui en comptait déjà cent vingt, pour que sa ville possédât « la plus grande frise sculptée du monde ». Plus tard, il faisait installer dans sa maison de l'Obersalzberg la plus grande vitre escamotable du monde pour jouir du plus beau panorama du monde. Toujours, il conçut et voulut faire réaliser les plus grandes tribunes, les plus hauts dômes, les plus gigantesques arcs de triomphe du monde et « de tous les temps[106] ». Elias Canetti l'avait remarqué : « Chacune de ses entreprises, mais aussi ses souhaits les plus profonds, sont dictés par la contrainte de surpasser : on pourrait même le qualifier d'*esclave du surpassement*. Mais en cela, il n'est pas le seul. Si l'on devait qualifier d'un trait l'essence de notre société, on ne pourrait trouver que ceci : la contrainte de surpasser[107]. » Surdimensionnée, l'architecture des grands édifices publics que Hitler projetait avec Speer lui semblait pouvoir dilater à l'infini le présent et contenir ainsi toute la « substance éternelle du peuple ». Il en faisait défiler les maquettes géantes dans les cortèges des Jours de l'art allemand et, dans les ouvrages qui présentaient les réalisations du nouveau Reich, les photos des bâtiments déjà construits voisinaient avec les photos des maquettes. Là encore, ce qui était accompli coexistait sur un même plan avec les réalisations à venir ; il fallait que toujours le présent lui-même fût par avance visiblement surpassé, en excès sur lui-même pour attester que l'éternité promise n'était pas une vaine parole, mais une réalité, déjà là. À ce désir d'extension infinie du présent comme pour entrer dans l'éternité, l'extension de l'espace pouvait seule apporter un semblant d'apaisement.

« Maintenant demain est devenu aujourd'hui », s'exclamait en 1933 Julius Petersen. « L'atmosphère de fin du monde s'est transmuée en départ. Le nouveau Reich est planté. Le Führer ardemment désiré et annoncé est apparu[108]. » À la fin du régime, l'image motrice du Führer avait accéléré la production des autoroutes, des canons, des acropoles et des ponts suspendus, des moteurs, des stations balnéaires, des projets de télévision et de cités des morts, des ruines et des chantiers, qui coexistaient tous, pêle-mêle. Beaucoup avaient cru trouver dans cette image le moyen d'accéder plus vite au Reich éternel, dont le nom même avait changé : pour que nul ne pût douter de son éternité, le Reich ne fut plus le Troisième, mais le « Reich allemand ». Effectué le 10 juillet 1939 sur ordre du Führer[109], ce passage signifiait que l'on quittait enfin la succession des empires et des temps pour entrer dans l'éternelle substance allemande. L'image rédemptrice avait su arracher un peuple à sa mélancolie et restaurer sa foi en lui-même.

« Ce n'est, avait écrit Hitler, que lorsqu'une époque n'est plus possédée par les ombres de la conscience propre de sa culpabilité qu'elle recouvre, avec le calme intérieur, la force extérieure de trancher brutalement et sans regret les pousses sauvages et d'arracher l'ivraie*. »

S'il n'avait pas lu Freud, du moins avait-il compris que l'image d'un passé purifié par sa résurrection organique et technique en dissipait les ombres accusatrices et donnait, par sa « présence réelle » promettant la puissance d'un bonheur sans reste, la force de détruire sans culpabilité.

---

* « Erst wenn einmal eine Zeit nicht mehr von den Schatten des eigenen Schuldbewusstseins umgeistert ist, erhält sie mit der inneren Ruhe auch die äussere Kraft, brutal und rücksichtlos die wilden Schösslinge herauszuschneiden, das Unkraut auszujäten. » (Mein Kampf, F 40, D 30.)

Notes

Les références complètes des ouvrages plusieurs fois cités figurent dans la bibliographie en fin de volume.

Les références à *Mein Kampf* renvoient aux éditions française *(F)* et allemande *(D)*, suivie des numéros de page.

Abréviations :
Baynes : N. H. Baynes, *The Speeches of Adolf Hitler*
Boepple : E. Boepple, *Adolf Hitlers Reden*
G.S. : Richard Wagner, *Gesammelte Schriften*
Hinz : B. Hinz, *Die Malerei im deutschen Faschismus*
Mythus : Alfred Rosenberg, *Der Mythus des XX. Jahrhunderts*
Principes d'action : A. Hitler, *Principes d'action*

Positions

1. K. Jaspers, *La Culpabilité allemande*, p. 165.
2. L. Richard, *Le Nazisme et la Culture*, p. 176.
3. Discours de clôture du congrès de Nuremberg, septembre 1933 ; *Die Reden Hitlers am Reichsparteitag 1933*, p. 37.
4. Cet ouvrage a d'abord fait l'objet d'une thèse d'État, soutenue à l'université de Paris-I Panthéon-Sorbonne en janvier 1995, devant un jury composé de Mme Fanette Roche-Pézard et de MM. Jean-Claude Lebensztejn, Lionel Richard, Jean-Louis Schefer et Zeev Sternhell.

I – Artiste et dictateur

1. J. Goebbels, *Michael. Ein deutsches Schicksal in Tagebuchblättern* (1929), p. 21, 41.
2. J. Goebbels, *Combat pour Berlin* (1931), trad. fr., Paris, 1966, p. 38 (chap. II).

3. H. Lehmann-Haupt, *Art Under a Dictatorship*, p. 45.

4. P. Valéry, « L'idée de dictature » (préf. à A. Ferro, *Salazar. Le Portugal et son chef*, Paris, 1934), *Regards sur le monde actuel et autres essais*, Paris, 1945, p. 82.

5. Proudhon cité par G. Sorel, *Réflexions sur la violence* (1907), p. 212, n. 2.

6. E. Ludwig, *Entretiens avec Mussolini* (1932), p. 28.

7. Cité par A. Malochet, « Novecento. Point d'ordre ? », J.-P. Bouillon, B. Ceysson, F. Will-Levaillant, *Le Retour à l'ordre dans les arts plastiques et l'architecture, 1919-1925*, Saint-Étienne, 1975, p. 206.

8. E. Ludwig, *Entretiens avec Mussolini*, p. 141-142.

9. H. Arendt, *Condition de l'homme moderne*, p. 291-292.

10. M. de Robespierre, « Sur les rapports des idées religieuses et morales avec les principes républicains et sur les fêtes nationales » (7 mai 1794), *Textes choisis*, édit. J. Poperen, Paris, 1958, vol. III, p. 157.

11. Louis XIV, *Mémoires et Lettres*, Paris, 1942, p. 46. Il faudrait évidemment mettre ces phrases du monarque à l'épreuve du *Portrait du roi*, où Louis Marin a montré comment le régime de la représentation était « à la fois le *moyen* de la puissance et sa *fondation* » (*Le Portrait du roi*, Paris, 1981, p. 11).

12 J. Goebbels (11 avril 1933) cité par H. Brenner, *La Politique artistique du national-socialisme*, p. 274.

13. A. Hitler, *Die deutsche Kunst als stolzeste Verteidigung des deutsches Volkes*, p. 14.

14. P. Valéry, « Lettre sur la Société des Esprits » (1933), *Œuvres*, édit. par J. Hytier, Paris, 1962, vol. I, p. 1140 (c'est Valéry qui souligne).

15. Voir par exemple J. Schmidt, *Die Geschichte des Genie-Gedankens in der deutschen Literatur, Philosophie und Politik. 1750-1745* (2 vol.), Darmstadt, 1988[2] et, pour la France, E. Pommier, *L'Art de la liberté*, Paris, 1991, p. 247-284.

16. L. Vitet, *Le Globe*, 2 avril 1825.

17. A. Thiers, « Le Salon de peinture de 1824 », *Le Globe*, 1824, I, p. 80.

18. J.-A. Castagnary, « Le Salon de 1868 », *Salons (1857-1870)*, Paris, 1892, vol. I, p. 291.

19. A. Gleizes et J. Metzinger, *Du « cubisme »* (1912), préf. D. Robbins, Sisteron, 1980, p. 74-75.

20. Boccioni, Carrà, Russolo, Balla, Severini, « Les exposants au public » (1912), *in* G. Lista, *Futurisme. Manifestes, Documents, Proclamations*, Lausanne, 1973, p. 170-171.

21. A. Gleizes et J. Metzinger, *Du « cubisme »*, p. 74.

22. V. Hugo, *Notre-Dame de Paris* (1831), édit. L. Cellier, Paris, 1967, p. 202.

23. W. Kandinsky, *Du spirituel dans l'art, et dans la peinture en particulier* (1912), trad. N. Debrand et B. du Crest, préf. Ph. Sers, Paris, 1989, p. 69 (chap. III).

24. F. T. Marinetti, « Contro l'amore et il parlamentarismo » (juin 1910), *Futurismo e Fascismo*, Foligno, 1924, p. 47. Marinetti dédiait ce recueil de manifestes « *al mio caro e grande amico Benito Mussolini* ».

25. E. Weber, *L'Action française*, trad. M. Chrestien, Paris, 1985, p. 132-133.

26. G. Apollinaire, « Orphée » (1917), *Œuvres poétiques*, édit. M. Adéma et M. Décaudin, Paris, 1965, p. 683.

27. K. Edschmid, « Expressionismus in der Dichtung », *Die neue Rundschau*, mars 1918 ; cité par L. Richard, *D'une apocalypse à l'autre*, p. 78.

28. Th. Mann, *Considérations d'un apolitique*, p. 216-217 et 333.

29. R. Wagner, « Die Kunst und die Revolution », *G.S.*, vol. 10, p. 33, 40 et 35.

30. Voir A. Mohler, *Die Konservative Revolution in Deutschland, 1918-1932. Ein Handbuch* (1950), Darmstadt, 1994[4].

31. E. H. Kantorowicz, *Les Deux Corps du Roi. Essai sur la théologie politique au Moyen Âge.*

32. Voir E. H. Kantorowicz, « The Sovereignty of the Artist. A Note on Legal Maxims and Renaissance Theories of Art », *De Artibus Opuscula XL. Essays in Honor of Erwin Panofsky*, New York, 1961, p. 261-279. Trad. fr. I. Mayali : « La souveraineté de l'artiste. Note sur quelques maximes juridiques et les théories de l'art à la Renaissance », *in* E. Kantorowicz, *Mourir pour la patrie et autres textes*, p. 31-57.

33. G.W.F. Hegel, *Principes de la philosophie du droit* (1821), trad. A. Kaan, Paris, 1989, p. 312 (§ 279).

34. F. Guizot, *Histoire de la civilisation en Europe* (1828-1830), édit. P. Rosanvallon, Paris, 1985, p. 98.

35. *Mein Kampf*, F 514-515, D 579-580. Voir E. Jäckel, *Hitler idéologue*, p. 109.

36. R. Wagner, *Les Maîtres chanteurs de Nuremberg*, acte III, scène V, trad. G. Pucher *in* M. Pazdro (dir.), *Guide des opéras de Wagner*, Paris, 1988, p. 430.

37. H. Arendt, « Qu'est-ce que l'autorité ? », *La Crise de la culture*, p. 160.

38. Arno Breker cité par R. Müller-Mehlis, *Die Kunst im dritten Reich*, p. 93-94.

39. Voir E. H. Kantorowicz, *Les Deux Corps du Roi*, passim.

40. A. Hitler, *Principes d'action*, p. 134.

41. Voir J. Fest, *Hitler*, vol. I, p. 341 (livre IV, chap. I).

42. J. Langbehn, *Rembrandt als Erzieher. Von einem Deutschen*, Leipzig, 1891, p. 267 et 265.

43. H. Rauschning, *Hitler m'a dit*, p. 206. Depuis 1972, la fiabilité des propos de Hitler rapportés par Rauschning a été mise en question (voir Th. Schieder, *Hermann Rauschnings "Gespräche mit Hitler" als Geschichtsquelle*, Opladen, 1972 ; W. Hänel, *Hermann Rauschnings « Gespräche mit Hitler ». Eine Geschichtsfälschung*, Ingolstadt, 1984). Nous en usons donc lorsque s'y retrouvent des propos semblables à ceux tenus par Hitler ailleurs.

44. *Mein Kampf*, F 393 et 391, D 435 et 433.

45. *Der Kongress zu Nürnberg vom 5. bis 10. September 1934*, p. 110.

46. H. S. Chamberlain, *Immanuel Kant : Die Persönlichkeit als Einführung in das Werk*, Munich, 1905. *Die Grundlagen des 19. Jahrhunderts*, Munich, 1899 ; trad. R. Godet, *La Genèse du XIXᵉ siècle*, Paris, 1913.

47. Voir M. Bibesco, *Images d'Épinal*, Paris, 1937.

48. E. Vermeil, *Doctrinaires de la révolution allemande*, p. 64.

49. *Das Spektrum Europas*, Heidelberg, 1928 (trad. fr. *Analyse spectrale de l'Europe*, Paris, 1930).

50. « Warum Hindenburg, nicht Hitler ? », *Kölnische Zeitung*, 8 avril 1932. Cité par W. Struve, *Elites Against Democracy. Leadership Ideals in Bourgeois Political Thought in Germany, 1890-1933*, Princeton, New Jersey, 1973, p. 312. J'emprunte plusieurs informations et les citations suivantes à ce remarquable ouvrage dont le chapitre 9 est consacré à Keyserling (« Count Hermann Keyserling and his School of Wisdom : Grands Seigneurs, Sages, and Rulers », p. 274-316). W. Struve ne mentionne pas le texte auquel je m'attache plus loin puisqu'il excède le cadre historique qu'il s'est donné.

51. « Bücherschau » et « Zum Problem von Blut und Geist », publiés dans la revue de l'École de la sagesse, *Der Weg zur Vollendung*, XX, p. 13-14 (avril 1932) et XXI, p. 5-6 (novembre 1932) ; cités par W. Struve, *Elites Against Democracy*, p. 312.

52. Keyserling, *La Révolution mondiale et la Responsabilité de l'esprit*, Paris, 1934, p. 136. La « lettre-préface » de Paul Valéry est datée du 12 janvier 1934.

53. Keyserling, « Utopistes et prophètes » (1935), *Sur l'art de la vie*, p. 107-111.

54. *Mein Kampf*, F 211-213, D 229-232. Voir E. Jäckel, *Hitler idéologue*, p. 7-10.

55. Cité par J. Fest, *Hitler*, vol. II, p. 109 (livre V, chap. III).

56. Cité par F. Neumann, *Béhémoth. Structure et pratique du national-socialisme*,

57. Cité par H. Brenner, *La Politique artistique du national-socialisme*, p. 274.

58. Dicours du 1er août 1923 à Munich ; *Baynes*, I, p. 75.

59. Les citations de « La vie est un art » (1935) sont extraites du recueil *Sur l'art de la vie*, p. 247-276.

60. Cité par J. Langbehn, *Rembrandt als Erzieher*, Leipzig, 1900, p. 65.

61. Cité par Th. Mann, *Considérations d'un apolitique*, p. 458.

62. A. Rosenberg, *Mythus*, p. 529.

63. F. Lüke, *Das ABC der Rasse*, Bochum [s.d.], cité par E. Mann, *Dix Millions d'enfants nazis*, p. 130.

64. F. Hoffmann, *Sittliche Entartung und Geburtenschwund* (*Politische Biologie*, no 4), Munich/Berlin, 1939⁵, p. 78-79.

65. Pétrone, *Fragments*, 27, 1 : « C'est d'abord la crainte qui a créé les dieux. »

66. R. Wagner, « Das Kunstwerk der Zukunft », *G.S.*, vol. 10, p. 61.

67. *Dokumente der Deutschen Politik* (édit. P. Meier-Benneckenstein), vol. 2, Berlin, 1939, p. 324.

II – Le Führer artiste : un sauveur

1. Discours de Dietrich Bonhoeffer du 1er février 1933, cité par F. Stern, *Rêves et Illusions*, p. 224.

2. *Baynes*, I, p. 569 ; *Principes d'action*, p. 78 (Nuremberg, 11/9/1935).

3. Ces formules de Paul de Lagarde sont citées par A. Rosenberg, *Mythus*, p. 457-458.

4. Th. Mann, *Considérations d'un apolitique*, p. 224 et 239.

5. A. Moeller van den Bruck, *Das dritte Reich*, p. 322.

6. Sur ce moment essentiel, voir le classique et fondamental ouvrage de F. Stern, *Politique et Désespoir*.

7. *Mein Kampf*, D 31, F 40.

8. Th. Mann, « Discours à des ouvriers de Vienne » (1932), *Les Exigences du jour*, p. 145.

9. Cité par P. Viereck, *Metapolitics. From the Romantics to Hitler*, p. 144, 155 et 164.

10. Cité par J. Fest, *Hitler*, I, p. 396 (livre IV, chap. III).

11. H. Mann, *La Haine. Histoire contemporaine d'Allemagne*, p. 23.

12. O. Dietrich, *12 Jahre mit Hitler*, Munich, 1955, p. 178.

13. *Mein Kampf*, D 781, F 685.

14. A. Hitler, *Libres Propos sur la guerre et sur la paix*, I, p. 212 (16-17 janvier 1942).

15. Goebbels cité par R. Manvell et H. Fraenkel, *Goebbels, sa vie, sa mort*, trad. J. et S. Ouvaroff, Paris, 1960, p. 56.

16. Cité par P. Viereck, *Metapolitics. From the Romantics to Hitler*, p. 157-158. C'est lui qui choisira les *Préludes* de Liszt pour annoncer en 1941 les victoires militaires contre l'Union soviétique (voir A. Speer, *Au cœur du Troisème Reich*, p. 257).

17. H. Picker, *Hitler cet inconnu*, p. 365 (propos du 10/5/1942, *midi*).

18. H. Mann, *La Haine*, p. 33 (je souligne).

19. R. Manvell et H. Fraenkel, *Goebbels, sa vie, sa mort*, p. 392, n. 9.

20. F. Nietzsche, *Crépuscule des idoles* («Divagations d'un "Inactuel" », no 24), trad. J.-C. Hemery, Paris, 1974, p. 107.

21. G. Apollinaire, *Méditations esthétiques. Les Peintres cubistes*, Paris, 1965 (1913), p. 47.

22. J. Fest, *Hitler*, I, p. 60 (Livre I, chap. IV).

23. *Mein Kampf*, F 410, D 456.

24. *Die Reden Hitlers am Reichsparteitag 1933*, p. 12.

25. *Ibid.*, p. 32-33 : *zu seiner dauernden Selbstbehauptung.*

26. « Rede Hitlers auf der Kulturtagung des Reichsparteitages in Nürnberg 1935 », *Hinz*, p. 140-142 ; *Baynes*, I, p. 571, 572-573 ; *Principes d'action*, p. 80-81, 83.

27. *Hinz*, p. 143 ; *Baynes*, I, p. 574 ; *Principes d'action*, p. 85.

28. Novalis, *L'Encyclopédie*, trad. M. de Gandillac, Paris, 1966, p. 318 (fragment 1426).

29. « Kunst als Grundlage politischer Schöpferkraft. Die Aquarellen des Führers », in *Völkischer Beobachter*, Münchener Ausgabe, 24 avril 1936, p. 1.

30. La structure autoproductrice du mythe énoncée par les nazis a été bien mise en évidence par Ph. Lacoue-Labarthe et J.-L. Nancy dans « The Nazy Myth », trad. B. Holmes, *Critical Inquiry* 16, 1990, p. 291-312 ; en français : *Le Mythe nazi*. Mais le nazisme y demeure compris comme « phénomène spécifiquement allemand » (p. 27) – ce que revendiquait hautement le nazisme lui-même pour donner corps à son fantasme d'autonomie radicale.

31. H. Picker, *Hitler cet inconnu*, p. 365 (propos du 10/5/1942, je souligne).

32. G. W. F. Hegel, *Esthétique*, trad. fr., Paris, 1964, vol 1, p. 132 (introduction, III, III).

33. H. F. Blunck, *Wille und Macht*, 1er mai 1934, p. 17, cité par J. Wulf, *Literatur und Dichtung im Dritten Reich*, p. 196.

34. Formule souvent employée par Goebbels, dès 1933 et jusqu'en 1943 ; voir J. Herf, *Reactionary Modernism*, p. 195-197.

35. Novalis, « Foi et Amour » (1798), édit. et trad. A. Guerne, *Œuvres complètes*, Paris, 1975, vol. I, p. 341 (§ 39) ; traduction largement modifiée. Novalis, « Glauben und Liebe », *Werke, Tagebücher und Briefe* (édit. Samuel et Mahl), Munich et Vienne, vol. II, p. 303.

36. Cité par J. Fest, « Die Unfähigkeit zu überleben », K. D. Bracher, M. Funke et H.-A. Jacobsen (édit.), *Nationalsozialistische Diktatur. 1933-1945. Eine Bilanz*, p. 790.

37. *Der Kongress zu Nürnberg, vom 5.bis 10. September 1934*, p. 216.

38. E. Kantorowicz, *Les Deux Corps du Roi*, p. 315 sq.

39. J. E. Schlanger, *Les Métaphores de l'organisme*, Paris, 1971.

40. *Mein Kampf*, D 536-537, F 476-477.

41. Cité par I. Kershaw, *Hitler*, p. 51 ; *Hitlers Macht*, p. 76.

42. J. P. Stern, *Hitler. Le Führer et le peuple*, p. 84. Une bonne description est donnée par J. Fest, *Hitler*, vol. I, p. 387-393 (livre IV, chap. III).

43. *Mein Kampf*, D 527, F 469.

44. Discours du 30 janvier 1936, cité par J. Fest, *Hitler*, I, p. 188 (livre I, chap. II).

45. J. P. Stern, *Hitler. Le Führer et le peuple*, p. 67.

46. *Ibid.*, p. 126.

47. *Der Kongress zu Nürnberg, vom 5.bis 10. September 1934*, p. 87.

48. *Mythus*, p. 234, 273, 394.

49. J. P. Stern, *Hitler. Le Führer et le peuple*, p. 65.

50. I. Kershaw, *Qu'est-ce que le nazisme ?*, p. 269.

51. M. Broszat, *L'État hitlérien*, p. 49.

52. Ch. von Krockow, *Les Allemands du XXe siècle*, p. 169 et 174.

53. H. Kerrl (ministre des Églises du Reich) en 1940, cité par M. Broszat, *L'État hitlérien*, p. 355.

54. J. Goebbels, « Erkenntnis und Propaganda », *Signale der neuen Zeit*, p. 34.

55. K. Jaspers, *La Culpabilité allemande. Die Schuldfrage*, p. 118.

56. J. Ellul, *Propagandes*, Paris, 1962, p. 36-39.

57. Cité par P. Reichel, *La Fascination du nazisme*, p. 178.

58. J. Fest, *Hitler*, II, p. 450 (livre VIII, chap. II).

59. R. Herz, *Hoffmann et Hitler. Fotographie als Medium des Führer-Mythos*, Munich, 1994, p. 107-113, à qui j'emprunte les renseignements qui suivent.

60. *Mein Kampf*, D 375-376, F 341.

61. M. Mauss, *Œuvres*, édit. V. Karady, Paris, 1974, vol. 2, p. 117.

62. J. Goebbels, « Erkenntnis und Propaganda », *Signale der neuen Zeit*, p. 29-30.

63. I. Kershaw, *Hitler*, p. 52 ; *Hitlers Macht*, p. 76-77.

64. H. Arendt, « Qu'est-ce que l'autorité ? », *La Crise de la culture*, p. 174.

65. Il faut rappeler l'influence exercée par Carl Schmitt (en particulier à travers *Der Hüter der Verfassung*, Tübingen, 1931) sur la Constitution de la Vᵉ République en France. C'est à René Capitant, qui avait fait un compte rendu critique de cet ouvrage (« Le rôle politique du Chancelier du Reich », *Politique*, 1932, p. 216-229) mais rendit ensuite visite à Carl Schmitt dont il devint l'ami, que l'on doit la forme « semi-présidentielle » du régime, les très importants pouvoirs de *décision (Entscheidung)* donnés au Président et le trop fameux « article 16 » de sa Constitution, qui devait permettre à ce dernier de faire face à ce que Carl Schmitt avait nommé, dans sa *Politische Theologie*, « la situation d'exception ». Voir A. Baring, « Ein Hüter der Verfassung ?-General de Gaulle und die fünfte französische Republik », *Deutsches Verwaltungsblatt*, 76ᵉ année, nᵒ 3, 1ᵉʳ février 1961, p. 101-108 ; et P. Tommissen, introduction à la trad. en allemand de R. Capitant, « L'État national-socialiste » (1934), in *Schmittiana- 1*, *Electica*, nᵒˢ 71-72, Bruxelles, 1990³, p. 119-120. Je remercie Antonia Birnbaum de m'avoir indiqué ces sources. Voir aussi J.-L. Schlegel, « Introduction » (1988) à C. Schmitt, *Théologie politique*, p. XI.

66. C. Schmitt, *La Notion de politique* (1932), p. 77.

67. C. Schmitt, *Théologie politique* (1922), p. 15, 23, 46.

68. H. Rauschning, *Hitler m'a dit*, p. 278 ; *Gespräche mit Hitler*, Zurich/New York, 1940, p. 237.

69. *Mein Kampf*, D 531-532, F, 472-473.

70. Cité par I. Kershaw, *Hitler*, p. 8 et n. 14 ; *Hitlers Macht*, p. 23 et n. 14.

71. *Völkischer Beobachter*, 16 août 1934, cité par L. Richard, *Le Nazisme et la Culture*, p. 187.

72. J. P. Stern, *Hitler. Le Führer et le peuple*, p. 156.

73. G. Benn, « Le monde dorien. Recherche sur les rapports de l'art et de la puissance » (1934), *Un poète et le monde*, p. 216.

74. Goebbels cité par Stefan Priacel, « L'art et la propagande », *Encyclopédie française*, Paris, 1935, t. XVI, p. 64-68.

75. *Der Kongress zu Nürnberg, vom 5.bis 10. September 1934*, p. 28.

76. P. Viereck, *Metapolitics. From the Romantics to Hitler*, p. 132; *Mein Kampf*, F 212, D 232 ; H. Rauschning, *Hitler m'a dit*, p. 257.

77. Cité par A. Speer, *Journal de Spandau*, p. 108 (7 février 1948).

78. Alfred Roller, ancien collaborateur de Gustav Mahler, en avait fait les décors et fut condamné pour ses « écœurantes accointances avec la juiverie internationale ». Hitler l'avait admiré et sollicité sans succès durant ses années viennoises ; voir Ch. Delage, *La Vision nazie de l'histoire à travers le cinéma documentaire du Troisième Reich*, p. 207.

79. H. Himmler, *Discours secrets*, p. 46.

80. Hitler cité par J. Fest, *Hitler*, II, p. 148 (livre VI, chap.I).

81. R. Wagner, « Die Kunst und die Revolution », *G.S.*, vol. 10, p. 44 (je souligne).

82. *Ibid.*, vol. 10, p. 41-42.

83. R. Wagner, « Das Kunstwerk der Zukunft », *G.S.*, vol. 10, p. 79.

84. *Mein Kampf*, F 379, D 419 ; A. Hitler, *Die Reden Hitlers am Reichsparteitag 1933*, Munich, 1934, p. 30 ; *Baynes*, I, p. 573, *Principes d'action*, p. 83.

85. Ordonnance secrète du 6 juin 1941 citée partiellement par W. Hofer, *Der Nationalsozialismus. Dokumente 1933-1945*, p. 160 (doc. 88 a) ; le passage complémentaire est cité par J. Wulf, *Martin Bormann, l'ombre de Hitler*, p. 121 (je souligne).

86. M. Hillel et C. Henry, *Au nom de la race*, p. 37.

87. C. Schmitt, *Staat, Bewegung, Volk...*, p. 42.

88. E. Bloch, « Amusement Co., Horreur et Troisième Reich » (sept. 1930), *Héritage de ce temps*, p. 58.

89. Cité par P. Ayçoberry, *La Question nazie*, p. 45-46.

90. Cité par I. Kershaw, *The '"Hitler Myth". Image and Reality in the Third Reich*, p. 109.

91. E. Voegelin, *Rasse und Staat*, Tübingen, 1933.

92. E. Vermeil, *Doctrinaires de la révolution allemande*, p. 313.

93. E. Voegelin, *Les Religions politiques* (1938), p. 96-97.

94. Th. Hobbes, *Léviathan*, chap.XXXIV, trad. F. Tricaud, Paris, 1983³, p. 424.

95. A. Rosenberg, *Mythus*, p. 529.

96. *Mein Kampf*, F 368, D 406.

97. E. Davis, *Not to Mention the War*, New York, 1939, p. 205-206, cité par P. Viereck, *Metapolitics. From the Romantics to Hitler*, p. 139.

98. H. Schemm, « Dem deutschen Künstler zum Gruss ! - Die Totalität des künstlerischen und politischen Genius (Salut à l'artiste allemand ! La totalité du génie artistique et politique) », *Völkischer Beobachter*, 15 octobre 1933.

99. H. Schilling, « Richard Wagners ethischer Nationalsozialismus », *Nationalsozialistische Monatshefte*, cahier 40, juillet 1933, p. 297.

100. R. Wagner, « Die Kunst und die Revolution », *G.S.*, vol. 10, p. 46-47.

101. *Ibid.*, vol. 10, p. 14.

102. H.-J. Gamm, *Der braune Kult*, p. 169 ; D. Schoenbaum, *La Révolution brune. Une histoire sociale du IIIe Reich (1933-1939)*, p. 109.

103. Voir I. Kershaw, *The "Hitler Myth". Image and Reality in the Third Reich*, p. 26-27.

104. J. Fest, *Hitler*, I, p. 163, 181 et 182 (livre II, chap. II). Curieusement, Fest reprend ici lui-même des propos de Hitler qu'il cite plus loin « comparant la situation du parti, ses persécutions et misères à la situation des premiers chrétiens » (*Ibid.*, p. 304 ; livre III, chap. III).

105. *Baynes*, I, p. 78.

106. Cité par W. Hofer, *Der Nationalsozialismus. Dokumente 1933-1945*, p. 128 (doc. 64b, 16 mars 1934).

107. Archives nationales de Munich, cité par J. Fest, *Hitler*, I, p. 305 (livre III, chap. III).

108. Cité par J. Fest, *Hitler*, II, p. 76 (livre V, chap. II). L'analyse des positions complexes des différentes Églises face au nazisme n'entre évidemment pas dans le propos de ce livre. Voir sur ce point, parmi des centaines d'études, l'ouvrage récemment refondu de G. Denzler et V. Fabricius (sous la dir.), *Christen und Nationalsozialisten. Darstellung und Dokumente*.

109. Cité par M. Broszat, *L'État hitlérien*, p. 341.

110. M. Broszat, *op. cit.*, p. 346.

111. E. von Hartz (*Wesen und Mächte des heldischen Theaters*, Berlin, 1934, p. 28) cité par H. Brenner, *La Politique artistique du national-socialisme*, p. 157, à qui j'emprunte ici.

112. K. Vondung, *Magie und Manipulation*, p. 180-181.

113. *Bauamt und Gemeindebau*, 16e année, p 1, cité par J. Wulf, *Theater und Film im Dritten Reich*, p. 182.

114. Cité par H. Brenner, *La Politique artistique du national-socialisme*, p. 162.

115. « Entwicklung der Thingspielarbeit », *Das Deutsche Volksspiel*, 1re année, 1933-1934, p. 174, cité par K. Vondung, *Magie und Manipulation*, p. 153.

116. H. Johst, *Schlageter*, Munich 1934, p. 82.

117. R. Euringer, « Thingspiel - Thesen I », *Völkischer Beobachter*, 20 juin 1934, cité par J. Wulf, *Theater und Film im Dritten Reich*, p. 184-185.

118. J. Fest, *Hitler*, II, p. 79 (livre V, chap. II).

119. H.-J. Gamm, *Der braune Kult*, p. 141 sq.

120. K. Vondung, *Magie und Manipulation*, p. 83-85 et 155-183.

121. *Mein Kampf*, D p. XXIX, F 14.

122. H. Burte, *Die Dichtung im Kampf des Reiches*, Hambourg, 1943², p. 71, cité par J. Hermand, *Der alte Traum vom neuen Reich*, p. 285.

123. *Die neue Gemeinschaft*, 1943, p. 466 ; cité par K. Vondung, *op. cit.*, p. 167.

124. G. Troost (édit.), *Das Bauen im neuen Reich*, p. 10 (des photographies des *Ehrentempel* accompagnent le passage cité).

125. G. Bataille, « Architecture » (1929), *Œuvres complètes* (édit. D. Hollier), Paris, 1970, vol. I, p. 172.

126. G. Troost (édit.), *Das Bauen im neuen Reich*, p. 10-14.

127. W. Rittich, *Architektur und Bauplastik der Gegenwart*, p. 32.

128. I. Capra, « Bekenntnis zum Führer », *Musik in Jugend und Volk*, 1937-1938, p. 227 ; cité par J. Wulf, *Literatur und Dichtung im Dritten Reich*, p. 412.

129. R. Barthes, *La Chambre claire. Note sur la photographie*, Paris, 1980, p. 135, 140 et 144.

130. Voir W. Rittich, « Die Werke der "Grossen Deutschen Kunstausstellung 1942" im Haus der Deutschen Kunst in München », *Die Kunst im dritten Reich*, août-sept. 1942, p. 205.

131. Boccioni, Carrà, Russolo, Balla, Severini, « Les exposants au public » (1912), *in* G. Lista, *Futurisme. Manifestes, Documents, Proclamations*, Lausanne, 1973, p. 170-171.

132. R. Scholz, « Kunst und Gemeinschaft. Zur Grossen Deutschen Kunstausstellung 1942 », *Die Kunst im dritten Reich*, août-sept. 1942, p. 200-204.

133. W. Rittich, « Malerei im Haus der deutschen Kunst II », *Die Kunst im dritten Reich*, novembre 1942, p. 270. Pour une interprétation quelque peu différente du rôle de la couleur dans la peinture du Troisième Reich, voir A. Gunthert, « Détruire la peinture. Logique de l'image totalitaire », *L'écrit-voir*, no 7, 1985-1986, p. 66-75, dont les remarques ont largement stimulé les miennes.

III – L'exposition du génie

1. *Mein Kampf*, F 289, D 317.

2. *Ibid.*, F 390-391, D 432-433.

3. Hitler à Nuremberg le 11 septembre 1936, cité par J. Fest, *Hitler*, vol. 2, p. 168 (livre VI, chap. II)

4. *Mein Kampf*, F 203-205, D 223-225.

5. *Ibid.*, F 289 et 296, D 318 et 325.

6. *Ibid.*, F 295, D 324.

7. *Ibid.*, F 298-303, D 327-331.

8. H. Rauschning, *Hitler m'a dit*, p. 264.

9. *Mein Kampf*, F 257, D 282-283.

10. *Ibid.*, F 224, D 246.

11. *Baynes*, I, p. 21 et I, p. 30 ; *Boepple*, p. 21-36.

12. *Mein Kampf*, F 302-305, D 332-334.

13. E. Drumont, *La France juive*, Paris, 1885, t. I., p. 10 ; L. Poliakov, *Histoire de l'antisémitisme* (1955), Paris, 1991, vol. 2, p. 291 ; Z. Sternhell, *La Droite révolutionnaire. Les origines françaises du fascisme, 1885-1914*, Paris, 1978, p. 154.

14. Cité par M. Plewnia, *Auf dem Weg zu Hitler : Der « völkische » Publizist Dietrich Eckart*, Brême, 1970, p. 47.

15. A. Rosenberg, *Mythus*, p. 32.

16. *Mein Kampf*, F 297-299, D 326-328.

17. J. G. Fichte, *Discours à la nation allemande*, trad. L. Philippe, Paris, 1942, p. 262 (XIVᵉ disc., fin).

18. *Mein Kampf*, F 71, 288, 381, 390, D 70, 316, 421, 432.

19. J. P. Stern, *Hitler. Le Führer et le peuple*, p. 81.

20. H. Rauschning, *Hitler m'a dit*, p. 252.

21. Voir l'ordonnance du 27 novembre 1936 reproduite par J. Wulf, *Die bildenden Künste im Dritten Reich*, p. 127-129. Voir aussi plus bas, chapitre IV.

22. E. Bauer, *Trau keinem Fuchs auf grüner Heid und keinem Jud bei seinem Heid. Ein Bilderbuch für Gross und Klein*, Nuremberg, 1936 ; cité par P. Aley, « Das Bilderbuch im Dritten Reich », *in* K. Doderer/H. Müller (édit.), *Das Bilderbuch. Geschichte und Entwicklung des Bilderbuchs in Deutschland von den Anfängen bis zur Gegenwart*, Weinheim et Bâle, 1973, p. 330. Je remercie Joseph Walch d'avoir attiré mon attention sur ce texte.

23. Voir N. Cohn, *Histoire d'un mythe. La "conspiration" juive et les protocoles des sages de Sion*, trad. L. Poliakov, Paris, 1967.

24. W. Beumelburg, *Deutschland erwacht*, Bielefeld et Leipzig, 1941, p. 56.

25. *Baynes*, I, p. 59-60.

26. *Mein Kampf*, F 72, D 70.

27. *Ibid.*, F 179, D 196.

28. *Ibid.*, F 289, D 317-318.

29. Nicéphore, *Discours contre les iconoclastes*, trad., prés. et notes par M.-J. Mondzain-Baudinet, Paris, 1989, p. 86 (244 D) et p. 9.).

30. *Baynes*, I, p. 573, *Principes d'action*, p. 83.

31. *Mein Kampf*, F 68, D 66.

32. *Ibid.*, F 306, D 336.

33. *Ibid.*, F 324, D 355.

34. Oskar Schmitz cité par A. Rosenberg, *Mythus*, p. 460-461.

35. *Der Jude*, numéro spécial « Antisemitismus und jüdisches Volkstum », Berlin, 1926 ; la contribution d'Oskar Schmitz portait un titre sans équivoque : « Wünschenswerte und nicht wünschenswerte Juden» (p. 17-33).

36. A. Rosenberg, *Mythus*, p. 234, 273, 394.

37. *Mein Kampf*, F 494, D 557.

38. *Ibid.*, F 291-294 et 390-391, D 319-322 et 432-433 pour cette citation et celles qui suivent.

39. Voir J. Goebbels, « Der Sturm bricht los » (9 juillet 1932), *Signale der neuen Zeit*, p. 88 ; S. Tchakotine, *Le Viol des foules par la propagande politique*, p. 160 ; P. Ory, *La France allemande*, Paris, 1977, p. 124.

40. E. Bloch, « Sur l'histoire originale du Troisième Reich » (1937), *Héritage de ce temps*, p. 121.

41. Cité par Ch. von Krockow, *Les Allemands du XXᵉ siècle*, p. 40. Stefan George, qui prétendait s'en tenir à un Troisième Reich spirituel et artistique, en désavoua la « réalisation » nazie contrairement à de nombreux membres de son Cercle. Un bon exemple est donné par l'un de ses disciples favoris, Claus Schenk von Stauffenberg, qui voyait avec enthousiasme en Hitler celui qui donnait corps aux visions de George. Le

lent retournement de Stauffenberg l'amena à combattre peu à peu le régime, jusqu'à participer à l'attentat du 20 juillet 1944 contre Hitler.

42. Intégré au recueil *Liederbuch des Nationalsozialistischen Deutschen Arbeiterpartei*, Munich, 1941 (50ᵉ éd.), p. 30.

43. J. Goebbels, *Tagebücher*, vol. 2, p. 678.

44. B. F. Price, *Adolf Hitler, The Unknown Artist*, p. 203, cat. n° 496 (collection privée, Stuttgart).

45. *Liederbuch des Nationalsozialistischen Deutschen Arbeiterpartei*, p. 12-13.

46. J. Goebbels, Tagebücher, Bd. 2, p. 767 et 772. « L'Allemagne est éveillée ! » notait-il le lendemain (p. 773).

47. V. L. Lidtke, « Songs and Nazis : Political Music and Social Change in Twentieth-Century Germany », *Essays on Culture and Society in Modern Germany* (G. D. Stark et B. K. Lackner édit.), Arlington (Texas), 1982, p. 185, remarquable essai auquel j'emprunte ici.

48. Voir V. Losemann, *Nationalsozialismus und Antike*, Hambourg, 1977 et A. Schnapp, « Archéologie, archéologues et nazisme », *Le Racisme. Mythes et Sciences (Mélanges L. Poliakov)*, Bruxelles, 1981.

49. A. Rosenberg, *Mythus*, p. 701.

50. E. Kantorowicz, *L'Empereur Frédéric II*, p. 547.

51. Goering cité par P. Ayçoberry, *La Question nazie*, p. 128.

52. W. Hartmann, « Die Einheit deutscher Kunst », *Nationalsozialistische Monatshefte*, n° 100, juillet 1938, p. 611-627 (ici p. 615-616).

53. P. Francastel, *L'Histoire de l'art, instrument de la propagande germanique* (achevé en avril 1940), Paris, 1945, p. 130-131. Voir par ex. L. Courajod, *Leçons professées à l'École du Louvre (1887-1896)*, vol. III, Paris, 1903, p. 127 sq. (« Résistances de l'art national ») ou p. 241 : « Les dangers du *Cosmopolitisme* en littérature et en art ont été très bien entrevus par Mme de Staël. La première, elle a compris comment l'Allemagne était parvenue à se relever par la culture du sentiment national, par le réveil du sentiment ethnique. »

54. Ch. Dempsey, « National Expression in Italian Sixteenth-Century Art : Problems of the Past and Present », *Nationalism in the Visual Arts* (R. A. Etlin édit.), p. 15-24.

55. D. Rousset, *L'Univers concentrationnaire*, Paris, 1946, p. 114.

56. Voir *Devant l'histoire*, notamment p. 56 et 160.

57. A. Rosenberg, *Mythus*, p. 678-679.

58. *Mein Kampf*, F 209-213, D 229-234.

59. A Rosenberg, *Der Mythus*, p. 455-456 (c'est Rosenberg qui souligne).

60. *Ibid.*, p. 689.

61. B. von Schirach, « Kunst und Wirklichkeit », reproduit dans le magazine *Koralle, Wochenschrift für Unterhaltung, Wissen, Lebensfreude*, n° 45, 9 nov. 1941, p. 1086-1088.

62. *L'Art et la Réalité. L'Art et l'État*, Société des Nations, Institut international de coopération intellectuelle (édit.), Paris, 1935, p. 30, 61, 71, 295.

63. Voir P. Nizan, « Pour un réalisme socialiste par Aragon », *L'Humanité*, 12 août 1935, repris dans *Pour une nouvelle culture*, Paris, 1971, p. 178 ; *La Querelle du réalisme* (1936), Paris, 1987, p. 52.

64. A. Breton, « Situation surréaliste de l'objet » (1935), *Œuvres complètes*, II, édit. M. Bonnet, Paris, 1992, p. 496.

65. H. J. Syberberg, « Hitler artiste de l'État ou l'avant-garde méphistophélique du XXᵉ siècle », *Les Réalismes 1919-1939* (dir. G. Régnier), cat. exp. Centre Georges Pompidou, Paris, 1980, p. 378.

66. Jean-Claude Schmitt, « L'Occident, Nicée II et les images du VIIIᵉ au XIIIᵉ siècle »,

Nicée II, 787-1987. Douze siècles d'images religieuses (dir. E. Boespflug et N. Lossky), Paris, 1987, p. 300.

67. R. Wagner, « Das Kunstwerk der Zufunft », *G.S.*, vol. 10, p. 79.

68. *Kunst im dritten Reich*, 1938, cité par P. Adam, *Art of the Third Reich*, p. 130. Wagner avait écrit : « L'œuvre d'art est la religion vivante représentée ; mais ce n'est pas l'artiste qui invente les religions ; elles ne proviennent que du *Peuple* » (*G.S.*, vol. 10, p. 70).

69. A. Rosenberg, *Mythus*, p. 443 : *Das Kunstwerk ist die lebendig dargestellte Religion*. La phrase de Wagner servait aussi d'épigraphe au deuxième livre du *Mythus* consacré à l'art allemand (p. 275).

70. G. Theunissen, « Der Mensch der Technik », *der Deutsche Baumeister*, no 2, Munich, 1942. Cité en annexe à A. Speer, *L'Immoralité du pouvoir*, p. 181-183.

71. K. J. Fischer, « Das Haus der deutschen Kunst in München », *Deutsche Kunst und Dekoration*, sept. 1933, p. 369.

72. « Nachklang zum Fest der Deutschen Kunst », *Die Kunst*, vol. 69, cahier 3, décembre 1933, p. 79-85 (ici p. 79-83).

73. A. Rosenberg, *Der Mythus*, p. 700.

74. H. Schemm, « Dem deutschen Künstler zum Gruss ! Die Totalität des künstlerischen und politischen Genius », *Völkischer Beobachter*, 15 octobre 1933.

75. Voir M. A. von Lüttichau, « "Deutsche Kunst" und "Entartete Kunst" *Die Münchner Ausstellung 1937* », *Die "Kunststadt" München 1937. Nationalsozialismus und "Entartete Kunst"* (P. K. Schuster édit.), p. 83-118, dont proviennent les informations qui suivent.

76. E. Schindler, « Gedanken zur deutschen bildenden Kunst in Vergangenheit und Gegenwart », *Das Bild*, no 9, sept. 1936, p. 356, cité par K. Wolbert, « Programmatische Malerei », *Kunst im 3. Reich. Dokumente der Unterwerfung*, p. 140.

77. Discours du 1er mai 1936, à la Chambre de la culture du Reich.

78. M. Heidegger, « L'origine de l'œuvre d'art », *Chemins qui ne mènent nulle part*, trad. W. Brockmeier, Paris, 1970, p. 61.

79. P. Ayçoberry, *La Question nazie*, p. 138-139 et 159. Le politologue anglais que cite et résume P. Ayçoberry est H. J. Laski, auteur de « The Meaning of Fascism » et « The Threat of Counter-Revolution », *Reflections on the Revolution of our Time*, Londres, 1943.

80. L. Aragon, « Discours » à la session terminale de Paris du IIe Congrès international des écrivains, *Commune*, août 1937, p. 1416 et 1420-1421 (c'est Aragon qui souligne).

81. L. Aragon, « Réalisme socialiste et réalisme français », *Europe*, mars 1938, cité par P. Weiser, « L'Exposition internationale, l'État et les Beaux-arts », *Paris 1937-1957*, cat. exp. Centre Georges Pompidou, Paris, 1981, p. 58.

82. H. Weigert, *Geschichte der deutschen Kunst*, Berlin, 1942, préface citée par B. Preiss, « Eine Wissenschaft wird zur Dienstleistung. Kunstgeschichte im Nationalsozialismus », *Kunst auf Befehl ?* (Brock/Preiss édit.), p. 55.

83. « Le Trocadéro, nouveau Palais de Chaillot », *Le Livre d'or officiel de l'Exposition internationale des arts et techniques dans la vie moderne*, Paris, 1937, p. 53.

84. *Ibid.*, p. 58, et A. Speer, *Au cœur du IIIe Reich*, p. 81.

85. Voir K. Arndt, « Das "Haus der Deutschen Kunst" », *Die "Kunststadt München" 1937. Nationalsozialismus und "Entartete Kunst"* (P. K. Schuster édit.), p. 73-75.

86. Th. Mann, *Journal 1918-1921, 1933-1939*, p. 286-287 (vendredi 8.IX.1933).

87. A. de Monzie, Préface du catalogue *L'Affiche en couleurs, de Chéret à nos jours*, Conservatoire national des arts et métiers, Paris, 1939.

88. O. Rank, *Art and Artist. Creative Urge and Personality Development*, trad. Ch. F. Atkinson, New York/Londres, 1989, p. 19-20.

89. P. Schultze-Naumburg, *Kulturarbeiten, Bd. I : Hausbau* (édit. Kunstwart), Munich [s.d.], préface (non paginée).

90. H. Wölfflin, *Principes fondamentaux de l'histoire de l'art. Le problème de l'évolution du style dans l'art moderne* (1915), trad. C. et M. Raymond, Paris, 1966², p. 11, 13, 268, 270 et 277.

91. L'Union de combat pour la culture allemande était une émanation de la Société national-socialiste pour la culture allemande, qui s'était donné pour but dans ses statuts « d'éclairer le peuple allemand sur les liens entre la race, l'art, la science, les valeurs morales et militaires » (voir H. Brenner, *La Politique artistique du national-socialisme*, p. 18-20).

92. H. Wölfflin, *Principes fondamentaux de l'histoire de l'art*, op. cit., p. 268.

93. W. Worringer, *L'Art gothique* (1927), trad. D. Decourdemanche, Paris, 1967², p. 244. Worringer précisait qu'il ne fallait pas « comprendre race au sens étroit de la pureté de la race ; ici, ce mot doit embrasser tous les peuples dans la combinaison desquels les Germains ont joué un rôle décisif, et il s'applique ainsi à la plus grande partie de l'Europe. Dans la mesure où cette partie est pénétrée d'éléments germaniques, elle a une unité de races au sens large ; *malgré* les différences de races au sens commun, cette unité se fait manifestement sentir [...] » (*Ibid.*, p. 245).

94. O. Hagen, *Deutsches Sehen*, p. 126.

95. J.-Cl. Lebensztejn, *L'Art de la tache. Introduction à la nouvelle méthode d'Alexander Cozens*, Valence, 1990, p. 326.

96. P. Schultze-Naumburg, « Hermann Urban. Der Meister der heroischen Landschaft », *Die Kunst im deutschen Reich*, juillet 1941, p. 196-203 (ici p. 197).

97. Voir J. Herf, *Reactionary Modernism. Technology, Culture and Politics in Weimar and the Third Reich* (en particulier le chap. 4 : « Ernst Jünger's magical realism », p. 70-108).

98. E. Jünger, *Le Travailleur* (1932), p. 253-256 (chap. 59 à 62).

99. W. Rüdiger, *Kunst und Technik* (édit. par la Maison de la Technique allemande), Munich, 1941, p. VI et VIII. Léonard de Vinci était l'une des grandes figures d'artistes constamment revendiquées par la *Kultur* germano-nordique en raison de ses origines « évidemment » aryennes.

100. *Ibid.*, p. XXIII et XVI.

101. *Mein Kampf*, F 377, D 416.

102. *Ibid.*, F 396, D 439.

103. Sur les conflits idéologiques internes au N.S.D.A.P. durant cette période, voir H. Brenner, *La Politique artistique du national-socialisme*, chap. 4 : « L'art dans la bataille politique, 1933-1934 », p. 101-133.

104. A. Hitler (5 septembre 1934), *Der Kongress zu Nürnberg vom 5. bis 10. September 1934*, p. 103-104.

105. A. Speer, *Journal de Spandau*, p. 204 (16 janvier 1951).

106. F. Léger, « Couleur dans le monde » (*Europe*, 1938), in *Fonctions de la peinture*, Paris, 1965, p. 89.

107. *Die deutsche Kunst als stolzeste Verteidigung des deutschen Volkes*, p. 13. *Principes d'action*, p. 71.

108. *Mein Kampf*, F 289, D 318.

IV – La reproduction du génie

1. H. Rauschning, *Hitler m'a dit*, p. 273 (chap. XL).

2. J. Fest, *Hitler*, vol. II, p. 191 (livre VI, chap. II).

3. *Mein Kampf*, F 394-396, D 436-439.

4. *Ibid.*, F 400-404, D 445-450 (c'est Hitler qui souligne).

5. *Ibid.*, F 39, D 29 (c'est Hitler qui souligne).

6. A. Carrel, *L'Homme, cet inconnu* (1935), préf. du Dr R. Soupault, Paris, 1990, p. 375-376, 401-402, 348, 398-399.

7. *Ibid.*, p. 43, 48 et 349-350. Sur A. Carrel, voir L. Bonnafé et P. Tort, *L'Homme, cet inconnu? Alexis Carrel, Jean-Marie Le Pen et les chambres à gaz*, Paris, 1992.

8. R. N. Proctor, *Racial Hygiene. Medicine under the Nazis*, chap. 4 : « The Sterilization Law », p. 95-117.

9. Voir J. Wulf, *Die bildenden Künste im Dritten Reich*, p. 388-389.

10. H. Brenner, *La Politique artistique du national-socialisme*, p. 266 (document nᵒ 7).

11. H. Brenner, *ibid.*, p. 51, résumant la conférence donnée par Schultze-Naumburg en janvier 1935 à l'école du N.S.D.A.P. d'Egensdorf, publiée dans l'*All. Thür. Landeszeitung*, 17 janvier 1935.

12. H. F. K. Günther, *Rassenkunde des deutschen Volkes*, Munich, 1923 ; *Rasse und Stil*, Munich, 1926.

13. L. F. Clauss, *Die nordische Seele*, Munich, 1923 ; *Rasse und Seele*, Munich, 1926.

14. Cité par K. D. Bracher, *La Dictature allemande*, p. 343.

15. P. Schultze-Naumburg, *Kampf um die Kunst* (1932), p. 43.

16. P. Schultze-Naumburg, *Kunst und Rasse*, p. 5 et 9.

17. *Ibid.*, p. 17-20.

18. Léonard de Vinci cité in P. Schultze-Naumburg, *Kunst und Rasse*, p. 21-22. À noter que Schultze-Naumburg traduit la « vraie manière » de peindre par : « *die wahre Art und Weise* » (trad. fr. citée : *La Peinture*, édit. A. Chastel et R. Klein, Paris 1964, p. 185-186).

19. *Ibid.*, p. 22-23.

20. A. Hitler, *Die deutsche Kunst als stolzeste Verteidigung des deutschen Volkes. Rede, gehalten auf der Kulturtagung des Parteitages 1933*, p. 8 et 11 ; *Principes d'action*, p. 65 et 68.

21. A. Rosenberg, *Der Mythus*, p. 303.

22. G. Jokisch, *Das dynamische Gestaltungsprinzip der deutschen Kunst*, p. 7.

23. C. Schmitt, *Staat, Bewegung, Volk : Die Dreigliederung der politischen Einheit* (1933), p. 42. Nous traduisons *Artgleichheit* par « similitude de race » : les nazis usaient généralement des mots *Art* (espèce) et *Rasse* (race) comme des synonymes, ainsi que le montre ce qui suit immédiatement le passage cité : « Lorsque la pensée de la race *(der Gedanke der Rasse)* fut sans cesse mise au cœur du Congrès des Juristes allemands national-socialistes de Leipzig en 1933, dans le prodigieux discours de clôture du Führer, dans l'allocution enthousiasmante du chef de la *Deutsche Rechtsfront*, le Dr Hans Frank, et dans les remarquables rapports de spécialistes, en particulier celui de H. Nicolai, ce ne fut pas comme un postulat de l'imagination théorique. Sans le principe de l'*Artgleichheit*, l'État national-socialiste ne pourrait exister et sa vie juridique ne serait pas pensable ; il serait immédiatement livré à nouveau à ses ennemis libéraux ou marxistes – tantôt critiquant d'un air supérieur, tantôt s'assimilant avec bassesse. »

24. P. Schultze-Naumburg, *Kunst und Rasse*, p. 74-77 (c'est lui qui souligne).

25. P. Westheim, « Rassebiologische Ästhetik », *Zeitschrift für freie deutsche Forschung*, 1ʳᵉ année, nᵒ 2, Paris, 1938, p. 113-123 ; repris *in* P. Westheim, *Kunstkritik aus dem Exil*, p. 18-19 et 26.

26. *Baynes*, I, p. 574, *Principes d'action*, p. 85.

27. G. E. Lessing, *Laocoon*, édit. J. Bialostocka et R. Klein, Paris, 1964, chap. II, p 59-61

28. *Ibid.*, note g, p. 60.

29. L. Leroy, *Le Charivari*, 16 avril 1877, cité par M. Hoog, *L'Univers de Cézanne*, Paris, 1971, p. 10.

30. A. Paré, *Des monstres et prodiges*, chap. IX, édit. J. Céard, Genève, 1971, p. 35-36.

31. Héliodore, *Les Éthiopiques (Théagène et Chariclée)*, livre IV, chap. VIII (3-5) et livre X, chap. XIV (7); édit. R. M. Ratten-Bury et T. W. Lumb, trad. J. Maillon, Paris, 1960², tome II, p. 15-16, et tome III, p. 94.

32. Augustin, *Contre Julien*, livre V, chap. 9.

33. Voir D. P. Walker, *Spiritual and Demonic Magic. From Ficino to Campanella*, Londres, 1958, p. 33, 160, 162, 179.

34. Cl. Quillet, *La Callipédie ou manière de faire de beaux enfants* (Leyde, 1655), trad. du latin par Degly, Paris, 1749, p. 110; cité par P. Darmon, *Le Mythe de la procréation à l'âge baroque*, Paris, 1981², p. 167-168.

35. G. Mancini, *Considerazioni sulla pittura*, édit. A Marucchi, Rome, 1956, I, 143; cité par D. Freedberg, *The Power of Images. Studies in the History and Theory of Response*, Chicago et Londres, 1989, p. 3.

36. G. Benn, « Expressionnisme », *Un poète et le monde*, p. 188.

37. T. Campanella, *La Cité du Soleil*, trad. A. Tripet, Genève, 1972, p. 37, 20 et 49.

38. J. J. Winckelmann, *Réflexions sur l'imitation des œuvres grecques en peinture et en sculpture* (1755), édit. et trad. L. Mis, Paris, 1954, p. 105, 107.

39. *Ibid.*, p. 113-115.

40. Ch. Baudelaire, « Le peintre de la vie moderne » (chap. I), *Curiosités esthétiques. L'Art romantique*, édit. Lemaître, Paris, 1962, p. 454-455.

41. H. Taine, *De l'idéal dans l'art*, Paris, 1867, p. 81 et 126.

42. O. Wilde, « Le Déclin du mensonge » (1889), trad. Ph. Neel, *Œuvres*, t. II, Paris, 1977, p. 306 et 303. Le lecteur curieux des avatars de ce mythe pourra se reporter aussi aux premières pages du roman de Milan Kundera, *La vie est ailleurs*.

43. Voir H. Himmler, *Discours secrets*, p. 60-62 (discours du 22/V/1936 devant la Jeunesse hitlérienne).

44. W. Darré, *La Race. Nouvelle noblesse du sang et du sol*, p. 35-36.

45. *Ibid.*, p. 168.

46. *Ibid.*, p. 176-178.

47. *Ibid.*, p. 181, 183 et 188.

48. *Ibid.*, p. 227. Le « désir du type » *(Typensehnsucht)* était déjà affirmé par Rosenberg en 1929, « Gestalt und Seele », *Mitteilungen des Kampfbundes für deutsche Kultur*, 1ʳᵉ année, nᵒ 1, p. 11 (C.D.J.C., CXLVI-1).

49. W. Darré, *La Race. Nouvelle noblesse du sang et du sol*, p. 238.

50. *Ibid.*, p. 251.

51. H. F. K. Günther, *Der nordische Gedanke unter den Deutschen* (1927²), cité par Darré, *ibid.*, p. 283.

52. W. Scheidt, cité par B. Massin, « Anthropologie raciale et national-socialisme : heurs et malheurs du paradigme de la "race" », J. Olff-Nathan (dir.), *La Science sous le Troisième Reich*, p. 233.

53. F. Lenz *in* E. Baur, E. Fischer, F. Lenz, *Menschliche Erblichkeitlehre und Rassenhygiene*, vol. 2 (*Menschliche Auslese und Rassenhygiene*), Munich, 1923², p. 334, cité par B. Massin, *ouvr. cité*, p. 246; voir aussi p. 249 pour un parallèle de citations de Lenz et de Hitler.

54. Voir A. Zaloszyc, *Le Sacrifice au Dieu Obscur. Ténèbres et pureté dans la communauté*, Nice, 1994, p. 47-48.

55. H. S. Chamberlain, *La Genèse du XIXᵉ siècle* (1899), Paris, 1913, p. 362, cité par L. Murard et P. Zylberman (qui insistent à juste titre sur cet « axiome du racisme

d'État : la race est à venir »), « Le roi peste », *Le Soldat du travail. Guerre, fascisme et taylorisme*, p. 527.

56. E. Panofsky, *Idea. Contribution à l'histoire du concept de l'ancienne idée de l'art* (1924), trad. H. Joly, Paris, 1983, p. 128-135. Les citations de Bellori sont extraites du fragment de l'*Idée du peintre...* publié en appendice, trad. F. Magne, p. 168.

57. Reynolds, *Dicours sur la Peinture*, trad. et édit. L. Dimier, Paris, 1909, p. 51-52 (Troisième discours, 14 décembre 1770).

58. J.-Cl. Lebensztejn, « De l'imitation dans les beaux-arts », *Critique* n° 416, janvier 1982, p. 12-13. L'*Essai sur la nature, le but et les moyens de l'imitation dans les beaux-arts* a été publié en 1823.

59. O. Wilde, « Le déclin du mensonge », *ouvr. cité*, p. 303.

60. *Der Kongress zu Nürnberg vom 5. bis 9. September 1934*, p. 99.

61. Kurt Engelbrecht, un pasteur ami des arts, le clamait hautement en 1933 : « Le temps du matérialisme des sciences de la nature est passé. Nous ne considérons plus la race comme quelque chose de purement physiologique, matériellement naturel. Nous savons que l'Esprit et la *Gestalt*, l'Âme et la Forme sont profondément ancrées l'une dans l'autre et mutuellement liées. Nous savons que ce n'est pas la matière qui se construit par hasard l'Esprit et l'Âme, mais que l'Esprit et l'Âme se forment selon un plan la *Gestalt* et la Forme qui leur sont adéquats. » (K. Engelbrecht, *Deutsche Kunst im totalen Staat*, Lahr i. Baden, 1933, p. 18-19, cité par J. Wulf, *Literatur und Dichtung im Dritten Reich*, p. 439-440.)

62. J. Patočka, *L'Art et le Temps*, trad. E. Abrams, Paris, 1990, p. 359.

63. « Rede Hitlers bei der Eröffnung der "Ersten Grossen Deutschen Kunstausstellung" 1937 », *Hinz*, p. 165-166.

64. « Rede Hitlers bei der Eröffnung der "Zweiten Grossen Deutschen Kunstausstellung" 1938 », *Hinz.*, p. 176-177.

65. 1. *Mein Kampf*, F 261, D 287.

66. Voir P. Schultze-Naumburg, « Unsere Sehnsucht und das griechische Menschenbild », *Die Sonne*, 6e année, 1929, p. 416 sq.

67. *Mein Kampf*, F 377, D 416 pour cette citation et la suivante.

68. R. N. Proctor, *Racial Hygiene. Medicine under the Nazis*, p. 112-114.

69. Erreur récemment commise encore par Stephanie Barron, « 1937 : Modern Art and Politics in Prewar Germany », « *Degenerate Art* ». *The Fate of the Avant-Garde in Nazi Germany*, p. 12.

70. P. Schultze-Naumburg, *Kunst und Rasse*, p. 89.

71. *Ibid.*, p. 100-101.

72. J. Goebbels, « Nationalsozialistische Kunstpolitik. Rede zur Jahrestagung der Reichskammer der Bildenden Künste in München » (15 juillet 1939), *Die Zeit ohne Beispiel*, p. 206-207.

73. « Rede Hitlers auf der Kulturtagung des Reichsparteitages in Nürnberg 1935 », *Hinz*, p. 147 ; *Baynes*, I, p. 577 et 578 ; *Principes d'action*, p. 92. Dans sa conférence sur « L'origine de l'œuvre d'art », Heidegger soulignait : « Notons que l'emprise [*Anfang*] authentique n'a jamais l'aspect débutant et primaire du primitif. Le primitif reste toujours dépourvu d'avenir, parce qu'il n'a pas l'avance donatrice et fondatrice du saut originel. Il est incapable de libérer quelque chose, parce qu'il ne détient rien d'autre que ce en quoi il est lui-même détenu. » (*Chemins...*, *op. cit.*, p. 60.)

74. Prof. L. von Senger, *Blick in der Zeit*, Berlin, 26 avril 1935, p. 14 ; cité par J. Wulf, *Die bildenden Künste im Dritten Reich*, p. 302-303.

75. Lettre à Édouard Manet, 11 mai 1865, *in* Ch. Baudelaire, *Correspondance* (édit. C. Pichois et J. Ziegler), vol. II, Paris, 1973, p. 496-497.

76. M. Maschmann, *Ma Jeunesse au service du nazisme (Fazit. Mein Weg in der Hitler-Jugend)*, Paris, 1964, p. 253 et 270.

77. C. Schmitt, *Staat, Bewegung, Volk* (1933), p. 46.

78. *Ibid.*, p. 45 et 46.

79. « Wir sind geboren, für Deutschland zu sterben » ; cité par P. D. Stachura, « Das Dritte Reich und die Jugenderziehung : Die Rolle der Hitler-Jugend 1933-1939 », *in* K.D. Bracher/M. Funke/H.-A. Jacobsen, *Nationalsozialistische Diktatur 1933-1945. Eine Bilanz*, p. 234, n. 46.

80. La traduction française est ici fautive, qui fait dire à Hannah Arendt le contraire de ce qu'elle a écrit. Hannah Arendt, *Le Système totalitaire*, Paris, 1972, p. 219 : « [...] les idéologies ont tendance à ne pas rendre compte de ce qui est, de ce qui naît et meurt ». *The Origins of Totalitarianism*, San Diego/New York/Londres, 1979[6], p. 470 : « [...] ideologies have the tendency to explain not what is, but what becomes, what is born and passes away ».

81. Hannah Arendt, *ibid.*, p. 212-213.

82. Cité par E. Mann, *Dix Millions d'enfants nazis*, p. 127.

83. Sur les nombreux *Jugement de Pâris* peints sous le Troisième Reich, voir B. Hinz, *Die Malerei im deutschen Faschismus*, p. 88-93.

84. H. Himmler, *Discours secrets*, p. 54 (22/V/1936).

85. A. Hitler, « Rede vor der N.S.-Frauenschaft », *Der Kongress zu Nürnberg vom 5. bis 10. September 1934*, p. 170.

86. Cité par C. Koonz, *Les Mères-Patrie du IIIe Reich*, p. 201.

87. H. Himmler, *Discours secrets*, p. 54-55.

88. Ch. Baudelaire, « Les martyrs ridicules par Léon Cladel », *Œuvres complètes* (édit. C. Pichois), vol. II, Paris, 1976, p. 183.

89. *Informationsdienst*, 20 juin 1938, cité par R. N. Proctor, *Racial Hygiene. Medicine under the Nazis*, p. 290.

90. H. Himmler, *Discours secrets*, p. 84-85 (discours du 18.02.1937 aux généraux S.S.).

91. Cité par H. Arendt, *Le Système totalitaire*, p. 247, n. 33.

92. Sur Gertrud Scholtz-Klink, voir C. Koonz, *Les Mères-Patrie du IIIe Reich. Les femmes et le nazisme*.

93. « Die Tagung der deutschen Frauenschaft », *Der Parteitag der Ehre vom 8. bis 14. September 1936*, p. 162.

94. R. Thalmann, « Zwischen Mutterkreuz und Rüstungsbetrieb : Zur Rolle der Frau im Dritten Reich », *in* K. D. Bracher/M. Funke/H.-A. Jacobsen, *Nationalsozialistische Diktatur 1933-1945. Eine Bilanz*, p. 205.

95. Tous ces visages et ces corps peuvent bien paraître aujourd'hui assez peu séduisants, cela n'autorise en rien à parler de « beauté sans sensualité », comme pourrait le faire un ethnologue égaré au milieu de négresses à plateau (G. L. Mosse, « Beauty without Sensuality/The Exhibition *Entartete Kunst* », *in* S. Barron (dir.), « *Degenerate Art* ». *The Fate of the Avant-Garde in Nazi Germany*, p. 25-31). Cet égarement est d'autant plus étonnant qu'il provient de l'un des spécialistes les plus avertis du nazisme.

96. Cité par M. Hillel et C. Henry, *Au nom de la race*, p. 37.

97. Cité par W. Shirer, *Le Troisième Reich des origines à la chute*, vol. I, p. 264.

98. Cité par M. Hillel et C. Henry, *Au nom de la race*, p. 38.

99. Procès-verbal du 11 janvier 1941 cité par M. Hillel et C. Henry, *ibid.*, p. 61. On peut supposer que ces œuvres étaient celles que reproduisait en 1936 une brochure du Lebensborn, dont les photographies ont été publiées par S. Polei, « Eine Mutter wie die Jungfrau Maria », *Rollenbilder im Nationalsozialismus. Umgang mit dem Erbe*, p. 129 (ill. 38-39).

100. B. von Schirach, « Über die Bauten der Jugend » (17 octobre 1937), *Revolution der Erziehung*, p. 85 : « Ich glaube an die alles bestimmende Macht des Vorbildes ».

101. W. Willrich, *Die Säuberung des Kunsttempels*, Munich/Berlin, 1937.

102. *Ibid.*, p. 151.

103. *Ibid.*, p. 145.

104. *Ibid.*, p. 147-148.

105. *Ibid.*, p. 150-151 et 153.

106. Lettre de Willrich à Himmler du 2 novembre 1938, citée par J. Wulf, *Die bildenden Künste im Dritten Reich*, p. 394.

107. Cité par P. Ayçoberry, *La Question nazie*, p. 45-46.

108. « Rede Hitlers auf der Kulturtagung des Reichsparteitages in Nürnberg 1935 », *Hinz*, p. 139 ; *Principes d'action*, p. 78.

109. Les pages qui suivent doivent beaucoup à l'essai encore inédit de Werner Hamacher sur Gottfried Benn : *Politisch Blau*. Elles en sont l'écho différé et peut-être la réponse.

110. Voir J. Wulf, *Die bildenden Künste im Dritten Reich*, p. 136-144.

111. G. Benn, « Expressionnisme » (1933), *Un poète et le monde*, p. 178-182, 186 et 188 (je souligne).

112. W. Rüdiger, « Grundlagen deutscher Kunst », *Nationalsozialistische Monatshefte*, Cahier 43, octobre 1933, p. 469 (numéro entièrement consacré à « La nouvelle Allemagne et l'art »).

113. G. Benn, « Le monde dorien. Recherche sur les rapports de l'art et de la puissance » (1934), *Un poète et le monde*, p. 215.

114. G. Benn, « Problèmes de la création poétique » (1930), *Un poète et le monde*, p. 88.

115. E. A. Poe, « Eureka » (chap. VI), *Œuvres en prose*, trad. Ch. Baudelaire (édit. Y.-G. Le Dantec), Paris, 1951, p. 735.

116. G. Benn, « La structure de la personnalité » (1930), *Un poète et le monde*, p. 103.

117. G. Benn, « Goethe et les sciences naturelles » (1932), *Un poète et le monde*, p. 161.

118. G. Benn, « L'État nouveau et les intellectuels » (1933), *Un poète et le monde*, p. 168.

119. G. Benn, « Ombres du passé », *Double Vie*, p. 84-85.

120. G. Benn, « Vie provoquée » (1943), *Un poète et le monde*, p. 245, 247, 255, 254.

121. G. Benn, « Ombres du passé », *Double Vie*, p. 87 (je souligne).

122. G. Benn, « Expressionnisme » (1933), *Un poète et le monde*, p. 182 et 187.

123. G. Benn, « Le monde dorien » (1933), *Un poète et le monde*, p. 216.

124. G. Benn, « Problèmes de la création poétique » (1930), *Un poète et le monde*, p. 76.

125. G. Benn, « L'État nouveau et les intellectuels » (1933), *Un poète et le monde*, p. 170.

126. *Ibid.*, p. 169.

127. G. Benn, « Goethe et les sciences naturelles » (1932), *Un poète et le monde*, p. 162.

128. H. F. Blunck, *Völkischer Beobachter*, 22 septembre 1934, trad. et cité par L. Richard, *Le Nazisme et la Culture*, p. 200.

129. P. Schultze-Naumburg, *Kulturarbeiten, Bd. I : Hausbau* (édit. vom Kunstwart), Munich [s.d.], Préface (non paginée).

130. V. Klemperer, *LTI. Notizbuch eines Philologen*, Leipzig (1947), 1993.

131. M. Simon, « Der Führer », *Das Innere Reich*, décembre 1938, p. 970, cité par J. Wulf, *Literatur und Dichtung im Dritten Reich*, p. 419.

132. Cité par G. Kaufmann, *Das kommende Deutschland. Die Erziehung der Jugend im Reich Adolf Hitlers*, Berlin, 1943³, p. 301, *in* H.-J. Gamm, *Führung und Verführung*, p. 358.

133. W. Hamacher, *Politisch Blau*, p. 17-18.

134. H. Himmler, *Discours secrets*, p. 81 (18.2.1937).

135. A. Bäumler, *Männerbund und Wissenschaft*, Berlin, 1937, p. 127 ; cité par J. Wulf, *ibid.*, p. 403.

136. J. Lacan, « Hamlet » (chap. VII : « Phallophanie »), *Ornicar?* nos 26-27, 1983, p. 32 sq.

137. L. B. Alberti, *De Pictura* (1435), trad. Jean-Louis Schefer, Paris, 1993², p. 131-133.

138. Hitler cité par B. von Schirach, « Kunst und Wirklichkeit », *Koralle. Wochenschrift für Unterhaltung, Wissen, Lebensfreude*, no 45, 9 nov. 1941, p. 1088.

139. *Mein Kampf*, F 289 et 530-531, D 318 et 598.

140. G. Benn, « Le monde dorien » (1933), *Un poète et le monde*, p. 215.

141. E. Jünger, *Le Travailleur*, p. 259 (chap. 60).

142. *Ibid.*

143. Anordnung des Reichsministers für Volksaufklärung und Propaganda über Kunstkritik vom 27.11.1936 ; cité par J. Wulf, *Die bildenden Künste im Dritten Reich*, p. 127-128.

144. *Mein Kampf*, F 468, D 526.

145. E. Dovifat, *Zeitungslehre*, Berlin, 1937, vol. 2, p. 66-69 ; cité par J. Wulf, *ibid.*, p. 135-136.

146. H. Rauschning, *Hitler m'a dit*, p. 252.

147. « Rede Hitlers auf der Kulturtagung des Reichsparteitages in Nürnberg 1935 », *Hinz*, p. 151 ; *Principes d'action*, p. 100.

148. H. Picker, *Hitler, cet inconnu*, p. 166 (nuit du 1er décembre 1941).

149. H. Rauschning, *Hitler m'a dit*, p. 254.

150. H. von Hofmannsthal cité par F. Stern, *Rêves et illusions*, p. 212.

151. F. Guizot, *Philosophie politique : de la souveraineté*, précédé de *Histoire de la civilisation en Europe*, édit. P. Rosanvallon, Paris, 1985, p. 320.

152. Carlyle, *Histoire de Frédéric le Grand*, cité par Wagner dans son introduction aux tomes III et IV de ses *Œuvres en prose*, trad. J.-G. Prod'homme et F. Holl, Paris, 1928, p. 1.

153. Hitler cité par J. Wulf, *Martin Bormann, l'ombre de Hitler*, p. 46.

154. H. Picker, *Hitler cet inconnu*, p. 257 (soir du 31 mars 1942).

155. R. Ley, « Deutschland wird so sein, wie wir es bauen ! » (mars 1937), *Soldaten der Arbeit*, p. 141-155.

156. R. Ley, « Organisieren heisst : Wachsen lassen ! », *Soldaten der Arbeit*, p. 183.

157. Th. Hobbes, *Léviathan*, chap. XLIII, trad. F. Tricaud, Paris, 1983³, p. 606. « Les lois de Dieu ne sont donc rien d'autre que les lois de nature, dont la principale est que l'on ne doit pas violer sa foi » (p. 607).

158. Cité par J. Fest, *Les Maîtres du Troisième Reich*, Paris, 1966, p. 93.

159. Cité par W. Shirer, *Le Troisième Reich, des origines à la chute*, vol. I, p. 279, et H. Arendt, *Eichmann à Jérusalem*, p. 153.

160. H. Arendt, *La Condition de l'homme moderne*, p. 349.

V – Images du temps nazi : accélérations et immobilisations

1. F. Kafka, « Méditations sur le péché, la souffrance, l'espoir et le vrai chemin », *Préparatifs de noce à la campagne*, trad. M. Robert, Paris, 1985, p. 47.

2. R. Bultmann, *Histoire et Eschatologie*, trad. R. Brandt, Neuchâtel, 1959 ; « L'étrange de la foi chrétienne » (1958), *Foi et Compréhension*, vol. II, *Eschatologie et Démythologisation*, trad. A. Malet, Paris, 1969, p. 229-246.

3. *Histoire et Eschatologie*, p. 55-75.

4. *Ibid.*, p. 75. Bultmann donne deux références : 2 Ti. 1,10 et Ign. Phil. d. 9,2.

5. Voir J.-M. Spieser, « Portes, limites et hiérarchisation de l'espace dans les églises paléochrétiennes », *Klio*, 1995.

6. P. Prigent, *Le Judaïsme et l'image* (coll. « Texte und Studien zum Studien zum Antiken Judentum », dir. par M. Hengel et P. Schäfer), Tübingen, 1990, p. 123-142.

7. A. Grabar, *Les Voies de la création en iconographie chrétienne*, Paris, 1994², p. 272-275.

8. Pour d'autres exemples d'anticipation de l'avenir par l'image à Byzance, voir H. L. Kessler, « Gazing at the Future : the *Parousia* Miniature in the Vatican gr. 699 », *Byzantine East, Latin West. Art Historical Studies in Honor of Kurt Weitzmann* (Ch. Moss et K. Kiefer édit.), Princeton, 1995, p. 365-371 ; J.-M. Spieser, « De la vie des formes à leur fonction sociale et à leur fonctionnement anthropologique », *Actes* du Congrès européen des instituts d'études médiévales, Spolète, 1995.

9. Augustin, *La Cité de Dieu*, livre XII, chap. XXX.

10. Dans l'image semblait se résoudre également cette double contrainte dans laquelle le christianisme avait jeté ses fidèles : l'obligation d'imiter Dieu dans le Fils et de ne pas l'imiter dans le Père.

11. Voir N. Cohn, *Les Fanatiques de l'Apocalypse*, trad. S. Clémendot, Paris, 1983².

12. Cité par R. Koselleck, « La sémantique des concepts de mouvement dans la modernité », *Le Futur passé. Contribution à la sémantique des temps historiques*, trad. J. Hoock et M.-C. Hoock, Paris, 1990, p. 283.

13. Cité par F. Hartog, « Time, History and the Writing of History : the Order of Time », essai inédit, p. 12.

14. R. Koselleck, « Point de vue, perspective et temporalité », *Le futur passé, op. cit.*, p. 178-181. *Cf.* aussi, du même, l'article « Geschichte », in *Geschichtliche Grundbegriffe. Historisches Lexikon zur politisch-sozialen Sprache in Deutschland* (édit. par O. Brunner, W. Conze et R. Koselleck), vol. 2, Stuttgart, 1975, p. 597 sq.

15. Voir sur ce point les travaux de Zeev Sternhell, *La Droite révolutionnaire. Les origines françaises du fascisme, 1885-1914*, Paris, 1978 ; *Ni droite, ni gauche. L'idéologie fasciste en France*, Paris, 1983 ; *Naissance de l'idéologie fasciste* (avec M. Sznajder et M. Ashéri), Paris, 1989. Voir aussi R. A. Nye, « The Two Paths to a Psychology of Social Action : Le Bon and Sorel », *Journal of Modern History*, vol. 45, n° 3, sept. 1973, p. 411-438.

16. G. Le Bon, *Psychologie des foules*, Paris, 1909¹⁴, p. 27 et 56.

17. *Ibid.*, p. 26.

18. G. Sorel, *Réflexions sur la violence* (1907), Genève-Paris, 1981, p. 146.

19. *Ibid.*, p. 153 et 152.

20. H. Bergson, *Matière et Mémoire. Essai sur la relation du corps à l'esprit* (1896), in *Œuvres*, Paris, 1963, p. 215. Dans les années 1890, Bergson et Sorel s'étaient livrés l'un à l'autre à l'étude de la « psycho-physique » et de ses lois, qui passionnaient également des artistes comme Seurat ou Signac. Quant à Nietzsche, il définissait l'art « en tant que suggestion, moyen de faire participer, en tant que domaine d'invention de *l'induction psychomotrice* » (*La Volonté de puissance*, n° 355, trad. H. Albert, Paris, 1991, p. 398 : « Pour une physiologie de l'art. Esquisse d'un plan »).

21. G. Sorel, *Réflexions sur la violence*, p. 17.

22. *Ibid.*, p. 151.

23. *Ibid.*, p. 16.

24. Mussolini cité par C. Schmitt, *Parlementarisme et Démocratie* (1923), trad. J. L. Schlegel, Paris, 1988, p. 94.

25. *Ibid.*, p. 93-95.

26. Rosenberg cité par H. Rauschning, *La Révolution du nihilisme*, trad. P. Ravoux et M. Stora, Paris, 1980, p. 102 ; *Die Revolution des Nihilismus : Kulisse und Wirklichkeit im dritten Reich*, Zurich, 1938, p. 77.

27. H. Rauschning, *Hitler m'a dit*, p. 254 (chap. XXXVII).

28. J. Fest, *Hitler*, vol. II, p. 193 (livre VI, chap. II).

29. H. Picker, *Hitler, cet inconnu*, p. 242 (soir du 27 mars 1942).

30. *Ibid.*, p. 164 (soir du 11 novembre 1941).

31. *Ibid.*, p. 254 (soir du 30 mars 1942).

32. G. Le Bon, *Psychologie des foules*, p. 28.

33. *Mein Kampf*, F 468, D 526.

34. Cité par J. Greiner, *Das Ende des Hitler-Mythos*, Vienne, 1947, p. 40-42 ; J. Fest, *Hitler*, vol. I, p. 51 (livre I, chap. III) ; Toland, *Hitler*, p. 46-47.

35. D. Schoenbaum, *La Révolution brune. Une histoire sociale du IIIe Reich (1933-1939)*, trad. J. Étoré, Paris, 1979, p. 125.

36. E. Jünger, *Le Travailleur*, p. 65 (chap. 8).

37. *Ibid.*, p. 249 (chap. 57).

38. *Ibid.*, p. 98-101 (chap. 19), 193-194 (chap. 43) et 222 (chap. 50). Sur la notion du travail développée par le national-socialisme, Jünger et Heidegger, voir Werner Hamacher, « Working Through Working », *Modernism/Modernity*, vol. III, n. 1, Baltimore, 1996, p. 1-33.

39. G. Benn, « L'Autonomie de l'art » (discours radiodiffusé du 1er mai 1933), *Un poète et le monde*, p. 173.

40. G. Feder, *Das Programm des N.S.D.A.P. und seine weltanschaulichen Grundgedanken*, Munich, 1933, p. 20 : « Erste Pflicht jedes Staatsbürgers muss sein, geistig oder körperlich zu *schaffen* » (je souligne).

41. Discours du 1er mai 1933, *Baynes*, I, p. 838 ; *Dokumente der deutschen Politik*, I, Berlin, 1935, p. 151.

42. Cité par W. Hofer, *Der Nationalsozialismus. Dokumente 1933-1945*, p. 87.

43. *Mein Kampf*, F 494, D 557.

44. H. Rauschning, *Hitler m'a dit*, p. 265.

45. F. Hoffmann, *Sittliche Entartung und Geburtenschwund* (Politische Biologie, Heft 4), Munich/Berlin, 1939⁵, p. 79.

46. R. Ley, « Unsere Gemeinschaft muss klar, sauber und übersichtlich sein ! », *Soldaten der Arbeit*, p. 60.

47. J. Goebbels, « Das Kulturleben im Kriege » (27 novembre 1939), *Die Zeit ohne Beispiel*, p. 222-223.

48. H. Kiener, « Dem Tag der Deutschen Kunst entgegen », *Münchener Neueste Nachrichten*, 1933, republié dans *Kunstbetrachtungen*, Munich, 1937, p. 327 ; cité par K. Arndt, « Das "Haus der Deutschen Kunst" », *Die "Kunststadt" München 1937* (édit. par P. K. Schuster), p. 63.

49. E. Jünger, *Le Travailleur*, p. 124 (chap. 28).

50. W. Rittich, *Deutsche Kunst der Gegenwart*, vol. II, p. 15.

51. P. Schirmbeck, « Darstellung der Arbeit », contribution par ailleurs remarquable au catalogue *Kunst im 3. Reich. Dokumente der Unterwerfung*, p. 164.

52. *Kunst und Volk*, 5e année, janvier 1937, p. 30 ; cité par P. Schirmbeck, *ibid.*, p. 164.

53. E. Kammerer, *Fritz Koelle*, Berlin, 1939, p. 13.

54. *Ibid.*, p. 5.

55. *Ibid.*, *loc.cit.*

56. E. Jünger, *Le Travailleur*, p. 194-195 (chap. 43) ; *sans phrase* est en français dans le texte.

57. Voir A. G. Rabinbach, « L'esthétique de la production sous le IIIe Reich », *Journal of Contemporary History*, 11, 1976, trad. P. Giuliani *in* L. Murard et

P. Zylberman, *Le Soldat du travail. guerre, fascisme et taylorisme*, p. 137-171. Les informations et citations qui suivent en proviennent, sauf indication contraire. Voir aussi Ch. Friemert, *Produktionsästhetik im Faschismus. Das Amt "Schönheit der Arbeit" von 1933 bis 1939*, Munich, 1980 ; P. Reichel, *La Fascination du nazisme*, p. 221-229.

58. A. von Hübbenet, *Das Taschenbuch Schönheit der Arbeit* (introd. A. Speer), Berlin, 1938, p. 17.

59. *Ibid.*, p. 74.

60. *Ibid.*, p. 238.

61. *Ibid.*, p. 199.

62. G. Sorel, *Réflexions sur la violence*, p. 44.

63. Voir sur ce point D. Schoenbaum, *La Révolution brune*, chap. 3 : « La classe ouvrière ».

64. R. Ley, « Das Volk gesund erhalten » (18 août 1937), *Soldaten der Arbeit*, p. 139.

65. Hitler dans son discours d'ouverture de l'Exposition automobile de 1933, *Völkischer Beobachter*, 12-13 février 1933 ; cité par A. Gunthert, « La voiture du peuple des seigneurs. Naissance de la Volkswagen », *Vingtième Siècle*, nᵒ 15, juillet-septembre 1987, p. 29-42 (ici p. 30), où l'on trouvera une excellente analyse du mythe de la coccinelle sous le Troisième Reich.

66. Voir *Die Welt*, 2 mai 1981 ; B. F. Price, *Adolf Hitler. The Unknown Artist*, p. 223 (nᵒ 601).

67. Entretien avec A. O'Hare Mc Cormick, *The New York Times*, 10 juillet 1933 ; *Baynes*, I, p. 866.

68. *Deutsche Allgemeine Zeitung*, 3 mars 1933 ; *Baynes*, I, p. 829-830.

69. *Frankfurter Zeitung*, 25 septembre 1933, 15 février 1935, 19 février 1938 ; *Baynes*, I, p. 871, 906 et 949-950.

70. Hitler aux Jeunesses hitlériennes rassemblées à Nuremberg en 1935, *Baynes*, I, p. 542 ; *Principes d'action*, p. 104-105.

71. F. T. Marinetti, « Manifeste du Futurisme », *Le Figaro*, 20 février 1909 ; publié par G. Lista, *Futurisme. Manifestes, documents, proclamations*, Lausanne, 1973, p. 87.

72. K. Arnhold, *Die Technik ruft (nach einem Vortrag : « Jugend ! Die Technik ruft ! » auf dem Parteitag des Gaues Ostpreussen 1938)*, Berlin, 1939, p. 33.

73. *Mein Kampf*, F 289, D 318.

74. Hitler au Congrès du N.S.D.A.P. le 5 septembre 1934, *Der Kongress zu Nürnberg vom 5. bis 10. September 1934*, p. 28.

75. « Rede Hitlers auf der Kulturtagung des Reichsparteitages in Nürnberg 1935 », *Hinz*, p. 142-143 ; *Principes d'action*, p. 84.

76. « Die Grundsätze nationalsozialistischen Kunstschaffens », cité par J. Wulf, *Die bildenden Künste im Dritten Reich*, p. 239.

77. W. Benjamin, « L'œuvre d'art à l'ère de sa reproductibilité technique » (1936), *Poésie et Révolution*, trad. M. de Gandillac, Paris, 1971, p. 210 ; *Das Kunstwerk im Zeitalter seiner technischen Reproduzierbarkeit*, Francfort, 1977, p. 44.

78. A. Moeller van den Bruck, *Das dritte Reich*, p. 317.

79. Augustin, *La Cité de Dieu*, XIX, 12.

80. H. Picker, *Hitler, cet inconnu*, p. 183 (nuit du 25 au 26 janvier 1942).

81. *Die Reden Hitlers am Reichsparteitag 1933*, p. 30 (souligné par Hitler).

82. *Hinz*, p. 144 ; *Principes d'action*, p. 86.

83. *Hinz*, p. 142 ; *Principes d'action*, p. 83.

84. Th. Gautier, « L'Art » (1857), *Émaux et Camées*, Paris, 1947, p. 131.

85. Préface à *Émaux et Camées*, *op. cit.*, p. 3.

86. Th. Gautier, « L'Art » (1857), *op. cit.*, p. 131.

87. H. Schrade, *Bauten des Dritten Reiches*, Leipzig, 1939, p. 19-20.

88. G. W. F. Hegel, *Leçons sur la philosophie de la religion*, trad. J. Gibelin, Paris, 1972, p. 61 (II, 2).

89. A. Speer, *Au cœur de Troisième Reich*, p. 81-82.

90. F. Tamms, « Die Kriegerehrenmäler von Wilhelm Kreis », *Die Kunst im Deutschen Reich*, mars 1943, p. 50-57; voir aussi H. Brenner, *La Politique artistique du national-socialisme*, p. 196-197.

91. Hitler au Congrès de Nuremberg de 1935, *Principes d'action*, p. 109-110.

92. Cité par H. Brenner, *La Politique artistique du national-socialisme*, p. 195.

93. « Mein Führer, Du allein bist Weg und Ziel! » cité par J. Wulf, *Literatur und Dichtung im Dritten Reich*, p. 412.

94. Télégramme de Hadamovsky à Hitler, le 23 mars 1935, cité par J. Wulf, *Presse und Funk im Dritten Reich*, p. 327-328.

95. *Aufruf des Reichsverbandes Deutscher Rundfunkteilnehmer*, in *Mitteilungen der Reichsrundfunk-Gesellschaft*, 27 septembre 1935, cité par J. Wulf, *ibid.*, p. 328-329.

96. Cité par H. Brenner, *La Politique artistique du national-socialisme*, p. 78.

97. Archives du Centre de documentation juive contemporaine, nᵒ CXLV-588.

98. *Ibid.*, nᵒ CXLV-642, cité par H. Brenner, *La Politique artistique du national-socialisme*, p. 309.

99. J. Strzygowsky, *Das indogermanische Ahnenerbe des deutschen Volkes...*, p. 65-81.

100. J. W. Harnisch, « Deutsche Schrift », *Berliner Lokal-Anzeiger*, 21 juin 1933, J. Wulf, *Literatur und Dichtung im Dritten Reich*, p. 379.

101. R. Koch, « Die deutsche Schrift », *Die Neue Literatur*, 1937, p. 538, J. Wulf, *Ibid.*, p. 380 (je souligne).

102. *Die Schrift als deutsche Kunst*, catalogue du Germanisches Nationalmuseum, Nuremberg, 1940.

103. Cité par H. Lehmann-Haupt, *Art under a Dictatorship*, p. 172, à qui j'emprunte ici plusieurs informations. Voir aussi, J. Wulf, *Literatur und Dichtung im Dritten Reich*, p. 379-383, et *Martin Bormann, l'ombre de Hitler*, p. 128-129; O. Thomae, *Die Propaganda-Maschinerie*, p. 183-185; Archives du Centre de documentation juive contemporaine, nᵒ CXLIII-374 (correspondance, notices et rapports sur les « origines juives » de l'écriture gothique).

104. H. Picker, *Hitler, cet inconnu*, p. 188-189 (nuit du 28 janvier 1942, dans le train).

105. *Ibid.*, p. 295-297 (le 9 avril 1942).

106. Voir J. Fest, *Hitler*, II, p. 182-184 (livre VI, chap. II).

107. E. Canetti, « Hitler, d'après Speer », *La Conscience des mots*, p. 209.

108. J. Petersen, *Die Sehnsucht nach dem Dritten Reich in deutscher Sage und Dichtung*, Stuttgart, 1934, p. 1 et 61; cité par J. Hermand, *Der alte Traum vom neuen Reich*, p. 205.

109. C. Berning, *Vom "Abstammungsnachweis" zum "Zuchtwart"*, p. 55-58.

Bibliographie des ouvrages cités

La bibliographie ne mentionne pas les articles ni les ouvrages déjà cités en notes avec leurs références complètes.

ADAM, Peter, *Art of the Third Reich*, New York, 1992.

ARENDT, Hannah, *Condition de l'homme moderne*, trad. G. Fradier, préf. P. Ricoeur, Paris, 1983 (*The Human Condition*, 1958).

— , *La Crise de la culture*, trad. P. Lévy (dir.), Paris, 1972 (*Between Past and Future*, 1954-1968).

— , *Le Système totalitaire*, trad. J.-L. Bourget, R. Davreu et P. Lévy, Paris, 1972 (3e partie de *The Origins of Totalitarianism*, 1951-1973).

— , *Eichmann à Jérusalem. Rapport sur la banalité du mal*, trad. A. Guérin, Paris, 1966 (*Eichmann in Jerusalem. A Report on the Banality of Evil*, 1963).

AYÇOBERRY, Pierre, *La Question nazie. Essai sur les interprétations du national-socialisme (1922-1972)*, Paris, 1979.

BARRON, Stephanie (dir.), *"Degenerate Art". The Fate of the Avant-Garde in Nazi Germany*, Los Angeles, 1991.

BAYNES, Norman H., *The Speeches of Adolf Hitler*, 2 vol., Londres/New York/Toronto, 1942.

BENN, Gottfried, *Un poète et le monde*, trad. et préface R. Rovini, Paris, 1965.

— , *Double Vie*, trad. A. Vialatte, préf. J.-M. Palmier, Paris, 1981.

BERNING, Cornelia, *Vom "Abstammungsnachweis" zum "Zuchtwart". Vokabular des Nationalsozialismus* (mit einem Vorwort von Werner Abetz), Berlin, 1964.

BLOCH, Ernst, *Héritage de ce temps*, trad. J. Lacoste, Paris, 1978 (*Erbschaft dieser Zeit*, 1935, 1962).

BOEPPLE, Ernst (édit.), *Adolf Hitlers Reden*, Munich, 1933.

BRACHER, Karl Dietrich, *La Dictature allemande. Naissance, structure et conséquences du national-socialisme*, préf. d'Alfred Grosser, Toulouse, 1986 (*Die deutsche Diktatur. Entstehung, Struktur, Folgen des Nationalsozialismus*, 1969/1980).

BRACHER, K. D./FUNKE, M./JACOBSEN, H. A. (édit.), *National-sozialistische Diktatur 1933-1945. Eine Bilanz*, Düsseldorf, 1986.
— , *Deutschland 1933-1945. Neue Studien zur nationalsozialistischen Herrschaft*, Düsseldorf, 1992.
BRENNER, Hildegard, *La Politique artistique du national-socialisme*, trad. L. Steinberg, Paris, 1980 (*Die Kunstpolitik des Nationalsozialismus*, 1963).
BROCK, Bazon/PREISS, Achim, *Kunst auf Befehl? Dreiunddreissig bis Fünfundvierzig*, Munich, 1990.
BROSZAT, Martin, *L'État hitlérien. L'origine et l'évolution des structures du Troisième Reich*, trad. P. Moreau, Paris, 1985 (*Der Saat Hitlers*, 1970).
BULTMANN, Rudolf, *Histoire et eschatologie*, trad. R. Brandt, Neuchâtel, 1959 (*Geschichte und Eschatologie*, 1958).
BURLEIGH, Michael/ WIPPERMANN, Wolfgang, *The Racial State : Germany 1933-1945*, Cambridge/ New York/Port Chester/ Melbourne /Sydney, 1991.

CANETTI, Elias, *La Conscience des mots*, trad. R. Lewinter, Paris, 1984 (*Das Gewissen der Worte*, 1976).
CASSIRER, Ernst, *The Myth of the State*, New Haven et Londres, 1946.
CLAUSS, Ludwig Ferdinand, *Rasse und Seele. Eine Einführung in den Sinn der leiblichen Gestalt*, Munich/Berlin, 1940.

DARRÉ, Walther, *La Race. Nouvelle noblesse du sang et du sol*, trad. P. Mélon et A. Pfannstiel, Paris, 1939 (*Neuadel aus Blut und Boden*, Munich, 1930).
DELAGE, Christian, *La Vision nazie de l'histoire. Le cinéma documentaire du Troisième Reich*, préf. de Marc Ferro, Lausanne, 1989.
DENZLER, Georg/FABRICIUS, Volker, *Christen und National-sozialisten. Darstellung und Dokumente (mit einem Exkurs : Kirche im Sozialismus)*, Francfort, 1993 (1984).
Devant l'histoire. Les Documents de la controverse sur la singularité de l'extermination des Juifs par le régime nazi, préf. Luc Ferry, introduction Joseph Rovan, Paris, 1988 (*Historikerstreit*, 1987).

ETLIN, Richard A. (édit.), *Nationalism in the Visual Arts*, Studies in the History of Art, 29, Center for the Advanced Study in the Visual Arts, Symposium Papers XIII, Hanover (New Hampshire) et Londres, 1991.

FEST, Joachim, *Hitler*, trad. G. Fritsch-Estrangin avec M.-L. Audiberti, M. Demet et L. Jumel, 2 vol., Paris, 1973 (*Hitler. Eine Biographie*, 1973).
FRIEDLÄNDER, Saul, *L'Antisémitisme nazi. Histoire d'une psychose collective*, Paris, 1971.
— , *Reflets du nazisme*, Paris, 1982.
FRIEDLÄNDER, Saul (édit.), *Probing the Limits of Representation. Nazism and the "Final Solution"*, Cambridge, Mass./Londres, 1992.

GAMM, Hans Jochen, *Der braune Kult*, Hambourg, 1962.
— , *Führung und Verführung. Pädagogik des National-sozialismus*, Munich, 1990[3].
GOEBBELS, Joseph, *Tagebücher*, 5 vol. (1924-1945), édit. par Ralf Georg Reuth, Munich, 1992.
— , *Michael. Ein deutsches Schicksal in Tagebuchblättern*, Munich, 1929.
— , *Signale der neuen Zeit*, Munich, 1934.
— , *Die Zeit ohne Beispiel. Reden und Aufsätze aus den Jahren 1939/40/41*, Munich, 1941.

HAGEN, Oskar, *Deutsches Sehen. Gestaltungsfragen der deutschen Kunst*, Munich, 1933.

HERF, Jeffrey, *Reactionary Modernism. Technology, Culture, and Politics in Weimar and the Third Reich*, Cambridge, Mass./New York/Port Chester/Melbourne/Sydney, 1984.

HERMAND, Jost, *Der alte Traum vom neuen Reich. Völkische Utopien und Nationalsozialismus*, Francfort, 1988.

HILLEL, Marc (avec HENRY, Clarissa), *Au nom de la race*, Paris, 1975.

HIMMLER, Heinrich, *Discours secrets*, édit. B. F. Smith et A. F. Peterson, introd. J. Fest, trad. M.-M. Husson, Paris, 1978 (*H. Himmler, Geheimreden 1933 bis 1945 und andere Ansprachen*, 1974).

HINZ, Berthold, *Die Malerei im deutschen Faschismus. Kunst und Revolution*, Munich, 1974.

HITLER, Adolf, *Die Reden Hitlers am Reichsparteitag 1933*, Munich, 1934.

—, *Mein Kampf*, Munich, 1940 (1925 et 1927 pour la 1re éd. en deux tomes); *Mon Combat*, trad. J. Gaudefroy-Demombynes et A. Calmettes, Paris, 1934.

—, *Die deutsche Kunst als stolzeste Verteidigung desdeutschen Volkes (Rede, gehalten auf der Kulturtagung des Parteitages 1933)*, Munich, 1934.

—, *L'Expansion du IIIe Reich*, trad. F. Brière, Paris, 1962 (*Hitlers Zweites Buch* [édit. G. L. Weinberg], 1961).

—, *Principes d'action*, trad. A. S. Pfannstiel (divers discours de 1933 à 1936), Paris, 1936.

—, *Libres Propos sur la guerre et la paix*, 2 vol., Paris, 1952.

HITLER, Adolf : voir BAYNES, Norman H., BOEPPLE, Ernst, HINZ, Berthold, PICKER, Henry.

HOFER, Walther (édit.), *Der Nationalsozialismus Dokumente, 1933-1945*, Francfort, 1993 (1957).

HÜBBENET, Anatol von, *Das Taschenbuch Schönheit der Arbeit*, introd. Albert Speer, Berlin, 1938.

JÄCKEL, Eberhard, *Hitler idéologue*, trad. J. Chavy, Paris, 1973 (*Hitlers Weltanschauung*, 1969).

JASPERS, Karl, *La Culpabilité allemande*, trad. Jeanne Hersch, Paris, 1948 (*Die Schuldfrage*, 1946).

JOKISCH, Gotthold, *Das dynamische Gestaltungsprinzip der deutschen Kunst*, Leipzig, 1941.

JÜNGER, Ernst, *Le Travailleur*, trad. et présenté par J. Hervier, Paris, 1989 (*Der Arbeiter*, 1932).

KANTOROWICZ, Ernst, *L'Empereur Frédéric II*, trad. A. Kohn, Paris, 1987 (*Kaiser Friedrich der Zweite*, 1927).

—, *Les Deux Corps du roi. Essai sur la théologie politique au Moyen Âge*, trad. J.-Ph. Genet et N. Genet, Paris, 1989 (*The King's Two Bodies*, 1957).

—, *Mourir pour la patrie et autres textes*, prés. Pierre Legendre, trad. L. Mayali et A. Schütz, Paris, 1984.

KERSHAW, Ian, *The "Hitler Myth". Image and Reality in the Third Reich*, Oxford/New York, 1989 (1987).

—, *Hitler*, Londres/New York, 1991.

—, *Qu'est-ce que le nazisme ? Problèmes et perspectives d'interprétation*, trad. J. Carnaud, Paris, 1992 (trad. de *The Nazi Dictatorship. Problems and Perspectives of Interpretation*, 1985, 1989, avec compléments en langue française inédits),

KEYSERLING, Hermann von, *Sur l'art de la vie*, 1936.

KLEMPERER, Victor, *LTI. Notizbuch eines Philologen*, Leipzig, 1993 (1947).

KOONZ, Claudia, *Les Mères-Patrie du IIIᵉ Reich. Les femmes et le nazisme*, trad. M.-L. Colson et L. Gentil, Paris, 1989 (*Mothers in the Fatherland. Women, the Family, and Nazi Politics*, 1986).

KROCKOW, Christian von, *Les Allemands du XXᵉ siècle. Histoire d'une identité*, trad. A. Collas, P. Hervieux et M. Hourst, préf. de Roger Fauroux, Paris, 1990 (*Die Deutschen in ihrem Jahrhundert*, 1990).

Der Kongress zu Nürnberg vom 5. bis 10. September 1934, Munich, 1934.

Kunst im 3. Reich. Dokumente der Unterwerfung (édit. Frankfurter Kunstverein), Francfort, 1975³.

LACOUE-LABARTHE, Philippe et NANCY, Jean-Luc, *Le Mythe nazi*, La Tour-d'Aigues, 1991.

LE BON, Gustave, *Psychologie des foules* (1895), Paris, 1909¹⁴.

LEHMANN-HAUPT, Hellmut, *Art Under A Dictatorship. Architecture-Printing-Sculpture-Arts and Crafts-Painting-Archaeology*, New York, 1954.

LEY, Robert, *Soldaten der Arbeit*, Munich, 1938.

LUDWIG, Emil, *Entretiens avec Mussolini*, trad. R. Henry, Paris, 1932.

MANN, Erika, *Dix Millions d'enfants nazis*, préf. A. Grosser, trad. E. Wintzen, R. Wintzen et D. Luquet, Paris, 1988 (*Zehn Millionen Kinder*, 1938).

MANN, Heinrich, *La Haine. Histoire contemporaine d'Allemagne*, Paris, 1933.

MANN, Thomas, *Considérations d'un apolitique*, trad. L. Servicen et J. Naujac, Paris, 1975 (*Betrachtungen eines Unpolitischen*, 1918).

— , *Journal 1918-1921, 1933-1939* (édit. P. Mendelssohn), trad. de R. Simon, prés. par C. Schwerin, Paris, 1985 (*Tagebücher 1918-1921 / 1933-1934 / 1935-1936 / 1937-1939*, 1977-1979).

— , *Les Exigences du jour*, trad. L. Servicen et J. Naujac, Paris, 1976.

MOELLER VAN DEN BRUCK, Arthur, *Das dritte Reich*, Hamburg, 1931 (1923).

MÜLLER-MEHLIS, Reinhard, *Die Kunst im Dritten Reich*, Munich, 1976.

MURARD, Lion et ZYLBERMAN, Patrick, « Le Soldat du travail. Guerre, fascisme et taylorisme », *Recherches* n° 32/33, Paris, septembre 1978.

NEUMANN, Franz, *Béhémoth. Structure et pratique du national-socialisme, 1933-1944*, trad. G. Dauvé et J.-L. Boireau, Paris, 1987 (*Behemoth. The Structure and Practice of National Socialism*, 1944).

OLFF-NATHAN, Josiane (dir.), *La Science sous le Troisième Reich*, Paris, 1993.

Der Parteitag der Ehre vom 8. bis 14. September 1936, Munich, 1936.

PICKER, Henry, *Hitler, cet inconnu*, prés. et introd. Percy Ernst Schramm, Paris, 1969 (*Hitlers Tischgespräche im Führerhauptquartier*, 1951).

POLEY, Stefanie (édit.), *Rollenbilder im Nationalsozialismus - Umgang mit dem Erbe* (cat. exp., Kunsthistorisches Institut der Rheinischen Friedrich-Wilhelms-Universität, Bonn), Bad Honnef, 1991.

PRICE, Billy F., *Adolf Hitler. The Unknown Artist*, Houston, Texas, 1984.

PROCTOR, Robert N., *Racial Hygiene. Medicine under the Nazis*, Cambridge, Mass./Londres, 1988.

RAUSCHNING, Hermann, *La Révolution du nihilisme*, trad. P. Ravoux et M. Stora, préf. Golo Mann, Paris, 1980 (*Die Revolution des Nihilismus : Kulisse und Wirklichkeit im dritten Reich*, 1938, 1964).

RAUSCHNING, Hermann, *Hitler m'a dit*, trad. A. Lehman, avant-propos Marcel Ray, Paris, 1939.

REICHEL, Peter, *La Fascination du nazisme*, trad. O. Mannoni, Paris, 1993 (*Das schöne Schein des Dritten Reiches*, 1991).

RICHARD, Lionel, *D'une apocalypse à l'autre. Sur l'Allemagne et ses productions intellectuelles de Guillaume II aux années vingt*, Paris, 1976.

— , *Le Nazisme et la Culture*, Paris, 1978.

RITTICH, Werner, *Architektur und Bauplastik der Gegenwart*, Berlin, 1938[2].

— , *Deutsche Kunst der Gegenwart*, vol. 2 : *Malerei und Graphik*, Breslau, 1943.

ROSENBERG, Alfred, *Der Mythus des XX. Jahrhunderts*, Munich, 1941 (1930).

RÜDIGER, Wilhelm, *Kunst und Technik*, Munich, 1941.

SCHIRACH, Baldur von, *Revolution der Erziehung. Reden aus den Jahren des Aufbaus*, Munich, 1938.

SCHMITT, Carl, *Théologie politique. 1922, 1969*, trad. J.-L. Schlegel, Paris, 1988 (*Politische Theologie. Vier Kapitel zur Lehre von der Souveränität*, 1922 ; *Politische Theologie, II. Die Legende von der Erledigung jeder politischen Theologie*, 1970).

— , *Staat, Bewegung, Volk. Die Dreigliederung der politischen Einheit*, Hambourg, 1933.

— , *La Notion de politique*, trad. M.-L. Steinhauser, préf. J. Freund, Paris, 1992[2] (*Der Begriff des Politischen*, 1928, 1932).

— , *Parlementarisme et Démocratie*, trad. J.-L. Schlegel, Paris, 1988 (*Die geistesgeschichtliche Lage des heutigen Parlamentarismus*, 1923, 1926).

SCHOENBAUM, David, *La Révolution brune. Une histoire sociale du IIIᵉ Reich*, trad. J. Etoré, Paris, 1979 (*Hitler's Social Revolution : Class and Status in Nazi Germany 1933-1939*, 1966)

SCHRADE, Hubert, *Bauten des Dritten Reiches*, Leipzig, 1939.

SCHULTZE-NAUMBURG, Paul, *Kunst und Rasse*, Munich, 1928.

— , *Kulturarbeiten, Band 1 : Hausbau*, Munich, 1912[4].

SCHUSTER, Peter-Klaus (édit.), *Die "Kunststadt" München 1937. Nationalsozialismus und "Entartete Kunst"*, Munich, 1987.

SOREL, Georges, *Réflexions sur la violence* (1907), Paris-Genève, 1981.

SPEER, Albert (édit.), *Neue deutsche Baukunst* (dargestellt von Rudolf Wolters), Berlin, 1940.

SPEER, Albert, *Au cœur du Troisième Reich*, trad. M. Brottier, Paris, 1971 (*Erinnerungen*, 1969).

— , *L'Immoralité du pouvoir* (entretiens avec A. Reif), trad. J.-M. Vigilens, Paris, 1981 (*Technik und Macht*, 1979).

— , *Journal de Spandau*, trad. D. Auclères et M. Brottier, Paris, 1975 (*Spandauer Tagebücher*, 1975)

STERN, Fritz, *Politique et Désespoir. Les ressentiments contre la modernité dans l'Allemagne préhitlérienne*, trad. C. Malamoud, Paris, 1990 (*The Politics of Cultural Despair : A Study in the Rise of the Germanic Ideology*, 1961).

— , *Rêves et Illusions. Le drame de l'histoire allemande*, trad. J. Etoré, Paris, 1989 (*Dreams and Delusions*, 1987).

STERN, J. P., *Hitler. Le Führer et le peuple*, trad. S. Lorme, préf. de Pierre Ayçoberry, Paris, 1985 (*Hitler, the Führer and the People*, 1974).

STRZYGOWSKI, Joseph, *Das indogermanische Ahnenerbe des deutschen Volkes und die Kunstgeschichte der Zukunft. Die Forschung über Bildende Kunst als Erzieher. Eine Kampfschrift*, Vienne, 1941.

THOMAE, Otto, *Die Propaganda-Maschinerie. Bildende Kunst und Öffentlichkeitsarbeit im Dritten Reich*, Berlin, 1978.
TROOST, Gerdy (édit.), *Das Bauen im neuen Reich*, Bayreuth, 1939².

VERMEIL, Edmond, *Doctrinaires de la révolution allemande, 1918-1938*, Paris, 1948.
VIERECK, Peter, *Metapolitics. From the Romantics to Hitler*, New York, 1941.
VOEGELIN, Eric, *Les Religions politiques*, trad. J. Schmutz, Paris, 1994 (*Die politischen Religionen*, 1938).
VONDUNG, Klaus, *Magie und Manipulation. Ideologischer Kult und politische Religion des Nationalsozialismus*, Göttingen, 1971.

WAGNER, Richard, *Gesammelte Schriften* (édit. Julius Kapp), 14 vol. en 4 tomes, Leipzig, [s. d.].
WESTHEIM, Paul, *Kunstkritik aus dem Exil* (édit. Tanja Frank), Leipzig/Weimar, 1985.
WILLRICH, Wolfgang, *Die Säuberung des Kunsttempels*, Munich/Berlin, 1937.
WOLBERT, Klaus, *Die Nackten und die Toten des "Dritten Reiches". Folgen einer politischen Geschichte des Körpers in der Plastick des deutschen Faschismus*, Giessen, 1982.
WULF, Joseph, *Martin Bormann, l'ombre de Hitler*, trad. J. Tardy-Marcus, Paris, 1963 (*Martin Bormann. Hitlers Schatten*, 1962).
WULF, Joseph, *Die bildenden Künste im Dritten Reich. Eine Dokumentation*, Francfort/Berlin/Vienne, 1983 (1966).
— , *Literatur und Dichtung im Dritten Reich. Eine Dokumentation*, Francfort/Berlin/Vienne, 1983 (1966).
— , *Musik im Dritten Reich. Eine Dokumentation*, Francfort/Berlin/Vienne, 1983 (1966).
— , *Theater und Film im Dritten Reich. Eine Dokumentation*, Francfort/Berlin/Vienne, 1983 (1966).
— , *Presse und Funk im Dritten Reich. Eine Dokumentation*, Francfort/Berlin/Vienne, 1983 (1966).

Glossaire des termes nazis cités en langue allemande

Arbeitsgemeinschaft : Communauté de travail. Qualifie la Communauté du peuple (*Volksgemeinschaft*) en tant que laborieuse, parfois nommée aussi *Leistungsgemeinschaft* : Communauté de performance, de rendement, de réalisation.

Art : espèce. Généralement utilisé par le national-socialisme comme synonyme de race, ce terme signifie également « manière d'être ».

Artfremd : racialement étranger, d'espèce étrangère. Qualifiait tout ce qui n'était pas reconnu comme « aryen » ou « germano-nordique ».

Entscheidung : décision. Constamment employé par Hitler pour marquer son « implacable volonté » dans tous les domaines, le terme fut théorisé par le juriste Carl Schmitt comme l'acte de gouvernement souverain qui crée le droit, par opposition à la « discussion » de la démocratie parlementaire (*Théologie politique*, 1922).

Erlebnis : expérience vécue (de façon affective, authentique et sincère). Terme transféré par le langage nazi « de la sphère de la subjectivité et de la poésie à celle de la vie publique » (J. P. Stern).

Kultur : très imparfaitement traduit par « culture ». Dans la pensée des conservateurs allemands, la *Kultur* constituait un ensemble organique et singulier qui s'opposait à la *Zivilisation*, perçue comme étant essentiellement universaliste et mécaniste. La langue nazie identifiait la *Kultur* à tous les bienfaits de la tradition et la *Zivilisation* à tous les maux de la modernité rationaliste issue des Lumières et de 1789.

Leistung : performance, travail réalisé, rendement. Comme il existait un principe du Führer (*Führerprinzip*), il existait aussi un principe de performance (*Leistungsprinzip*) qui constituait l'un des fondements du national-socialisme « pratique ».

Volksgeist : Esprit du peuple. Chez Herder, le *Volksgeist* était à la fois l'âme, l'esprit, le *génie* ou le *daïmôn* du *Volk*, c'est-à-dire du *peuple*, mais parfois aussi de la *nation*, définis par la langue, les coutumes, le goût, la « physionomie » et la génétique. Sous le national-socialisme il devint, par contamination avec *völkisch*, l'Esprit du peuple comme Communauté de sang et de *race (Bluts- und Artsgemeinschaft).*

Volksgemeinschaft : Communauté raciale populaire. Ferdinand Tönnies avait opposé *(Gemeinschaft und Gesellschaft, 1887)* le caractère naturel et organique de la *Communauté (Gemeinschaft)* au caractère rationnel et historique de la *société* ou *collectivité (Gesellschaft).* Le national-socialisme usa de ce terme pour opposer à la société de classes l'unité d'une « Communauté de destin » fondée sur « le sang et le sol ».

Volkskörper : corps du peuple. Métaphore biologique couramment employée par le nazisme pour sacraliser l'unité raciale de la Communauté.

Völkisch : national et racial, ou nationaliste et raciste. Employé par les nazis, le terme englobait inséparablement les deux notions pour désigner ce qui appartenait au « peuple comme Communauté de sang et de race (*Volk als einer Bluts- und Artge-meinschaft*) ».

Weltanschauung : conception du monde. Forgé au XIXe siècle, le terme, qui rappelait les visions des mystiques, remplaçait dans la langue nazie celui de « philosophie ». Hitler se plaisait à dire du national-socialisme qu'il était d'abord une « conception du monde ».

Index des noms de personnes

Table des illustrations

Table **383**
des illustrations

11. À la Maison brune de Munich : « Comme leurs yeux brillent, lorsque le Führer est près d'eux ! » v. 1932 (photo de H. Hoffmann). Publié *in* Heinrich Hoffmann (édit.), *Hitler wie ihm keiner kennt, 100 Bilddokumente aus dem Leben des Führers* (Introduction de Baldur von Schirach), Berlin, Zeitgeschichte-Verlag, s. d. [1940], (1re éd. 1932), sans pagination. Doc. Bibl. Institut d'Histoire de l'art, Strasbourg.

12. Adolf Hitler : *Esquisse pour Tristan et Isolde* de Wagner (acte II), v. 1925-1926. Carnet d'esquisses donné par Hitler à Albert Speer. DR.

13. L. Röppold : affiche populaire, 1933. Photo Württembergisches Landesmuseum, Stuttgart.

14. « Un hasard devient symbole. Adolf Hitler, prétendument "hérétique", sortant de l'église de Wilhelmhaven », v. 1932 (photo de H. Hoffmann). Publié *in* Heinrich Hoffmann (édit.), *Hitler wie ihm keiner kennt, 100 Bilddokumente aus dem Leben des Führers* (Introduction de Baldur von Schirach), Berlin, Zeitgeschichte Verlag, s. d. [1940], (1re éd. 1932), sans pagination. Photo Bayerische Staatsbibliothek, Munich.

15. Un « autel privé », v. 1937. Photo Bundesarchiv, Coblence (Bild 146/69/55/50).

16. La « cérémonie du nom » remplace le baptême. Photo Bundesarchiv, Coblence (Bild 146/69 62 A/64).

17. Autel S.S. Photo Bundesarchiv, Coblence (Bild 146/69 62 A/62).

18. Le culte d'un « héros » nazi, v. 1934-1935 (photographie) : « La croix de Schlageter sur la lande de Golzheim ». Publié *in* Hans Schemm : *Deutsches Volk. Deutsche Heimat*, Munich, (1935), 1940, p. 213. Doc. collection de l'auteur. Photo Institut d'Histoire de l'art, Strasbourg.

19. Service religieux dans l'église luthérienne de la garnison de Berlin, en l'honneur du Standartenführer Peter Voss. DR.

20. Le « coin des drapeaux » avec le buste de Hitler dans une petite entreprise. Publié *in* A. von Hübbenet, *Das Taschenbuch Schönheit der Arbeit*, Berlin, 1938, p. 135. Doc. collection de l'auteur. Photo Institut d'Histoire de l'art, Strasbourg.

21. Le théâtre *Thing* Dietrich Eckart, Berlin-Grünewald. Publié in *A Nation builds ; Contemporary German Architecture*, New York, 1940, p. 54. Doc. Bibl. Institut d'Histoire de l'art, Strasbourg.

22. Paul Ludwig Troost : *Temples des Héros (Ehrentempel)*, Munich, 1935. Photo Bayerische Staatsbibliothek, Munich.

23. La « procession traditionnelle » sur la Marienplatz de Munich, 9 novembre 1936 (photo de H. Hoffmann). Photo Bayerisches Hauptstaatsarchiv, Abteilung V, Munich.

24. Paul Ludwig Troost : « *Dans les temples des Héros nordiques de la Garde éternelle* », Munich, 1935. Publié *in* Hans Schemm : *Deutsches Volk - Deutsche Heimat*, Munich, (1935), 1940, p. 216. Doc. collection de l'auteur. Photo Institut d'Histoire de l'art, Strasbourg.

25. Paul Ludwig Troost : *La « Garde éternelle » (Die « Ewige Wache »)*, Munich, 1935. Publié *in* Gerdy Troost (édit), *Das Bauen im neuen Reich*, Bayreuth, 1938, p. 46. Doc. Bibl. Institut d'Histoire de l'art, Strasbourg.

26. Paul Herrmann : *Et vous avez tout de même vaincu (Und Ihr habt doch gesiegt)* (huile sur toile), 1942. Photo AKG, Paris.

27. Paul Herrmann : *Le Drapeau* (huile sur toile), 1942. Photo AKG, Paris.

28. Le 9 novembre 1937, Munich (photo de H. Hoffmann). *Illustrierter Beobachter* n° 45, 11 novembre 1937, page de couverture. DR.

29. Adolf Hitler : « Que la lumière soit ! », projet d'affiche, 1929. Photo Dr August Priesack, Munich.

30. Richard Klein : Affiche pour le Jour de l'art allemand, 1938. DR.

31. Arno Breker : *Prométhée*, v. 1938. Publié in *Arno Breker*, éd. Ewald König, Introduction du Dr Werner Rittich, Verlag der Deutschen Arbeitsfront, Paris, s. d. [1942], planche 11 (photo de Charlotte Rohrbach). Doc. collection de l'auteur. Photo Institut d'Histoire de l'art, Strasbourg.

32. Willy Meller : *Porteur de flambeau*, 1936, Ordensburg Vogelsang. Publié *in* Bruno E. Werner, *Die deutsche Plastik der Gegenwart*, Berlin, 1940, p. 149. Doc. Bibl. Institut d'Histoire de l'art, Strasbourg.

33. Albert Reich : couverture pour *« Deutschland erwache ! »*, 1923. Publié *in* A. Reich et O. R. Achenbach, *Vom 9. November 1918 zum 9. November 1923*, Munich, 1933, p. 78. Doc. collection de l'auteur. Photo Institut d'Histoire de l'art, Strasbourg.

34. Crayon et porte-mine. Photo Württembergisches Landesmuseum, Stuttgart.

35. Etui métallique pour allumettes. Photo Württembergisches Landesmuseum, Stuttgart.

Table **385**
des illustrations

36. Église de Pfullingen : « Fenêtre du chœur, au-dessus de l'autel, dont la croix gammée rappelle par sa forme les croix gammées en bois de l'art populaire ». Publié in *Nationalsozialistische Monatshefte*, n° 98, mai 1938, illustration 4 (entre p. 424-425). Doc. Bibl. Institut d'Histoire de l'art, Strasbourg.

37. « Gâteaux de Noël de l'Allemagne centrale : les formes font clairement voir combien la roue solaire est essentielle à la fête de Noël. » Publié in *Nationalsozialistische Monatshefte*, n° 93, décembre 1937, illustration après la p. 1096. Doc. Bibl. Institut d'Histoire de l'art, Strasbourg.

38. Carte de soutien [s. d.]. Photo Württembergisches Landesmuseum, Stuttgart.

39. Richard Klein : *L'Éveil* (huile sur toile), 1937. Publié in *Kunst und Volk*, 1937, n° 8, p. 229. Photo Zentralinstitut für Kunstgeschichte, Munich.

40. Ferdinand Spiegel : *Tank* (peinture murale), v. 1938-1939. Publié in *Die Kunst im dritten Reich*, 1939, n° 3, p. 85. Photo Zentralinstitut für Kunstgeschichte, Munich.

41. Premier Jour de l'art allemand, Munich, 15 octobre 1933 : le char du Gothique. Publié in *Die Kunst*, 1933, vol. 69, n° 3 (décembre), p. 84. Doc. Bibl. Institut d'Histoire de l'art, Strasbourg.

42. Premier Jour de l'art allemand, Munich, 15 octobre 1933 : le char du Rococo bavarois. Publié in *Die Kunst*, 1933, vol. 69, n° 3 (décembre), p. 81. Doc. Bibl. Institut d'Histoire de l'art, Strasbourg.

43. Premier Jour de l'art allemand, Munich, 15 octobre 1933 : le char de la Maison de l'art allemand. Photo Landeshauptstadt München-Stadtarchiv.

44. Premier Jour de l'art allemand, Munich, 15 octobre 1933 : le char de l'Art

allemand. Publié in *Die Kunst*, 1933, vol. 69, no 3 (décembre), p. 83. Doc. Bibl. Institut d'Histoire de l'art, Strasbourg.

45. Premier Jour de l'art allemand, Munich, 15 octobre 1933 : le char du Conte de fées allemand. Publié in *Die Kunst*, 1933, vol. 69, no 3 (décembre), p. 84. Doc. Bibl. Institut d'Histoire de l'art, Strasbourg.

46. Deuxième Jour de l'art allemand, Munich, 18 juillet 1937 : le char de l'Époque germanique. DR.

47. Deuxième Jour de l'art allemand, Munich, 18 juillet 1937 : le char de l'Époque gothique (Les Fondateurs de Naumburg). Photo Landeshauptstadt München-Stadtarchiv.

48. Deuxième Jour de l'art allemand, Munich, 18 juillet 1937 : le char de l'Époque nouvelle. Foi et Fidélité. Photo Landeshauptstadt München-Stadtarchiv.

49. Deuxième Jour de l'art allemand, Munich, 18 juillet 1937 : Athéna Pallas, portée par des « Germains ». DR.

50. La Garde du Temple de l'art allemand lors de la visite de Mussolini à Munich, septembre 1937 (photo de H. Hoffmann). Publié *in* Heinrich Hoffmann, *Mussolini erlebt Deuschland*, Munich, 1937, p. 45. Doc. Bibl. Institut d'Histoire de l'art, Strasbourg.

51. Karl Alexander Flügel : *La Moisson* (huile sur toile), v. 1938. Photo Zentralinstitut für Kunstgeschichte, Munich.

52. Oskar Graf : *Limburg an der Lahn*, v. 1940. Photo Zentralinstitut für Kunstgeschichte, Munich.

53. Karl Hennemann : *Champ labouré* (bois gravé), s. d. Publié in Werner Rittich, *Deutsche Kunst der Gegenwart*, Breslau, 1943, vol. II, p. 131. Doc. Bibl. Institut d'Histoire de l'art, Strasbourg.

54. Erwin Puchinger : *Scierie en haute montagne* (huile sur toile), s. d. Publié in *Die Kunst im deutschen Reich*, 1942, no 1, p. 27. Doc. Bibl. Institut d'Histoire de l'art, Strasbourg.

55. Michael Mathias Kiefer : *Mer du Nord* (huile sur toile), 1942. Publié in *Die Kunst im deutschen Reich*, 1943, no 1, p. 15. Doc. Bibl. Institut d'Histoire de l'art, Strasbourg.

56. Albert Janesch : *La Carrière* (huile sur toile), v. 1940-1941. Publié in *Die Kunst im deutschen Reich*, 1942, no 1, p. 26. Doc. Bibl. Institut d'Histoire de l'art, Strasbourg.

57. Carl Theodor Protzen : *Pont d'autoroute près de Cologne*, s. d. Publié in Wilhelm Rüdiger, *Kunst und Technik*, Munich, 1941, planche 16. Doc. Bibl. Institut d'Histoire de l'art, Strasbourg.

58. Josef Riedl : *Prêt au combat* (bronze), s. d. Publié in *Die Kunst im deutschen Reich*, 1942, no 12, p. 294. Doc. Bibl. Institut d'Histoire de l'art, Strasbourg.

59. Arno Breker : *Départ du combattant*, v. 1940 (plâtre pour un relief de pierre).Publié in *Die Kunst im deutschen Reich*, 1942, no 1, p. 7. Doc. Bibl. Institut d'Histoire de l'art, Strasbourg.

60. Walter Hoeck : *La Jeune Allemagne* (peinture de la salle des pas perdus de la gare de Braunschweig), s. d. Photo Zentralinstitut für Kunstgeschichte, Munich.

61. Wilhelm Dohme : sgraffite de la cathédrale de Braunschweig (détail), s. d. Publié *in* Werner Rittich, *Deutsche Kunst der Gegenwart*, Breslau, 1943, vol. II, p. 85. Doc. Bibl. Institut d'Histoire de l'art, Strasbourg.

62. Willy Meller : détail d'un relief, hall d'entrée de l'Ordensburg de Crössinsee, 1939.Publié *in* Bruno E. Werner, *Die deutsche Plastik der Gegenwart*, Berlin, 1940, p. 150. Doc. Bibl. Institut d'Histoire de l'art, Strasbourg.

63. Rudolf Otto : *Prêt au combat* (huile sur toile), s. d. Photo Oberfinanzdirektion, Munich.

64. Albert Bürkle : *Paysan au combat* (huile sur toile), s. d. DR.

65. Elk Eber : *Le Dernier Grenadier* (huile sur toile), 1937. Publié *in* Werner Rittich, *Deutsche Kunst der Gegenwart*, Breslau, 1943, vol. II, p. 70. Doc. Bibl. Institut d'Histoire de l'art, Strasbourg.

66. Hubert Lanzinger : *Portrait du Führer* (*Le protecteur de l'art allemand*) (huile sur toile), 1934 ou 1936. Photo U.S. army Art Collection, Washington.

67. Albert Speer : maquette du Grand Dôme pour Berlin-Germania, printemps 1940 (Plan 2848). DR.

68. Karl Schönig : Auberge de jeunesse, Husum. Publié *in* Gerdy Troost (édit.), *Das Bauen im neuen Reich*, Bayreuth, 1938, p. 49. Doc. Bibl. Institut d'Histoire de l'art, Strasbourg.

69. Hermann Brenner et Werner Deutschmann : Station d'essais aéronautiques : la turbine et la salle de montage. Publié *in* Werner Rittich, *Architektur und Bauplastik der Gegenwart*, Berlin, 1938, p. 158. Doc. Bibl. Institut d'Histoire de l'art, Strasbourg.

70. Une leçon de « science raciale » : mensuration crâniennes à l'école. Photo Bilderdienst Süddeutscher Verlag, Munich.

71. Hitler lors de la remise du *Discobole* d'après Myron à la Glyptothèque de Munich, juillet 1938 (photographie). DR.

72 à 75. Paul Schultze-Naumburg : planches de *L'Art et la Race*, 1928. Publié *in* P. Schultze-Naumburg, *Kunst und Rasse*, Munich, 1935 [1ʳᵉ éd. 1928], p. 106-115. Doc. Bibl. Institut d'Histoire de l'art, Strasbourg.

76. Ivo Saliger : *Le Repos de Diane* (huile sur toile), v. 1939-1940. Photo AKG, Paris.

77. Ivo Saliger : *Le Jugement de Pâris* (huile sur toile), v. 1938-1939. Propriété de l'Allemagne. Photo AKG, Paris.

78. Georg Kolbe : grande statue de femme (bronze; H. : 2,15 m), 1934. Publié *in* Wilhelm Pinder, *Georg Kolbe. Werke der letzten Jahre*, Berlin, 1937, p. 49. Doc. Bibl. Institut d'Histoire de l'art, Strasbourg.

79. Josef Thorak : *Le Jugement de Pâris*, 1941. Publié *in* Kurt Lothar Tank, *Deutsche Plastik unserer Zeit*, Munich, 1942, ill. nᵒ 114. Doc. Bibl. Institut d'Histoire de l'art, Strasbourg.

80. Ivo Saliger : *Mars et Vénus* (huile sur toile), s. d. Photo AKG, Paris.

81. Ivo Saliger : *Léda* (huile sur toile), s. d. Photo AKG, Paris.

82. Paul Mathias Padua : *Léda et le cygne* (huile sur toile), s. d. DR.

Table **387**
des illustrations

83. Josef Thorak : *Avec passion (Hingebung)*, plâtre avant bronze, 1940. Publié *in* Bruno E. Werner, *Die deutsche Plastik der Gegenwart*, Berlin, 1940, p. 152. Doc. Bibl. Institut d'Histoire de l'art, Strasbourg.

84. Wilhelm Hempfing : *Nu agenouillé*, s. d. Carte postale de la Maison de l'art allemand. Doc. collection de l'auteur. Photo Institut d'Histoire de l'art, Strasbourg.

85. Josef Thorak : *Deux êtres humains* (détail), s. d. Publié *in* Kurt Lothar Tank, *Deutsche Plastik unserer Zeit*, Munich, 1942, ill. nº 99. Doc. Bibl. Institut d'Histoire de l'art, Strasbourg.

86. Arthur Ressel : *Future Mère*, s. d. Photo Zentralinstitut für Kunstgeschichte, Munich.

87. Johannes Beutner : *Le Temps de la maturation*, s. d. Photo Bilderdienst Süddeutscher Verlag, Munich.

88. Wilhelm Hempfing : *L'Été*, s. d. Photo Bilderdienst Süddeutscher Verlag, Munich.

89. Wolfgang Willrich : *La Gardienne de l'espèce*, tableau reproduit en frontispice de *Säuberung des Kunstempels*, Munich/Berlin, 1937. Photo Zentralinstitut für Kunstgeschichte, Munich.

90. Wolfgang Willrich : *La Gardienne de l'espèce*, v. 1937. « Est moral ce qui est utile à la conservation de l'espèce allemande. Est immoral ce qui va à son encontre », Walther Darré. Publié in *Rasse. Monatsschrift der Nordischen Bewegung*, 1937.DR.

91. Werner Peiner : *Terre allemande* (huile sur toile), 1933. Publié *in* Werner Rittich, *Deutsche Kunst der Gegenwart*, Breslau, 1943, vol. II, p. 40. Doc. Bibl. Institut d'Histoire de l'art, Strasbourg.

92. Heinrich Berann : *Le Faneur* (huile sur toile), v. 1943. Publié in *Kunst dem Volk*, 1943, nº spécial « GDK », Munich, 1943, p. 31. Doc. Bibl. Institut d'Histoire de l'art, Strasbourg.

93. Ria Picco-Rückert : *Force unifiée* (huile sur toile, 160 x 200 cm), 1944. Photo Bayerische Staatsgemäldesammlung, Munich.

94. Arthur Kampf : *Laminoir* (huile sur toile), 1939. Publié *in* Werner Rittich, *Deutsche Kunst der Gegenwart*, Breslau, 1943, vol. II, p. 64. Doc. Bibl. Institut d'Histoire de l'art, Strasbourg.

95. Curt Winckler : *Bateau en construction* (lithographie), s. d. Publié *in* Werner Rittich, *Deutsche Kunst der Gegenwart*, Breslau, 1943, vol. II, p. 133. Doc. Bibl. Institut d'Histoire de l'art, Strasbourg.

96. Franz Gerwin : *L'Usine Hermann-Göring en construction* (huile sur toile, 180 x 155 cm), 1940. Publié *in* Werner Rittich, *Deutsche Kunst der Gegenwart*, Breslau, 1943, vol. II, p. 133. Doc. Bibl. Institut d'Histoire de l'art, Strasbourg.

97. Richard Gessner : *La Raffinerie de carburant*, 1941. Publié *in* Wilhelm Rüdiger, *Kunst und Technik*, Munich, 1941, planche 11. Doc. Bibl. Institut d'Histoire de l'art, Strasbourg.

98. Dirk Van Hees : *La Grande Cokerie avec ses installations annexes* (pointe sèche), s. d. Publié *in* Wilhelm Rüdiger, *Kunst und Technik*, Munich, 1941, planche 38. Doc. Bibl. Institut d'Histoire de l'art, Strasbourg.

99A. Ferdinand Staeger : *Nous sommes les soldats de l'ouvrage* (huile sur toile), 1938. DR.

99B. « La jeune génération se met en rangs et forme une gigantesque armée pacifique » (photographie), v. 1935. Publié *in* Hans Schemm, *Deutsches Volk- Deutsche Heimat*, Munich, 1935, p. 228. Doc. collection de l'auteur. Photo Institut d'Histoire de l'art, Strasbourg.

100. Fritz Koelle, au fond : *Le Travailleur des hauts-fourneaux* (bronze ; H. : 3 m), v. 1939 ; au premier plan : *Le Flotteur de l'Isar* (plâtre ; H. : 3,60 m), 1939. Photo Bildarchiv Preussischer Kulturbesitz, Berlin.

101. Ferdinand Stager : *Front politique* (huile sur toile), s. d. DR.

102. Adolf Hitler : *Esquisse pour une voiture en forme de « coccinelle »*, 1932. .DR.

103. Affiche de l'Exposition internationale de l'automobile et de la motocyclette, Berlin, 1939. DR.

104. Wilhelm Kreis : *Grand Mémorial en Russie* (dessin à la plume), v. 1942. Publié in *Die Baukunst. Die Kunst im deutschen Reich*, 1943, n⁰ 3, p. 52. Doc. Bibl. Institut d'Histoire de l'art, Strasbourg.

105. Josef Thorak et son *Monument au travail des autoroutes du Reich*, maquette en plâtre, 1938. Publié *in* Kurt Lothar Tank, *Deutsche Plastik unserer Zeit*, Munich, 1942, ill. face à la p. 104. Doc. Bibl. Institut d'Histoire de l'art, Strasbourg.

106. Josef Thorak : *Esquisse pour un monument au Travail des autoroutes du Reich*, 1938. Publié in *Kunst im 3. Reich. Dokumente der Unterwerfung* (éd. Frankfurter Kunstverein), Francfort-sur-le-Main, 1975, p. 179. Photo Jonas Verlag, Marburg.

107. « Toutes les routes mènent à Hitler ». Exposition consacrée aux « routes Adolf Hitler ». Publié *in* H. Lehmann-Haupt, *Art Under A Dictatorship*, New York, 1954, ill. n⁰ 36. DR.

108A. *Le Bon Pasteur* (mosaïque murale), mausolée de Galla Placidia, Ravenne. Photo Alinari Anderson-Giraudon, Vanves.

108B Le professeur Josef Strzygowski remplace le « Roi des Juifs » du mausolée de Galla Placidia à Ravenne par un Yima, d'origine « aryenne ». Publié *in* Josef Strzygowski, *Das indogermanische Ahnenerbe des deutschen Volkes...*, Vienne, 1941, p. 69. Doc. Bibl. Institut d'Histoire de l'art, Strasbourg.

109A École rhénane : *Le Jardin du paradis*, v. 1420. Francfort, Städelsches Kunstinstitut. Photo Bridgeman-Giraudon.,Vanves.

109BC. Le professeur Josef Strzygowski découpe la Vierge et l'Enfant... et ajoute une fontaine de vie « nordique ». Publié *in* Josef Strzygowski, *Das indogermanische Ahnenerbe des deutschen Volkes...*, Vienne, 1941, p. 74. Doc. Bibl. Institut d'Histoire de l'art, Strasbourg.

110. « L'écriture allemande est l'expression du peuple allemand, elle en est une part. » Publié *in* H. Lehmann-Haupt, *Art Under a Dictatorship*, New York, 1954, p. 171. DR.

Table **389**
des illustrations

TDR. (Tous Droits Réservés) : en ce qui concerne les documents conservés à la Bibliothèque de l'Institut d'Histoire de l'Art de Strasbourg.

Table des matières

Du même auteur

Théâtre au Bauhaus, 1919-1929, L'Âge d'Homme, 1978

Théâtre et abstraction (L'espace du Bauhaus), traduction et édition critique
de textes d'Oskar Schlemmer, L'Âge d'Homme, 1978

Hypnoses en collaboration avec Mikkel Borch-Jacobsen et Jean-Luc Nancy,
Galilée, 1984

La Fin du salut par l'image, Jacqueline Chambon, 1992

«"Soldats d'une idée" : les jeunes sous le IIIe Reich», in Histoire des jeunes
en Occident. T. 2 : L'époque contemporaine, sous la direction de J.-C. Schmitt
et G. Levi, Éditions du Seuil, 1996

Cet ouvrage a été achevé d'imprimer
en octobre 1996
sur les presses de l'imprimerie Bona, Italie
Dépôt légal : octobre 1996
ISBN 2-07-073915-5

68475